M. Michael Ranfts
Diaconi zu Nebr

Tractat

von dem

Kauen und Schmatzen

der Todten

in Gräbern

M. Michael Ranfts
Diaconi zu Nebra,

TRACTAT

von dem
Kauen und Schmatzen
der Todten
in Gräbern,
Worin die wahre Beschaffenheit
derer Hungarischen

VAMPYRS

und
Blut=Sauger
gezeigt,
Auch alle von dieser Materie bißher
zum Vorschein gekommene Schrifften
recensiret werden.

Leipzig, 1734.
Zu finden in Teubners Buchladen.

Impressum:
© 2017 Till Müller (Hrsg.)
Herstellung und Verlag: BoD-Books on Demand, Norderstedt.
ISBN: 978-3-74312-738-8

Denen

Drey grossen

Leipziger

Gottes-Gelehrten,

Als
Dem Magnifico, Hochwürdigen,
Hochachtbahren und Hochgelahrten
Herrn,
HERRN
Christian Friedrich Börner,

Der heiligen Schrifft Doctori und Professori Publico Primario, des hohen Dom-Stiffts zu Meissen Canonico, des Chur- und Hochfürstl. Sächsischen Consistorii zu Leipzig Assessori, derer Churfürstl. Sächsischen Stipendiaten Ephoro, des grossen Fürsten-Collegii Collegiato, der Universtität Leipzig Decemviro und Bibliothecario, wie auch der gantzen Fränckischen Nation Seniori etc.

Meinem insonders hochzuehrenden
Herrn, vornehmen Patrono und
vielgebietenden Ephoro.

Ingleichen

Dem Magnifico, Hochwürdigen, Hochachtbahren und Hochgelahrten Herrn,

HERRN
Heinrich Klausing,

Der heiligen Schrifft Doctori und Professori Publico Ordinario, des hohen Dom-Stiffts zu Meissen Canonico, derer Churfürstlichen Stipendiaten Ephoro, der Theologischen Facultät p. t. Decano, des grossen Fürsten-Collegii Collegiato, der Universität Decemviro und der gantzen Sächsischen Nation Seniori etc.

Meinem insonders hochzuehrenden Herrn und vornehmen Patrono.

Und endlich

Dem Magnifico, Hochwürdigen, in GOtt Andächtigen, Hochachtbahren und Hochgelahrten Herrn,

HERRN
Salomon Deyling,

Der heiligen Schrifft Doctori und Professori Publico Ordinario, der hohen Stiffts-Kirche zu Zeitz Canonico, des Chur- und Hochfürstlichen Sächsischen Consistorii zu Leipzig Assessori, der Meißnischen Nation Seniori, der Haupt-Kirche zu St. Nicolai Pastori und der gantzen Leipziger Diœces hochverordneten und höchst ansehnlichen Superintendenten etc.

Meinem insonders hochzuehrenden Herrn, vornehmen Patrono und vielgebietenden Ephoro.

Magnifici, Hochwürdige,
resp. in GOtt Andächtiger, Hochachtbahre und Hochgelahrte,

Insonders hochzuehrende Herren, vornehme Patroni und resp. vielgebietende Ephori,

WEnn ich mich gleich nicht des sonderbahren Glücks zu rühmen hätte, daß ich ehemahls auf der hohen Schule zu Leipzig zu den Füssen Ew. Ew. Ew. Hochwürdigen Magnificentzen gesessen und den lehrreichsten Unterricht in allen Theilen der Gottes-Gelahrheit aus Dero eigenem Munde angehöret, so ist doch der hohe Nahme, den Dieselben durch Dero gründliche Gelehrsamkeit und auserlesene Schrifften in der Welt erlangt, schon sattsam vermögend, mich zu verpflichten, auff Mittel zu dencken, wodurch ich ein öffentliches Denckmahl meiner tieffsten Ergebenheit und schuldigsten Danck-Begierde auffrichten möchte. Alleine die allzu hohen Verdienste, die Ew. Ew. Ew. Hochwürdige Magnificentzen um unsere Kirche und die gantze gelehrte Welt erlangt, setzen mich ausser Stand, dasjenige, was ich zu Mitteln darzu brauchen könte, ohne Vorwurff einer Verwegenheit und Unbescheidenheit zu meinem Zwecke anzuwenden. Gegenwärtige Schrifft, die ich Ihnen hiermit in tieffster Ehrerbietigkeit zuschreibe, hat demnach eine gantz andere Absicht. Denn wie der erste Anblick derselben allen, die zu Vorurtheilen geneigt sind, leichte ungleiche Gedancken erwecken und sie in Haß und Eyfer wider selbige setzen kan, so will sie das Ansehen eines schüchternen Vogels haben, der nicht eher sich in die freye Lufft waget, als biß er sich sattsam nach einem schattigten Baume umgesehen, unter dessen Zweigen er bey entstehender Verfolgung Schutz und Bedeckung finden möge. Nun würde es zwar eine grosse Verletzung der Ehre seyn, die man Ew. Ew. Ew. Hochwürdigen Magnificentzen schuldig ist, wenn man Dero hohe Nahmen zu einer Schutzwand machen wolte, sich darhinter in seiner bösen Sache zu verbergen. Alleine da diese Schrifft nichts in sich enthält, das der Ehre GOttes und dem Respecte, den man grossen Gottes-Gelehrten schuldig ist, nachtheilig seyn könne, gleichwohl aber eine vorgefaßte Meinung öffters eine an sich selbst unschuldige Sache in ein böses Geschrey bringen kan; als habe zu Ew. Ew. Ew. Hochwürdigen Magnificentzen das feste Vertrauen, Sie werden nach Dero bekannten Einsicht, die Sie so wohl in die Wercke GOttes als der Natur haben, hochgeneigt geruhen, mir, als einem ehemahligen auffmercksamen Zuhörer von Ihnen, gütigst zu verstatten, daß ich durch Vorsetzung Ihrer an sich selbst sehr schätzbahren Nahmen einer unschuldigen Schrifft, die nach den Grund-Sätzen einer gesunden Philosophie abgefasset ist und ohne Nachtheil der Göttlichen Wahrheit den Aberglauben bestreitet, wider die blinden Vertheidiger abergläubischer Meinungen einigen Schutz und Sicherheit verschaffe. Ich werde solche hohe Gunst-Bezeugung unter diejenigen grossen Wohlthaten rechnen, die ich sonsten schon auff andere Weise von Ew. Ew. Ew. Hochwürdigen Magnificentzen empfangen, und die so beschaffen sind, daß ich dieserhalben mich Zeit Lebens nennen muß,

Magnifici, Hochwürdige,
resp. in GOtt Andächtiger, Hochachtbahre und Hochgelahrte,

Insonders hochzuehrende Herren, vornehme Patroni und resp. vielgebietende Ephori,

Ew. Ew. Ew. Hochwürdigen Magnificentzen

Nebra, den 8.
May 1734.

gantz ergebenster Diener und getreuer
Fürbitter bey Gott

M. Michael Ranfft.

Mein Leser.

ICh habe den 27. Sept. 1725. zu Leipzig eine öffentliche Dissertation de Masticatione mortuorum in tumulis gehalten und dabey einen gewissen wunderbahren Casum aus Hungarn zum Grunde gelegt. Weil ich aber diese Materie damahls nicht gantz ausführete, sondern mir vorbehielte, noch einmahl davon zu disputiren, woran ich aber durch meinen unvermutheten Wegzug aus Leipzig verhindert wurde, so hab ich Anno 1728. alles dasjenige, was ich davon zu Pappiere gebracht, in Form eines Tractats unter dem Titel: de Masticatione mortuorum in tumulis Liber singularis, continens duas Dissertationes, quarum prior Historico-Critica, posterior vero Philosophica est; ans Licht gestellt.
Ob ich nun wohl nicht gedachte, weiter vonnöthen zu haben, in dieser Materie die Feder anzusetzen, so hat doch die Actenmäßige Relation von denen so genannten Vampyren in Servien, die vor einiger Zeit zum Vorschein gekommen, Gelegenheit gegeben, daß meines Tractats in verschiedenen dißfals ans Licht gestellten Schriften theils in guten theils in bösen gedacht worden. Hierdurch bin ich veranlasset worden, so wohl meine Hypothesin wider die ungleichen Urtheile einiger Widersacher zu vertheidigen, als auch die Geschichte von den Vampyren daraus zu erklären. Und in dieser Absicht stelle ich der curieusen Welt gegenwärtige Schrifft in die Hände, welche gleichsam aus drey Theilen besteht.
Der Erste Theil enthält die Deutsche Übersetzung meines Lateinischen Tractats de Masticatione mortuorum in tumulis. Der Andere erleutert die Acten-mäßige Relation von den Vampyren aus den Grund-Sätzen meiner hypothesis, und der Dritte stellet alle Schrifften, die bißher von den Vampyren ans Licht gekommen, in einem kurtzen Auszuge dar, wobey ich zugleich Gelegenheit genommen, mich wider einige Widersacher zu vertheidigen. Ich hoffe, es werde diese Schrifft dem Leser nicht mißfällig noch unangenehm seyn, daher ich hier

nichts weiter beyzusetzen finde, als daß ich mich der Gewogenheit des vielgeehrtesten Lesers bestens empfehle.

Nebra den 10. Nov. 1733.

Die erste Vorrede
zu
Dem gantzen Tractate.
Geneigter Leser,

Hier liefern wir in der Gestalt eines Tractats, was wir in unserer ersten Dissertation versprochen. Du darffst dich nicht wundern, daß wir uns so lange unter der Erden aufgehalten, indem die Reise dahin sehr gefährlich ist, weil sie uns durch viel unwegsame Einöden und wüste Oerter führet. Wenn uns dieses bekannt gewesen wäre, als wir uns das erste mahl in die unterirrdischen Gegenden begeben, so würden wir vielleicht den Verweiß vermieden haben, dessen uns unser Censor würdig geachtet, oder wer derjenige ist, der seine Lipsiam Literatam mit nicht glücklichern Erfolg als ehemals gewisse Verfasser ihre Acta Lipsiensium Academica ans Licht gegeben. Er scheinet es vielleicht übel genommen zu haben, daß wir ihm die Materie von dem Kauen und Schmatzen der Todten in Gräbern weggenommen. Denn sonst würde er uns keiner Ruhm-Begierde beschuldiget haben, als ob wir bloß aus Verlangen nach Ruhm u. Ehre diese schwere Arbeit vorgenommen hätten. Inzwischen sind wir über den Anblick der Gräber nicht erschrocken, sondern mit gutem Glück zu denselben hinab gestiegen. Nun kommen wir von solchen wieder zurücke und sind dessen wohl eingedenck, wessen wir erinnert worden. Ob wir aber gleiches Schicksaal gehabt, als Orpheus ehemahls, da er seine Eurydicen aus der Höllen gehohlt, und selbige, ehe er sichs versehen, wieder verlohren, mögen andere beurtheilen. Denn der Geschicklichkeit unsers

Censoris trauen wir hierinne gar wenig zu. Er ist zur Leyer gebohren und kan durch nichts, denn wohlklingende Stimmen in Zufriedenheit gesetzt werden. Du aber, geneigter Leser, lebe wohl und bleibe unsern Studiis gewogen.

Die erstere Dissertation,
so
Historisch und Critisch
ist,
ward
auf der Universität zu Leipzig
den 27. Sept. 1725. öffentlich gehalten,
Wobey
Hr. Christian Gottfr. Cleemann[1]
von Chemnitz, S. S. Theol. Stud.
Respondente gewesen.

Vorrede.

DU wirst dich wundern, Geneigter Leser, warum ich in diesen Bogen ein solches Thema auszuführen mir vorgenommen, welches mit so vielen und grossen Controversien verwickelt, daß ich zu thun haben werde, wenn ich demselben ein Genüge thun soll. Es gehört zur Natur-Lehre und folglich (§) zu einer Disciplin, dessen Geheimnisse auch der beste Natur-Kündiger nicht erforschen wird, ob er gleich die gantze Lebens-Zeit hindurch Tag und Nacht damit beschäfftiget ist. Was wirst du demnach von mir halten, der ich der Gottes-Gelahrheit obliege, uuddoch kein Bedencken trage, mich auf die Untersuchung derer verborgensten Kräffte der Natur zu legen? Jedoch da ein Gelehrter alles zu unternehmen wagen soll, so darff dir es nicht so gar fremde deuchten, daß ich diese schwere und höchst sonderbahre Lehre von dem Kauen und Schmatzen der Todten in Gräbern, so viel sichs thun läst, abzuhandeln mir vorgenommen habe. Eine

---

[1] Er ist nach der Zeit zu Wittenberg Philosophiæ Magister und bey dem Königl. Pohln. und Churfürstl. Sächs. Infanterie-Regimente des Herrn Grafen von Sulkowsky Feld-Prediger worden.

sehr gute Gelegenheit hierzu habe ich erlanget, da in den öffentlichen Zeitungen uns vor kurtzem ein so sonderbahres Werck der Natur bekannt gemacht worden, daß ich glaube, daß dergleichen an denen todten Cörpern kaum iemahls wahrgenommen worden. Ich nahm mir so gleich vor, etwas davon zu schreiben und zur Probe auf öffentlichen Catheder zu vertheidigen. Alleine da ich kaum die Arbeit vor die Hand genommen hatte, sahe ich mich in so einem weiten Felde, daß ich in denen Schrancken einer eintzigen Dissertation nicht bleiben konte. Du wirst es daher, Geneigter Leser, nicht ungütig deuten, daß ich dir von dieser Materie zwey Dissertationes liefere, eine, so Historisch und Critisch, und die andere, so Philosophisch ist. Die erste ist eben diejenige, so dir in gegenwärtigen (9) Bogen zu Gesichte kömmt. Du wirst die Arbeit zwar vor nicht gemein, aber doch vor nicht sonderlich achten. Die Kürtze der Zeit und andere Umstände sind hinderlich gewesen, daß ich nicht so, wie es hätte seyn sollen, Fleiß darauf wenden können. Ich mache mir daher nicht die geringste Einbildung, einiges Lob oder Ruhm der Gelehrsamkeit dadurch zu erlangen, sondern ich bin zufrieden, wenn nur meine Arbeit dir, Geneigter Leser, nicht gantz vergeblich und verdrießlich scheinet. Ich verspreche mir dieses um so viel gewisser, da mir zur Zeit noch kein Autor bekannt ist, der absonderlich von dieser Materie etwas geschrieben, als Hr. M. Philip Rohr, von Marck-Ranstadt, welcher ebenfalls eine Dissertation hiervon A. 1679. auf unserer Universität Leipzig gehalten, die den Titel führet: Diss. Historico-Philosophica de Masticatione mortuorum.
Ich suchte anfangs viele darinne, das in meinen Kram dienen solte; aber da ich sie genauer ansahe, befand ich, daß sie zwar vieles versprochen, aber wenig geleistet habe. Bey so gestalten Sachen, wollest du dir gegenwärtige Arbeit bestens empfohlen seyn lassen und glauben, daß, so dieser erste Versuch wohl aufgenommen werde: du in kurtzen mit GOtt vielleicht etwas gründlichers und bessers zu gewarten haben werdest.

Dieser Dissertation Inhalt.

DIe verborgenen Kräffte in der Natur §. 1.
Es ist nicht alles entweder GOTT oder dem Teuffel zuzuschreiben. §. 2.
Ein sonderbahr Exempel eines Enthusiasmi Poëtici. §. 3.
Von der Unwissenheit der Sache ist kein Schluß zu machen auf dessen Verneinung. §. 4.
Aller Geister und Cörper Einfluß in einander. §. 5.
Verschiedene Gattungen der Sympathie und Antipathie. §. 6. 7.
Das Kauen und Schmatzen der Todten, warum es in Zweiffel gezogen worden. §. 8.
Die Rechtgläubigkeit. Die Wunder GOttes von den wunderlichen Dingen in der Natur sind wohl zu unterscheiden. §. 9.
Der Päbstler Wunder-Glaube. §. 10.
Exempel von dem Kauen und Schmatzen der Todten. §. 11.
Ein sonderbar Exempel aus Hungarn. §. 12.
Die Einrichtung der Abhandelung §. 13.
Das Kauen und Schmatzen der Todten ist kein göttlich Wunderwerck, §. 14. 15. 16. 17.
noch auch bloß ein Zeichen des Satans. §. 18. 19. 20. 21.
Die Dæmones oder Mittel-Geister werden verworffen. Wie viel denenselben hier zuzuschreiben. Garmannus. §. 22. 23. 24.
Falsche Meinungen widerlegt. Ob die Todten in den Gräbern kauen und schmatzen? §. 25.
Die alten Sarmaten. Das Geräusche der Seelen. Homerus. Diogenes Laërtius. Lucianus. Sophocles. §. 26.
Wie viel der Aberglaube vermöge? Woher die unterirdischen Knalle. §. 27.
Das Gothische Meteoron. §. 28.
Der Menschen Einbildung. Das Schrecken. Das Klopffen der Todten in Gräbern. §. 29. 30.
Ob die Todten ihre Kleider fressen. §. 31.
Der Jüden ihr Fleisch fressender Azazel. Die Jüdische Maus. §. 32. 33.

Die Muhamedaner. Der Todten-Engel. Das unterirdische Examen. §. 34.
Der Geist und Götze Eurynomus. Der Geist Asuiti. Pausanias. §. 35.
Die Fleisch fressenden Thiere. Hyæna. §. 36.
Die Striges, blutsaugenden Vögel. §. 37.
Die Fleisch fressenden Schlangen, ob sie aus den Menschen-Marck wachsen. Wolffgang Franzius. §. 38.
Ein Monument zu Meissen. §. 39.
Die Todten, so ihre leinen Tücher verschlucken. §. 40.
Die unterirdischen Thiere. Die Mäuse. §. 41.
Schlangen in menschlichen Cörpern. Die Ursache des Fressens der Todten. §. 42. 43.
Das Weibliche Geschlechte. Rohrius und Pitzschmann. Abergläubische Ursachen. Schlüsselburg. Garmann. §. 44. 45.
Das Kauen und Schmatzen der Todten zur Pest-Zeit. Das Schrecken wie vieles da vermöge. Rivinus. Helmont. Geyer. §. 47. 48.
Die Türcken, so sich vor der Pest nicht fürchten. Carl vom Pest-Engel. §. 49.
Der Gestanck der Cörper, ob daher die Pest? Cornelius a Lapide. §. 50. 51.
Das Kauen und Schmatzen der Todten, ob es der Anverwandten Tod nach sich ziehe? § 52.
Der Schluß. Es wird die andere Dissertation versprechen. §. 53.

Q. D. B. V.

§. 1.

Die gantze Natur ist voller verborgenen Kräffte. Es hat die Natur-Lehre zwar zu unsern Zeiten bey nahe den höchsten Grad der Vollkommenheit erreichet, aber es trägt sich doch immer und täglich etwas zu, das die gelehrtesten Meinungen derer Weltweisen umkehren kan. Diejenigen, welche vorgeben, es würcke die gantze Natur nicht anders denn mechanice, die verwerffen alle dergleichen verborgene Kräffte der Natur, oder so genannten qualitates occultas, als Weiber-Mährgen, die in denen Schulen derer Aristotelicorum ihren Ursprung genommen. Alleine da sie die Natur nicht anders als von hinten zu ansehen und alles auff deutliche experimenta ankommen lassen, so langen sie, so zu sagen, mit ihren äussersten Fingern nicht an dieselben, weil sie ihnen über alle Grentzen der Möglichkeit gesetzt zu seyn scheinen. Und gewiß! die Zeichen (phænomena) die zu unsern Zeiten im Reiche der Natur sich geäussert, sind so beschaffen, daß man sich nicht wundern darff, wenn fast alle und auch die besten Philosophischen Oracul darüber verstummen.

§. 2.

Es giebt einige unter denen Weltweisen, die alle dergleichen Natur-Wunder entweder GOtt oder dem Teuffel zuschreiben. Alleine wer hält nicht eine solche Art zu philosophiren vor ein abergläubisch Geschwätze? Es geben dergleichen Leute offenbahr zu erkennen, daß sie in der Erkäntniß derer Kräffte der Natur eine grosse Unwissenheit besitzen. Wir leugnen zwar die Würckungen der Geister in die Leiber nicht, sondern geben vielmehr mit beyden Händen zu, daß nicht nur GOTT noch täglich in der Natur nach seiner sonderbahren Vorsehung Wunder thue, sondern daß auch der Teuffel nach seiner grossen Erkäntniß, die er von denen Kräfften der Natur hat, Wunder-Dinge ausrichten könne.

Aber alles deßwegen denen Geistern und ihren unmittelbahren Würckungen zuzuschreiben, düncket uns allzu unreiff philosophirt zu seyn. Denn es ereignen sich zum öfftern in den raresten Natur-Zeichen solche Umstände, die deutlich bezeugen, daß dieselben weder von GOTT noch vom Teuffel unmittelbar herrühren können. Beyde handeln nach ihren Absichten. Daher in solchen Wunder-Dingen allezeit sich entweder eine göttliche Güte oder eine teufflische Boßheit offenbahren muß.

§. 3.

Vor ohngefehr drey oder vier Jahren ward der gelehrten Welt ein so sonderbahres Exempel von einer Poetischen Entzückung (Enthusiasmo poëtico) bekannt gemacht, dergleichen kaum iemahls bey Menschen Gedencken gehöret worden. (14.) Wer die Umstände davon aus den Deutschen Actis Eruditorum[2] in genaue Erwegung ziehet, der wird zwar die Verborgenheit derer natürlichen Kräffte bewundern, aber doch auch hier weder GOTTes noch des Teuffels unmittelbahren Würckung etwas zuschreiben können. Denn wenn Gott in diesem Fall über allen Lauff und Macht der Natur ein Wunderwerck gethan hätte so müste uns ein göttlicher Endzweck davon bekannt seyn[3], der entweder die Ehre GOTTes oder das Heil der Menschen anbeträfe welches beydes hier nicht statt findet. Daß man es aber dem Teuffel zuschreiben wolte, ist darum nicht thunlich, weil es eine Person betrifft, an deren Unsträfflichkeit des Lebens Niemand zu zweiffeln hat: anderer Umstände vor ietzund zu geschweigen.

§. 4.

Es ist demnach gewiß, daß in der Natur viel Kräffte verborgen liegen, über deren Würckungen wir um keiner andern Ursache

---

[2] Tom. VII. Part. 79. pag. 524. sqq.
[3] nemlich ein solcher Endzweck, der ohne dieses Wunder-Zeichen nicht hatte erlangt werden können.

willen in Verwunderung gerathen, als weil es uns nicht möglich ist, sie zu erkennen. Wer wolte aber deßwegen ihre Existenz leugnen? Ein einfältiger Mensch, der wegen der schlechten Cultur des Verstandes nicht im Stande ist, die Ursachen der geschehenen Dinge zu erforschen, (17) würde viel dem Teuffel zuzuschreiben haben, wenn es erlaubt wäre, von der Unwissenheit der Sache auff der Sache Verneinung zu schliessen. Denn das ist gewiß, daß die Natur unerforschlich bleibt. Je einfacher aber die Kräffte der Natur werden, ie näher kommen sie denen ersten Anfangs-Gründen, und ie mehr werden sie zu Wunderwercken gemacht.[4]

§. 5.

Damit wir aber die Existentz derer verborgenen Kräffte der Natur desto deutlicher erkennen mögen, behaupten wir, daß alle Geister und Cörper Wechselsweise in einander würcken.[5] Denn es würcken die Geister in Geister, es würcken die Geister in Cörper, es würcken endlich auch die Cörper in Cörper. Das vierdte aber, daß auch die Cörper in Geister würcken solten[6], ist nicht wohl zu glauben. Unter diesen verborgenen Würckungen verdienen gar leichtlich die Würckungen der Cörper in Cörper den ersten Platz, weil die Effecte davon vornehmlich in die Sinne fallen. Sie sind aber in der Wahrheit so feste gegründet, daß sich noch kein wahrer Philosophus gefunden, der (18) sich unterstanden, dieselben zu verwerffen. Sie werden insgemein unter dem Nahmen der Sympathie und Antipathie begriffen, wovon sehr grosse Wercke hin und wieder verhanden sind, die davon handeln, worunter Athanasii Kircheri Magnetismus Naturæ vielleicht den Vorzug verdienet.

---

[4] Quo simpliciores vero Naturæ vires evadunt, eo propius accedunt primis principiis & eo magis in prodigium trahuntur.
[5] defendimus mutuum aliquem omnium spirituum & corporum inter se influxum.
[6] nemlich unmittelbar.

§. 6.

Die Existentz der Sympathie und Antipathie wird leichtlich Niemand in Zweiffel ziehen, der von der anziehenden Krafft des Magnets einige Erkäntniß hat. Die Hunde haben mit ihrem ungewöhnlichen und ungeschickten Geheule, das sie in und um den Häusern von sich hören lassen, nicht selten den bevorstehenden Tod derer Krancken vorher verkündiget, und daß ein iedes Thier aus dem blossen Geruche mercken kan, was ihm zur Speise gut ist, sehen wir täglich. Wem ist unbekannt, was die Musicalische Harmonie in den Gemüthern der Menschen vor eine Art der Sympathie erweckt? Was vermögen nicht in diesem Fall die Erb- und Einbildungs-Kranckheiten? (morbi hæreditarii & imaginarii) Was geben nicht die Mordsüchtigen u. die, so gewisse Thiere, z. E. die Katzen, nicht leiden können, vor sonderbahre Exempel der Sympathie und Antipathie ab? Und wer will alles erzehlen können, was zum Beweiß der Existentz derer Würckungen der Cörper in Cörper dienet und einem ieden im gemeinen Leben genugsam bekannt ist.

(19)
§. 7.

Hieher sind allerdings auch viele andere Natur-Zeichen zu rechnen, die, ob sie gleich von mehrer Wichtigkeit sind, dennoch keines weges aus einer teufflischen Zauberey geschehen. Hieher gehöret das Bluten der umgebrachten Cörper, die Wünschel-Ruthe, die Bezauberungen durch eine Magische Einbildung, die Ahndungen der Thiere, das Beschreyen, die denckwürdigen Träume, der Tarantul-Biß, der Einfluß der Gestirne, und viele andere Dinge, deren Ursachen man mit nicht geringerer Wahrscheinlichkeit denen verborgenen Kräfften der Natur zuschreiben kan, als etwan das Einpfropffen der Bäume, die Raserey von Hunden, die Inoculation derer Bocken, das Sympathetische Pulver und dergleichen, von welchen allen man doch nicht den geringsten Verdacht einer teuffelischen Magie hat. Wir unterstehen uns zwar nicht, allen Einfluß der Geister bey solchen verborgenen

Würckungen der Natur zu leugnen, weil uns mehr als zu bekannt ist, mit was vor Betrug und List öffters der Teuffel die Menschen durch magische Künste zu betrügen pflegt, um dadurch sein teufflisches Reich zu vermehren. Alleine da er sein Werck meistentheils durch so genannte Hexen, dener der Teuffel auff mancherley Weise die verborgenen Kräffte der Natur bekannt macht, treibet, schliessen wir daraus, es könne sich dieses alles auch ohne Beyhülffe des Satans, (20) nach dem blossen Lauff der Natur zutragen.

§. 8.

Da nun hieraus sattsam erhellet, es gebe vielerley Arten von denen Würckungen der Cörper in Cörper, so wollen wir auch eine gewisse Art setzen, die wir Masticationem mortuorum in tumulis, oder das Kauen u. Schmatzen der Todten in Gräbern nennen. Es haben uns schon längst unsere Vor-Eltern vieles von diesen in Gräbern fressenden Todten erzehlt, aber wir haben davor gehalten, es sey uns schimpflich diesen Mährgen und Aesopischen Fabeln, daran sich nur die alten Weiber ergötzen, Glauben zuzustellen. Die Ursachen sind leichte zu erkennen: Wir haben dergleichen fressende Todte nicht selbst gesehen. Wir können ein dergleichen Natur-Zeichen mit unsern Vernunfft-Schlüssen nicht begreiffen, und die Beschuldigung des Aberglaubens fliehen wir eben so sehr als die Verletzung des ehrlichen Nahmens. Was Wunder daher, wenn wir alle dergleichen Exempel, die hin und wieder in den historischen Schrifften vorkommen bißher in Zweiffel gezogen? Es giebt zwar eine Art Menschen, die von Natur geneigt sind, aus iedweder abergläubischen Muthmassung, ich weiß nicht, was vor ein Vergnügen zu schöpfen. Diesen ist es leichte, alles zu glauben, was sie hören. Was sie aber mit ihrem Verstande nicht begreiffen können, das schreiben (21) sie ohne Bedencken denen höllischen Geistern und der teufflischen Zauber-Kunst zu.

§. 9.

Ausser diesen giebt es auch welche, denen bloß die Rechtgläubigkeit der Evangelischen Religion hinderlich ist, daß sie dem keinen Beyfall geben können, was ihnen sonst nicht schwer zu glauben ist. Vor der Beschuldigung einer Ketzerey haben sie ein solches Grausen, daß sie lieber blindlings auff die Worte ihrer Lehrer schweren, als sich wegen einiger Gegen-Meinung verketzern lassen. Jedoch sie haben vielmahls nicht Ursach sich dißfalls etwas zu befürchten. Die Wahrheit der Heil. Schrifft wird bißweilen bloß aus Vorurtheil vor beleidigt gehalten. Wir erkennen dieses unter andern an der Lehre von der natürlichen Zauber-Kunst oder Magia Naturali. Denn da die alten GOttesgelehrten aus Unwissenheit der verborgenen Kräffte der Natur alle Wunder-Dinge dem Teuffel und seinen Zauberkünsten zugeschrieben, so haben wir daher das Vorurtheil in Kopff bekommen, als ob alle Lehre von der Magia Naturali auff die Zernichtung der göttlichen Wunderwercke abziele. Aber es ist dieses falsch. Die göttlichen Wunderwercke lassen sich auff eine so herrliche Weise von denen Wunder-Dingen der Natur unterscheiden, daß man sich wundern muß, wie sie unter einander verwechselt werden können. Die Zertheilung der Wasser im rothen Meer und Jordan, die Aufferweckung der (22) Todten und viele andere herrliche Thaten, die Christus, die Propheten und Apostel durch GOttes Finger im Alten und Neuen Testamente verrichtet, sind und bleiben der Natur solche Geheimnisse, daß zu deren Erklärung und Nachmachung das gesammte Höllen-Heer mit allen Schwartz-Künstlern nicht zulänglich ist, wenn sie gleich mit gesammten Kräfften darüber zu arbeiten anfiengen.

§. 10.

Alleine wer wolte deßwegen alle Würckungen der Cörper in Cörper, die nach dem, ob wohl etwas ungewöhnlichen Lauff der Natur geschehen, leugnen? Es wird der göttlichen Wahrheit dadurch nichts entzogen. Wir halten vielmehr dafür, daß es dem Evangelischen Glauben nützlich sey, wenn gezeigt werden kan, wie weit GOtt mit seinem unmittelbahren Einfluß in den Wundern der Natur (naturæ prodigiis) concurrire. Es ist uns allen bekannt, daß die Römische Kirche sich mit ihrem Wunder-Glauben viel wisse. Wenn nun wir, die wir von der Gegen-Parthey und eines bessern Glaubens sind, alle wunderlichen Dinge in der Natur so gleich vor Wunderwercke oder wenigstens vor Würckungen einer teuffelischen Magie ausgeben wolten, könten wir denn nicht sehr leichte von unsen Widersachern betrogen u. hintergangen werden? Das Kauen und Schmatzen der Todten in Gräbern werden die Papisten ohne Zweifel auch vor ein göttliches Wunder (23) ausgeben, und wer weiß, was vor eine Lehre sie vielleicht damit zu bekräfftigen suchen? Wer will es uns daher vor übel halten, wenn wir dieses Kauen und Schmatzen einer natürlichen Würckung des Cörpers zuschreiben? Die Art und Weise wird uns zwar allezeit verborgen bleiben, genug, daß immittelst der Sache Existentz dargethan werden kan.

§. II.

Ehe wir dieses sonderbahre Natur-Wunder betrachten, wollen wir vor allen Dingen die Exempel anführen, die der Sache Gewißheit bestätigen. Uberhaupt verdienen hier nachgeschlagen zu werden Schwimmer in Curiosit. Philos. secret. Diss. IV. §. 12. seqq. Kornmann de Mirac. Mortuorum Part. VII. c. 64. Garmann de Mirac. Mort. L. I. Tit. III. p. 116. 117. Harsdörffer in Theatr. Tragic. c. CXV. p. 406. Phil. Rohr in Diss. de Mastic. Mort. c. I. Th. 7. und Voigt in dem Physical. Zeit-Vertreiber p. 516. Welche alle beflissen sind, die Exempel von denen kauenden und schmatzenden Todten zu sammlen. Einige sonderbahre Exempel aber hiervon findet man bey dem seel. Luthero in seinen Tisch-Reden Tit. 24. fol. 211. 212. Andr. Mollern in Annal. Freiberg. p. 254. Conrad Schlüsselburgen in der gründlichen Erklärung des 91. Psalms conc. XII. p. 155. Martin Böhmen von den drey Land Plagen conc. XVII. fol. 169. Adam Röthern in Pest-Predigten. Wencesl. Hagenecio (24) in Chron Boh. P. 1. fol. 419. b. Just. Ortolph Marold in Loemograph. p. 92. sqq. Martin Zeilern in Not. ad. Resset.

Hist. Trag. p. 32. Heinr. Rothen Conc. funeb. 30. in dem Anhang von denen schmatzenden Todten. Pitzschmann in Leichen-Redner P. II. p. 856. Ignat. Hanieln de Peste in Schiefelbein. Mart. Fabricio in Paradox. λοιμ. p. 123. Erasm. Francisci im Höllischen Proteus n. 28. p. 260. sqq. Beiern in fasc. dict. biblic. 4. n. 32. Stieflern im Historien-Schatz P. II. p. 1911. Hercul. Sax. c. XI. de Plica etc. Hieher gehört auch, was der P. Gabriel Rzaczynsky in Hist. Nat. Curios. Regni Poloniæ, welches Buch Anno 1721. zu Sendomir in 4. heraus gekommen, erzehlt und zwar Tract. XIV. sect. II. wo er von dem Bluten derer Cörper handelt und bey dieser Gelegenheit zugleich vieles von denen Todten, die in ihren Gräbern noch fressen und die Lebendigen in der Nachbarschafft als Gespenster umbringen, beybringt. Die Polacken nennen sie mit einem besondern Nahmen Upiers und Upierzyca, von welchen der gedachte Autor sehr glaubwürdige Zeugnisse anführet.[7]

§. 12.

Das allerneueste Exempel, das uns bekannt ist und vor andern sehr merckwürdig scheinet, ist die Nachricht aus Hungarn, welche wir vor (25) kurtzen in den öffentlichen Zeitungen gelesen. Sie ist würdig, daß wir sie von Wort zu Wort aus den Leipziger Zeitungen dieses Jahrs p. 503. seqq. abschreiben und hier mittheilen:

Wien vom 31. Jul. 1725.

„MAn siehet in den hiesigen Zeitungen oder so genannten Diario einen Bericht, welchen der Käyserl. Provisor in dem Gradisker District in Hungarn an die Käyserl. Adminstration zu Belgrad wegen einer besondern Begebenheit ergehen lassen, welcher unverändert und ohne darüber zu urtheilen, wie er sich gedruckt befindet, folgendes Inhalts ist: Nachdem bereits vor 10. Wochen ein in dem Dorffe Kisolova, Rahmer-Districts, gesessener Unterthan, Nahmens Peter Plogojowitz,

---

[7] Siehe Acta Erudit. A. 1722. M. Jan. p. 17.

mit Tode abgegangen, und nach Rätzischer Manier zur Erden bestattet worden, hat sichs in ermeldetem Dorffe Kisolova geäussert, daß innerhalb 8. Tagen 9. Personen, so wohl Alte als Junge, nach überstandener 24. stündiger Kranckheit also dahin gestorben, daß, als sie annoch auff dem Tod-Bette lebendig gelegen, sie öffentlich ausgesagt, daß obbemeldeter, vor 10. Wochen verstorbener Plogojowitz zu ihnen im Schlaff gekommen, sich auff sie gelegt und gewürget, daß sie nunmehro den Geist auffgeben müsten; gleich wie denn hierüber die übrigen Unterthanen sehr bestürtzet, in solchem noch mehr bestärcket worden, da des verstorbenen (26) Peter Plogojowitz Weib, nachdem sie zuvor ausgesagt, daß ihr Mann zu ihr gekommen und seine Oppanki oder Schuhe begehret, von dem Dorffe Kisolova weg und sich in ein anders begeben; sintemahl aber bey dergleichen Personen, so sie Vampyri nennen, verschiedene Zeichen, als dessen Cörper unverweset, Haut, Haar, Bart und Nägel an ihm wachsend zu sehen seyn müsten, als haben sich die Unterthanen einhellig resolvirt, das Grab des Peter Plogojowitz zu eröffnen und zu sehen, ob sich würcklich obbemeldete Zeichen an ihm befinden; zu welchem Ende sie denn sich zu mir hieher verfüget und nebst Andeutung vorerwehnten casus mich samt dem hiesigen Popen oder Geistlichen ersuchet der Besichtigung beyzuwohnen; und ob ihnen schon erstlich solches Factum reprobirt, mit Meldung, daß ein solches vorhero an eine löbliche Administration unterthänig-gehorsamst berichten und derselben hohe Verfassung hierüber vernehmen müste, haben sie sich doch keines weges hierzu bequemen wollen, sondern vielmehr diese kurtze Antwort von sich gegeben: ich möchte thun, was ich wolte, alleine woferne ich ihnen nicht verstatten würde, auff vorherige Besichtigung u. rechtl. Erkäntniß mit dem Cörper nach ihrem Gebrauch zu verfahren, müsten sie Hauß und Guth verlassen, weil biß zu Erhaltung einer gnädigsten Resolution von Belgrad wohl das gantze Dorff (wie schon unter (27) Türckischen Zeiten geschehen seyn solte) durch solchen üblen Geist zu Grunde gehen könte, welches sie nicht erwarten wolten. Da denn solche Leute weder mit guten

Worten noch Bedrohungen von ihrer gefasten Resolution abhalten konte, habe ich mich mit Zuziehung des Gradisker-Popen in gemeldetes Dorff Kisolova begeben, den bereits ausgegrabenen Cörper des Peter Plogojowitz besichtiget und gründlicher Wahrheit gemäß folgendes befunden: daß erstlich von solchem Cörper und dessen Grabe nicht der mindeste, sonsten der Todten gemeiner Geruch verspüret, der Cörper, ausser der Nasen, welche etwas abgefallen, gantz frisch, Haar und Bart, ja auch die Nägel, wovon die alten hinweg gefallen, an ihm gewachsen, die alte Haut, welche etwas weißlicht war, hat sich hinweg gescheelet, und eine neue frische darunter hervor gethan, das Gesichte, Hände und Füsse und der gantze Leib waren so beschaffen, daß sie in seinen Lebzeiten nicht hätten vollkommener seyn können; in seinem Munde habe nicht ohne Erstaunen einiges frisches Blut erblickt, welches der gemeinen Aussage nach, er von denen durch ihn umgebrachten gesogen; in Summa, es waren alle Indicia vorhanden, welche dergleichen Leute (wie schon oben bemercket) an sich haben solten. Nachdem nun so wohl der Pope als ich dieses Spectacul gesehen, der Pöbel aber mehr und mehr ergrimmter als bestürtzter wurde, haben (28) sie gesammte Unterthanen in schneller Eil einen Pfeil gespitzet, mit solchem den todten Cörper zu durchstechen, an das Hertz gesetzet, da denn bey solcher Durchstechung nicht nur allein häuffiges Blut, so gantz frisch, auch durch Ohren und Mund geflossen, sondern noch andere wilde Zeichen (welche wegen hohen Respects umgehe) vorgegangen; sie haben endlich offt ermeldeten Cörper in hoc casu gewöhnlichen Gebrauch nach zu Aschen verbrannt, welches denn einer hochlöblichen Administration hinterbringen und anbey gehorsamst-unterthänigst bitten wollen, daß wenn hierinne einen Fehler begangen haben solte, solchen nicht mir, sondern dem vor Furcht ausser sich selbst gesetzten Pöbel beyzumessen."

Kayserl. Provisor
im Gradisker District.

§. 13.
Drey Haupt-Umstände sind es, die wir in Ansehen dieses Wunder-Zeichens zu betrachten haben. Denn da nicht mehr denn drey Gattungen von wahrscheinlichen Ursachen hier statt finden können, die entweder von GOttes Allmacht, oder von einer teufflischen Zauber-Kunst, oder einer natürl. Sympathie hergenommen sind, so sind wir entschlossen zu zeigen, daß dergleichen Wunder-Zeichen in der Natur weder unter die göttlichen Wunderwercke, noch schlechterdings (29) unter die ausserordentlichen Wercke des Teuffels, sondern unter die verborgenen Würckungen der Natur zu zehlen sind.

§. 14.
Ein Wunderwerck nennen wir diejenige göttl. Würckung, die über den Lauff der Natur ausserordentlich durch den unmittelbahren Einfluß der göttl. Allmacht hervor gebracht wird, zu Bestätigung des Ansehens der göttl. Wahrheit.[8] Es fragt sich demnach: Ob die Wunderwercke noch zu unsern Zeiten statt finden? Wenn wir sie in weitläufftigem Verstande nehmen, wollen wir es nicht gäntzlich leugnen; in engerm Verstande aber genommen und so, wie wir sie itzt beschrieben, ist allerdings gewiß, daß sie zu unsern Zeiten gäntzlich auffgehöret. Denn sie haben ihre Absicht bloß auff die Pflantzung der Kirche, und folglich gehören sie in die Zeiten der Apostel und Jünger Christi. Wir haben daher heut zu Tage nicht mehr dergleichen zu gewarten, weil das Ansehen der göttlichen Wahrheit schon zur Gnüge bestätigt ist. Die Römische Kirche stimmt zwar darinne nicht mit uns überein. Sie rühmet sich vielmehr noch der Wunder-Gaben, wie ehemahls die erste Kirche. Alleine wir wissen (30) aus heiliger Schrifft, daß solches nichts denn Lügen sind.[9] Was daher zu unsern Zeiten durch einen ausserordentlichen Einfluß GOttes über die Kräffte der

---

[8] Miraculum dicimus effectum illum divinum, qui extra ordinem & supra omnes causas naturales per influxum divinæ omnipotentiæ producitur, ad confirmandam divinæ veritatis auctoritatem.
[9] 2. Thess. II. 9. Math. XXIV. 24. Apoc. XIII. 13. 14.

Natur zu geschehen pfleget, sind Würckungen einer sonderbahren göttlichen Vorsehung, welche bloß im weitläufftigern Verstande Wunder genennet werden.

§. 15.

Wenn wir das Kauen und Schmatzen der Todten unter die göttlichen Wunder zehlen wolten, müste es entweder ein Wunderwerck der Lehre oder ein Wunderwerck der Vorsehung seyn.[10] Daß die Wunderwercke der Lehre schon längst in der Kirche auffgehört, haben wir bereits angezeigt. Alleine gesetzt, daß es dergleichen noch gebe, so läst sich doch aus allen Umständen schliessen, daß wenigstens das Kauen und Schmatzen der Todten nicht darunter zu zehlen sey. Denn ein iedwedes göttliches Wunderwerck, in engerm Verstande bestätiget 1) das Ansehen der göttl. Wahrheit, 2) wird es durch einen unmittelbar von GOtt und Christo gesendeten Propheten oder Apostel verrichtet, und 3) überzeugt es alle, die es sehen und hören, von seiner Wahrheit und Richtigkeit. Wir brauchen keines Beweises, weil die Nothwendigkeit dieser Eigenschafften aus der heil. Schrifft sattsam dargethan werden kan.

(31)
§. 16.

Wie schickt sich nun das Kauen und Schmatzen der Todten hieher? Findet wohl eine eintzige von diesen Eigenschafften der göttl. Wunder hier statt? Wir halten es nicht dafür. Man siehet nicht, was für eine göttl. Wahrheit dadurch bestätiget werden soll. Es fehlen die Propheten und Apostel, die durch GOttes Finger hierbey etwas thun. Es mangelt die Uberzeugung, von der Wahrheit, die die göttlichen WunderWercke sonst allezeit in den Hertzen der Menschen zu würcken pflegen. Wem zu gute solte demnach GOTT ein solches Wunder in der Natur geschehen lassen, da gar kein Endzweck davon bekannt ist? Der Endzweck GOttes ist

---

[10] Miraculum doctrinæ aut miraculum providentiæ.

zweyerley, entweder die Ehre seines Nahmens oder das Heil der Menschen. Zur Ehre des göttl. Nahmens tragen dergleichen Würckungen der Todten wenig oder nichts bey. Sie verhindern sie mehr, als daß sie solche befördern. Denn es werden dadurch die wahren Wunderwercke mit den falschen vermischt und dadurch eine solche Verwirrung angerichtet, die der Ehre GOttes und der Wahrheit der göttl. Wunderwercke sehr nachtheilig ist. Der andere göttl. Endzweck bey den Wunderwercken ist das Heil der Menschen, welches theils zeitlich theils ewig ist. Zu beyderley Heil zu gelangen wird der Glaube an GOtt und seine Verheissungen, der durch die göttlichen Wunderwercke am besten erwecket werden kan, erfordert. (32) Aber was soll aus dem Kauen und Schmatzen der Todten vor ein Glaube entstehen? Was soll uns daraus vor Heil zufliessen? Den schnellen Tod haben die Menschen noch niemahls unter die sonderbahren göttlichen Wohlthaten gerechnet, sonderlich einen solchen gewaltsamen, wie dergleichen die Menschen durch das Kauen und Schmatzen der Todten zu betreffen pflegt. Von dem Glauben aber, der dadurch erweckt werden soll, können wir gar nichts sagen. Man mag es eher einen Aberglauben als wahren Glauben nennen, wenn der Todten Freßigkeit in Gräbern hiervon etwas in denen Hertzen der alten Weiber erwecken solte. Unser Glaube ist genugsam aus den Schrifften Mosis und derer Propheten bestätiget, und wenn wir diese nicht hören wollen, werden wir auch denen Todten nicht glauben, wenn sie gleich aus den Gräbern wieder kämen und uns predigten.

§. 17.

Die andere Art der wahren Wunderwercke hat mit der göttlichen Vorsehung zu thun, die wir deßwegen Wunderwercke der Providentz gennenet. Es sind dieselbigen nichts anders als Exempel der sonderbahren göttl. Vorsehung, welche über die gewöhnliche Ordnung der Natur zu Erhaltung und Bewahrung unsers Leibes und Lebens zu geschehen pflegen. Zu einem Exempel hiervon dienet uns dasjenige Mägdgen, welches vor weniger Zeit in der Marck Brandenburg von einem räuberischen Wolffe rücklings (33) mit dem Rachen zwar ergriffen, aber von der Bestie bald wieder ohne einige Verletzung niedergesetzt und verlassen worden.[II] Dergleichen Wunderwercke geschehen zu unsern Zeiten fast noch täglich, aber sie zielen allezeit auf unsers zeitlichen Lebens Erhaltung ab. Daß man das Kauen und Schmatzen der Todten nicht hieher rechnen könne, ist ausgemacht. Denn es dienet solches mehr zu des menschlichen Lebens Verderbung als Erhaltung.

§. 18.

Da nun auf keinerley Art und Weise dieses Wunder-Zeichen der Natur unter die göttliche Wunder Wercke gesetzt werden kan, so entstehet eine neue Frage: Ob es nicht dem Teuffel und dessen Würckungen, die er in die natürlichen Cörper thut, zuzuschreiben sey? Der gröste Theil der Menschen ist geneigt, solches zu bejahen. Denn da sie die verborgenen Kräffte der Natur nicht erkennen, etwas göttliches aber daran nicht wahrnehmen, so wissen sie es nichts anders als einer teufflischen Magie und verborgenen Würckung des Satans zuzuschreiben. Wir selbst können nicht leugnen, daß wir nicht ehemahls dieser Meinung solten zugethan gewesen seyn. Die Schalckheit dieses höllischen Geistes, die Menschen zu betrügen, ist so groß und vielerley, daß sie niemahls genung erforscht (34) werden kan. Was Wunder demnach, wenn wir uns zu Beypflichtung dieser Meinung sonst allezeit geneigt finden lassen? Alleine da wir das merckwürdige Exempel eines kauenden und schmatzenden Todten in genaue Erwegung zogen, so bemerckten wir drey Umstände, die uns bewegten, von dieser Meinung abzugehen. Denn wir erkannten, daß 1) kein Blendwerck dabey vorgehe, 2) dem Teuffel keine Gewalt über der Menschen Tod und Leben zukomme, und 3) die Umstände lauter natürliche Ursachen anzeigten.

[II] Es wurde uns diese Begebenheit damahls umständlich durch die Leipziger Zeitungen berichtet.

§. 19.

Die erste Ursache ist, daß die äusserlichen Umstände dieses Wunder-Zeichens keinen Schein einiger teuflischen Betrügerey zu erkennen geben. Von denen Gespensten und teuflischen Erscheinungen ist bekannt, daß sie nichts anders denn ein Blendwerck sind. Wir vermeinen zwar, würcklich etwas zu sehen, und wenn wir näher hinzu kommen, werden wir nichts gewahr. So ist es auch mit dem Gehöre beschaffen in Ansehen des Geräusches, das die Gespenster bißweilen in Küchen und Kellern machen, da es vielmahls scheinet, als wenn alles zu tausend Drümmern gienge, da man doch nachgehends alles unversehrt an seinem Orte findet. Es ist dieses nicht zu verwundern. Der Teuffel, als ein vollkommener Geist, kan in eines andern Imagination und Einbildungs-Krafft gar leichte allerhand Vorstellungen von gebildeten, ingleichen von empfundenen und gehörten (35) Dingen erwecken, obgleich eigentlich und würcklich nichts verhanden ist, das in die Sinne fället. Es erhellet dieses aus denenjenigen Erscheinungen, welche einem alleine geschehen, da viele, die sich dabey befinden, nichts vermercken. Es pflegt zwar bißweilen auch die Erscheinung dem Menschen würcklich in die äusserlichen Sinne zu fallen, wenn nehmlich der Geist in der Lufft einen Leib, der nur den Schein davon hat, annimmt. Alleine es ist derselbe allezeit so beschaffen, daß wenn man mit einem Lichte hinzu nahet, solcher von sich selbst verschwindet.

§. 20.

Wenn wir das Kauen und Schmatzen der Todten betrachten, so werden wir nichts von einem dergleichen Blend-Wercke gewahr. Haut, Haare, Bart, Nägel und alle übrigen Glieder des oben beschriebenen Hungarischen Cörpers haben von einem iedweden betastet werden können. Es hat auch der Teuffel, oder wer derjenige Geist gewesen, der nach der irrigen Meinung des Pöbels durch das Kauen und Schmatzen des obgedachten Cörpers in den Häusern der Menschen ein so grosses Sterben verursachet, sich auf keinerley Weise als ein

Gespenste denen, die sich seinen Würckungen widersetzet, geoffenbahret, welches doch sonst insgemein zu geschehen pflegt. Wir lesen zwar in der Hungarischen Relation, es sey der verstorbene Plogojowitz zu denen Leuten im Schlaffe (36) gekommen, habe sich auf ihre Leiber gelegt, und sie dergestalt gewürget, daß sie des Todes darüber seyn müssen; wir lesen auch ferner, er sey zu seinem Weibe gekommen und habe von ihr seine Schuhe begehret. Alleine was eigentlich von diesen Umständen zu halten sey, wollen wir weiter unten anzeigen. So viel mag vorietzo zu gedencken genung seyn, daß von der Einbildung einer Sache auf deren würckliche Existentz kein Schluß zu machen sey, sonsten müste auch der Alp und andere Kranckheiten, die in der Einbildung bestehen, denen Geistern zuzuschreiben seyn.

§. 21.

Die andere Ursache, die uns abhält, daß wir dem Teuffel das Kauen und Schmatzen der Todten nicht zueignen können, bestehet darinne, daß demselben keine Gewalt über der Menschen Leben und Tod zukömmt. GOtt hat sich dieses als ein besonderes Regale alleine vorbehalten. Denn da er die Menschen nach seinem Ebenbilde geschaffen, hat er niemanden einiges Recht über deren Leben und Tod zugestanden, als der Obrigkeit, die seine Stelle vertritt. Diese alleine kan das Schwerdt der Gerechtigkeit über die Ubelthäter ziehen. Wer wolte aber dem Teuffel, dem von GOttes Angesichte verstossenen und zur ewigen Höllen-Straffe verdammten Geiste, eine so grosse Gewalt über das durch den Sohn GOttes zu Gnaden gebrachte menschliche Geschlechte zugestehen, dieselben (37) nach Gefallen zu tödten, oder zu erhalten? Ausserordentlich schickt zwar GOtt bißweilen zu Bestraffung der Menschen gewisse Executores seiner Gerichte, aber den Teuffel ist er nach seiner ihm beywohnenden Heiligkeit nicht gewohnt, leichtlich hierzu zu erwehlen. Wir lesen zwar von Hiob und andern Heil. Männern in Heil. Schrifft, daß sie vom Teuffel sehr übel tractirt und mit Ruthen und Fäusten gar sehr geschlagen worden. Alleine ob derselbe gleich solche

Licentz von niemand anders als dem grossen GOtt erhalten können, so ist sie doch allezeit so eingeschrenckt gewesen, daß er ihnen nicht ans Leben kommen können. Woher soll ihm nun die so grosse Gewalt bey dem Kauen und Schmatzen der Todten kommen? Es ist gewiß recht entsetzlich zu sagen, daß der Teuffel innerhalb sieben Tagen auf zehen Menschen gewaltsamer Weise hingerichtet haben solte, und daß er deren noch mehr habe hinrichten wollen. Es läst zwar GOtt bißweilen dem bösen Geiste zu, daß er mit seinen Erscheinungen manchen Menschen ein solches Schrecken einjaget, daß sie vor Alteration des Todes sind. Alleine auf solche Weise ist der Teuffel nur eine zufällige Ursache des Todes, nicht aber eine Haupt-Ursache, wie es bey dem Kauen und Schmatzen der Todten seyn müste, wenn man solch Wunder-Zeichen der Natur dem Teuffel zuschreiben wolte.

§. 22.

Die dritte Ursache, die uns verhindert, daß (38) wir das Kauen und Schmatzen der Todten dem Teuffel nicht zuschreiben können, ist, daß alle Umstände lauter natürliche Ursachen anzeigen. Wir leugnen zwar nicht, daß die Zauberer, Hexen und andere Unholde, die dem Teuffel dienen, sich der natürlichen Dinge, sonderlich des Auswurffes und Unflaths der Leiber bey ihren teufflischen Künsten zum Schaden des Menschens bedienen. Alleine die Umstände, womit es geschicht, sind allezeit so beschaffen, daß ein ieder leichte daraus ihre teufflische Zauberkunst erkennen kan. Dieses aber kan man bey dem Kauen und Schmatzen der Todten nicht wahrnehmen. Denn da äussern sich solche Umstände, die offenbar das Gegentheil bezeugen. Der Hungarische Cörper ward weder verschnitten noch verstümmelt, sondern gantz und vollkommen im Grabe gefunden. Der natürl. Auswurf des Leibes z. E. die Haare, Bart, Nägel etc. haben ihr Wachsthum und die Leute, die darauff den Tod erlitten, haben nicht das geringste Zeichen einer teufflischen Bezauberung von sich gegeben. In übrigen, wenn auch denen Hexen hier etwas zuzuschreiben wäre, kan man doch nicht glauben, daß etwas anders daraus entstehen solte, als solche Bezauberungen, die zwar der Gesundheit und Integrität des Leibes schädlich sind, aber doch auff keinerley Art und Weise dem Leben Gefahr bringen, geschweige gar einen schleunigen Tod nach sich ziehen. Der verursachte Tod rühret bloß von GOttes Willen (39) her und der Schaden des Leibes, den sonst der Teuffel bißweilen intendirt, ist hier nicht einmahl erfolget.

§. 23.

Bey so gestalten Sachen ist nicht zu zweiffeln, daß nicht alle übernatürl. Ursachen hier cessiren solten. Es muß daher dieses Wunder-Zeichen bloß aus denen Kräfften der Natur erklärt werden. Aber nun fragt sichs: aus was vor welchen? und auff was vor Weise? Es finden sich einige unter denen Welt-Weisen, die die Existentz derer Mittel-Geister oder so genannten Dæmonum behaupten, unter welchen der bekannte Herr D. Rüdiger[12] die oberste Stelle verdient. Sie unterscheiden dieselben von denen bösen Geistern, die sonst Teuffel heissen, und beschreiben sie als unvollkommene Geister, mit einem elementarischen Leibe umgeben, welche zwar eine Empfindung, Gedächtniß und Wissenschafft, aber keinen Verstand und Uberlegung haben. In der Geister-Welt, sagen sie, wären sie eben dasjenige, was die unvernünfftigen Thiere in der Thier-Welt sind. Sie rechnen dahin alle diejenigen Erscheinungen und Gespenster, die man sonst Bergmännigen, Kobelte, Bier-Esel, Drachen und dergleichen nennet. Die Heyden haben ehemahls viel von diesen Dæmonibus gedichtet und sie Schatten und Nacht-Geister, Hauß- und Polter-Geister, (40) Waldgötter[13] etc. u. d. g. geheissen. Sie hielten sie vor gute Geister (Spiritus ἀγαθούς) welche weder Schaden thäten, noch in einer schrecklichen Gestalt erschienen. Theophrastus Paracelsus, den man der Zauberey wegen vor sehr verdächtig gehalten, heist sie ausdrücklich die gütigen

---

[12] in Physic. Div. Lib. I. c. 4. sect. 4.
[13] quos larvas & umbras, lares & lemures, Faunos etc. appellarunt.

Geister, welches auch Georgius Agricola[14] thut, der sie mites nennet und denen immitibus oder bösen entgegen setzet.

§. 24.

Wir verwerffen diese und alle dergleichen Dæmones und Mittel-Geister, weil Vernunfft und Schrifft nichts davon wissen. Was aber in den Bergwercken, Häusern und Wäldern von solchen Unholden wahrgenommen wird, das zeuget sattsam von des Teuffels Boßheit. Der sehr belesene und gelehrte Garmann in Tract. de Mirac. Mort. Lib. I. Tit. III p. 122. urtheilet von ihnen gantz recht, wenn er schreibet: „Ich statuire mit dem P. Thyræo keine Geister, die entweder gantz gütig, oder gantz grausam sind. Welche ietzt gütig, die sind nachgehends grausam, und welche ietzt grausam, die erzeigen sich hernach wieder gütig. Denn auch denen gütigen fehlt es nicht an Boßheit noch an Willen und Vermögen zu schaden. Die uns hassen, (41) können als verschlagene Geister, die tausend Künste wissen, sich auch wieder in Engel des Lichts verstellen und den Schein der grösten Gütigkeit an sich nehmen. Es gilt hier das Sprichwort des Pöbels: Es ist ein Teuffel wie der andere.[15] Dieses sagt nun zwar Garmannus, aber nicht der Pöbel in Hungarn. Denn dieser scheinet, nach der oben angeführten Relation, ebenfalls die Ursache des Todes bey dem obgedachten Wunder-Zeichen denen Dæmonibus oder Mittel-Geistern zuzuschreiben. Denn wir lesen, daß sie unter andern gegen den Kayserl. Provisorem ausdrücklich gesprochen: sie müsten Hauß und Guth verlassen, wenn nicht in kurtzen eine gerichtliche Besichtigung ange-

---

[14] in Libr. de Animantibus subterr. p. 76. seqq. ubi mites vocitat & immitibus f. κακοῖς opponit.

[15] Nullos crediderim cum P. Thyræo Dæmones, qui tantum sunt mites: nullos, qui tantum sunt truculenti. Qui nunc mites, post truculenti, qui nunc truculenti, post mites. Nam nec mitibus sua deest bilis aut nocendi potestas vel voluntas. Et qui odio in nos sæviunt, quia mille artes norunt, etiam in angelos lucis se transformant et summam quandoque simulant mititatem. Habet hic locum vulgi emunciatum: Es ist ein Teuffel wie der andere.

stellet und der Cörper nach ihrem Gebrauch zernichtet würde; denn sie besorgten, es möchte endlich durch solchen üblen Geist das gantze Dorff zu Grunde gehen. Dieses bekräfftigen selbst die Sterbenden, die ausdrücklich bezeugt haben, daß der verstorbene Plogojowitz als ein Incubus und (42) Nacht-Gespenste auff sie gefallen sey und sie biß auff den Tod gewürget habe. Aber wer will doch solche Würckungen einem gütigen Geiste zuschreiben, und wer erkennet nicht sattsam aus diesen Klauen den höllischen Löwen, wenn man würcklich denen Geistern hier etwas zuschreiben wolte?

§. 25.

Alles demnach, was von denen kauenden und schmatzenden Todten zu mercken ist, muß aus der Cörperlichen Welt erkläret werden. Ehe wir aber in Thesi etwas setzen, haben wir vor allen Dingen auff die Seite zu räumen, was der menschliche Aberglaube entweder aus einer betrogenen Phantasie oder aus einer vorgefasten Meinung diesem Wunder der Natur angedichtet hat. Hieher gehört 1.) daß dergleichen Todte mit einem hellen Laut kauen, 2.) ihre Sterbe-Kleider mit dem Munde fressen, 3.) insgemein von weiblichen Geschlechte seyn, 4.) vornehmlich zu Pest-Zeiten existiren und 5.) keinen anderen als der nechsten Anverwandten Tod verursachen sollen. Was das erste anbetrifft, so stimmen alle Nachrichten von denen schmatzenden Todten überein, daß sie in den Gräbern nach Art der Schweine mit einem hellen Laut mit den Zähnen kauen, daher sie auch die schmatzenden Todten genennet worden sind. Alleine das neueste Exempel, das wir neulich aus Hungarn bekommen, gedencket (43) nichts von diesem Schwein-Schmatzen; woraus erhellet, daß solches ein Gedichte sey, das aus der Leute Aberglauben entstanden. In denen Historischen Jahr-Büchern wird zwar viel von solchen Laut und Stimmen, so auff denen GOttes-Aeckern, Grabmahlen, ja in denen Begräbnissen selbsten, ingleichen in denen Häusern und an anderen Orten gehöret worden, erzehlet, alleine die Wahrheit der Sache beruhet meistentheils auff alten Weiber-Mährgen. Wir wollen zwar nicht gäntzlich in Abrede seyn, daß nicht der Teuffel auf denen Gottes-Aeckern sich bißweilen eine grosse Gewalt heraus nehmen[16] solte, aber es geschicht nicht so offte, als insgemein vorgegeben wird, weil GOtt die Gräber der Frommen bewahren und vor des Teuffels Boßheit und Gespötte unversehrt erhalten will. An den Orten aber, wo Todtschläge und Schlachten geschehen, leugnen wir nicht, daß nicht bißweilen solten Gespenster gesehen, vielerley Geräusche vernommen, unterirdische Stimmen und andere klägliche Worte und Seuffzer gehört worden seyn, aber daß dergleichen auch auff Kirch-Höfen und GOttes-Aeckern als an heil. Stätten geschehen solte, leugnen wir billig.

§. 26.

Von denen alten Heyden lesen wir, daß sie gar viel von diesem unterirdischen Schall und Stimmen geglaubt, aber in Anzeigung der Ursachen (44) hiervon haben sie niemals überein gestimmt. Die alten Sarmatæ scheinen die Ursache dieses unterirdischen Gethönes denen Geistern zugeschrieben zu haben. Denn also erzehlen Joh. Meletius in Epist. de Relig. Boruss. ad Georg. Sabin. und Jo. Losicius,[17] daß sie über den Gräbern die Säbel gezogen und mit diesen Worten in die Lufft geschlagen hätten: Ey! packet euch ihr Geister in eure finstern Hölen.[18] Die Griechen schrieben die Ursache denen Seelen derer Verstorbenen zu, von welchen sie glaubten, daß sie nach dem Abscheiden sauseten und klirreten.[19] Es läst sich daher Homerus Iliad. Lib. XXIII. v. 100. Edit. Cantabrig. p. 636. von der Seele des Patrocli also vernehmen.

Ψυχὴ τὲ κατὰ χθονὸς ϛ ἠύτε κάπνος
Ὤχετο τετριγυῖα.
D. i.

---

[16] Confer Matth. VIII, 28.
[17] de Diis Samogitarum.
[18] Eia! fugite Dæmones in orcum!
[19] quas post mortem τρίζειν seu stridere credebant.

Die Seele fuhr als ein Rauch mit vielen Sausen unter die Erde.[20] Von diesem Sausen und Klirren der Seelen gedencket derselbe an einem andern Orte noch mehr, wenn er sich also hören läst[21]:

(45)
Ταὶδὲτρίζουσαιἕποντο.
Ὥς, δ'ὅτενυκτερίδεςμυχῷἄντρουθεσπεσίοιο
Τρίζουσαιποτέονται, ἐπεὶκέτιςἀποπέσῃσιν
Ὁρμαθοῦἐκπέτρης, ἀνὰτ'ἀλλήσῃσινἔχονται,
Ὥςαἵτετριγυῖαιἄμ' ἤϊσαν. D. i.

Diese aber folgten mit einem Sausen. Denn wie die Fledermäuse aus ihren Löchern mit einem starcken Sausen heraus fliegen, wenn eine von ihnen von dem Felsen, daran sie hauffenweise hangen, herab geworffen wird: also gehen auch sie, hintereinander sausend her.[22] Diogenes Laërtius schreibet von des Hesiodi Seele also:

Φησὶδὲ Ἱερώνυμοςκατελθόντααὐτὸνεὶςᾅδον,
τὴνμὲνἩσιόδουψυχὴνίδεῖνπρὸςκίονιχαλκῷδεδεμένηνκαὶτρίζο
υσαν.
D. i.

„Es erzehlet Hieronymus, er sey in die unterirdischen Oerter gefahren und habe des Hesiodi Seele an eine eherne Säule angebunden, gesehen, wie sie gerauscht und gesauset habe, vinculis adstrictam stridentemque vidisse." Wenn Menippus bey dem Luciano[23] aus der Höllen zurücke kömmt, erzehlt er unter andern:

---

[20] Anima sub terram tanquam fumus abiit murmure stridens.
[21] Iliad. Lib. XXIV. v. 5. sqq.
[22] Hæ autem stridentes sequebantur. Sicut autem vespertiliones secessu antri magni strepentes volant, postquam aliquis cadere fecit ordinem a petra in se invicem cohærentem: sic hæ stridentes simul ibant.
[23] in Necyomantia p. m. 306.

(46)
ἔνθαδὴπεριεπέτοντοἡμᾶςτετριγυῖαιτῶννεκρῶναἰψυχαὶ:
D. i.
Es begegneten uns daselbst die rauschenden Seelen der Todten. Sophocles eignet deßwegen denen Seelen ein Summsen (ζομζέίν) zu, wie die Bienen sonst von sich hören lassen.[24]

§. 27.

Wenn wir sagen sollen, was uns davon wahr zu seyn düncket, so glauben wir, daß insgemein solch unterirdisch Geräusche, Gethöse und Gethöne entweder aus einer aberglaubischen Meinung oder falschen Einbildung entstehe. Wie viel der Aberglaube in denen Gemüthern der Menschen vermöge, erkennen wir in diesem Stücke an denen Heyden. Sie schrieben denen Seelen der Verstorbenen ein Sausen u. Sumsen zu, um keiner andern Ursache willen, als weil sie allerhand abergläubische Meinungen von dem Zustande der Seelen nach dem Tode hegten. Wenn sie diese nicht geheget, würden sie das unter der Erde vernommene, Rauschen und Seuffzen vielmehr dem unterirdischen Feuer zugeschrieben haben, als welches vielmahls mit der grösten Gewalt durch die engen Stein-Klüffte und Felsen-Löcher durchdringet und einen fürchterlichen Laut, wie ein Geheule von sich giebt.[25] Sehr schön hat (47) dergleichen Getöse der seel. D. Thomas Ittig in Præf. ad. Hist. Dan. p. 4. mit denen Donner-Wettern verglichen und selbsten unter die Arten des Donners gezehlet. Es verursachet auch ein dergleichen Knallen und Platzen das Eiß, wenn es wie in Island an die See-Klippen stößt, welchen Schall mit gleicher Absurdität vorzeiten die abergläubischen Heyden denen verdammten Seelen zugeeignet, wie solches Saxo Grammaticus und Marinier[26] bezeugen.

---

[24] Es verdienet von diesen allen mit mehren nachgelesen zu werden GERHARD. JO. VOSSIVS de Idololatr. L. II. c. 28. p. 445 seq. und PORPHYRIVS de nympharum antro.
[25] Siehe JOH. RVDOLPH. GLAVBERVM in Operibus Min. P. II. p. 18.
[26] in der Reise nach Norden c. 43. p. 72.

§. 28.

Was nun vor alten Zeiten das Gifft des Aberglaubens in den ehemahligen Heyden würcken können, das kan es noch biß diese Stunde in den Hertzen der Christen würcken. Sie erkennen insgemein die Ursachen des unterirdischen Knalls nicht, welche vielerley seyn können, daher bilden sie sich gleich ein, sie hätten die Todten in den Gräbern kauen und pochen gehört. Es sind natürliche Ursachen genung verhanden, die eigentlich das Getöse in den Gräbern verursachen, worunter wir vorietzund nur das Einfalles des Sarges rechnen wollen, welches schwerlich ohne Geräusche und Getöse abgehen kan. Es verlohnt sich der Mühe, das sonderbahre Meteoron, das sich zu Gotha ereignet, hier anzuführen. Mich. Bernh. Valentinus[27] erzehlet solches also: „Ein gewisser Todtengräber machte ein Grab und stieß auff einen gantz verfaulten (48) Sarg, der nichts denn Todten-Beine in sich hielte. Als er solchen auf die Seite thun will, vernimmt er einen Laut, als wenn eine Ganß zischte und schnatterte[28] wobey er zugleich wahrnimmt, daß aus dem äussersten der Gebeine ein Schaum einer Faust groß heraus dringt, und zwar mit einem solchen Gestancke, daß er Maul und Nase zuhalten muß. Er setzt sich darauf auf die andere Seite des Grabes und will sehen, was endlich daraus werden wird. Nicht lange darnach giebt die ausgeschäumte Materie einen solchen Knall von sich, als wenn einer eine Pistole gelöset, worauff ein blauer Rauch herfür steigt und sich in die Höhe dreht, der die Lufft mit einem noch viel stärckern Gestancke als vorher der herausgequollene Schaum gethan, erfüllet, so daß der Todten-Gräber ohnfehlbar davon des Todes gewesen seyn würde, wenn er nicht in höchster Eil das Grab verlassen, sich nach Hause begeben und gewisse Artzneyen eingenommen hätte." Aus dieser Begebenheit läst sichs genugsam schliessen, daß es gar viel und

---

[27] Dec. 2. Ann. VIII. M. C. obs. 74. p. 188.
[28] sonitum percepit sibilum & stridorem anserinum exacte referentem.

vielerley natürliche Ursachen gebe, dadurch ein Laut in denen Gräbern entstehen könne, welche gewiß sonst Niemand vor übernatürlich ausgeben wird, als der voller Aberglauben ist.

§. 29.

So viel aber dem Aberglauben in diesem Fall zuzuschreiben ist, so viel kan man auch der falschen (49) Einbildung zueignen. Wir geben zwar zu, daß wir durch die Sinne die Wahrheit empfinden, aber es müssen dieselben unversehrt, gesund und richtig seyn. Es kan aber dieselben nichts mehr verderben, als Furcht und Schrecken, welches nach dem Ausspruch des Ciceronis, das Gemüthe verrücken[29] kan. Es scheinen alsdenn viele Dinge, als wenn sie würcklich wären, und sind es doch nicht. Denn wenn das Schrecken das Hertze einnimmt, verrückt es den Verstand, erfüllt das Gemüthe mit vielen nichtigen Bildern, und macht es voller Irrthum und Ungewißheit. Wer will sich daher verwundern, wenn ein Schreckensvolles Weib, oder sonst eine Person dieses Gelichters auff denen Kirchhöfen und Gottes-Aeckern bisweilen etwas klopffen und rauschen gehört, welches doch nichts, denn eine falsche Einbildung ist.[30] Man könte eine grosse Anzahl von Exempeln anführen, wenn wir alle Jahr-Bücher und Chronicken, die man in unserm Sachsen fast von einer iedweden Stadt aufweisen kan, durchgehen wolte. Nur eins davon anzuführen, so wird erzehlt, daß einsmahls zu Harburg in dem Grabe einer gewissen Adelichen Dame einige Tage lang ein Klopffen gehört worden. Nachdem man nun das Grab so wohl als den Sarg geöffnet, hat man an dem Cörper nicht das geringste Zeichen eines Lebens oder (50) Bewegung wahrgenommen. Jedoch da man den Sarg wieder eingescharrt, hat es den Leuten abermahl gedeucht, als hörten sie pochen. Sie werden hierdurch bewogen, den Sarg von neuen zu eröffnen,

---

[29] mentem loco movere.
[30] κατ'εἰδώλωνφαντασία.

aber sie haben dißmahl eben so wenig an dem todten Cörper veränderliches gefunden, als das vorige mahl.[31]

§. 30.

Ein gantz sonderbahres Exempel eines klopffenden Todten erzehlet Herr George Gottlob Pitzschmann im Leichen-Redner p. 886. folgender gestalt: Zu Buntzlau in Schlesien ward A. 1701. ein gewisser alter Mann den vierdten Tag nach seinem Tode mit gewöhnlichen Ceremonien zur Erden bestattet. Nicht lange darnach vernimmt der Todten-Gräber im Grabe ein Klopfen. Dieser, der es wenig achtet, geht darauf nach Gewohnheit in die Schencke, u. erzehlet etwas davon denen bey ihm sitzenden Zech-Brüdern. Sie ermahnen ihn, er solle es der Stadt-Obrigkeit anzeigen, weil der Verstorbene vielleicht noch einiges Leben bey sich haben könte. Der Todten-Gräber thut es. Er geht zum Magistrat der Stadt, erzehlet ihm, was er gehört, und bewegt ihn, daß er befielt, den Todten wieder auszugraben. Alleine da man das Grab geöffnet, findet man nichts weiter veränderliches darinnen, als daß die Decke des Sarges wegen (51) allzu grossen Last der Erde, die darauff geworfen worden, eingebrochen, wovon es einen solchen Laut gegeben, als wenn es klopffte oder pochte. Man erkennet aus diesem Exempel, wie offte und leichte die Gemüther der Menschen von der falschen Einbildung betrogen werden können. Es scheinet daher Cassius bey dem Plutarcho nicht unrecht gesprochen zu haben: Ἡμέτερος, ὦΒροῦτε, λόγος. ὡςοὑπάνταπάσχομενάληθῶς, οὑδ'ὁρῶμεν, ἀλλ'ὑγρὸνμέντεχρῆμοςκαιἀπατηλὸναἵσθησις. D. i. „Brute, das ist unsere Meinung; Daß nicht alles, was wir empfinden oder sehen, wahr ist, sondern es ist mit denen Sinnen eine schlüpffrige und betrügliche Sache."[32] Die sinnlichen Dinge, die man einmahl empfunden, werden in das

---

[31] Es erzehlt dieses aus ADELUNGII Hist. Harburg. p. 218. Ziegler im Histor. Labyrinth der Zeit n. 626. p. 128. und GARMANN. de Mir. Mort. c. l.
[32] PLVTARCH. in Vita Bruti.

Gemüthe dergestalt eingedrückt, daß sie nicht eher wieder ausgerottet werden können, als biß die wahre Ursache auffs deutlichste unter die Augen gestellet worden. Es mag uns demnach von denen klopffenden und schmatzenden Todten iemand sagen, was er will, so leugnen wir sie dennoch gäntzlich. Denn die Leute, die etwas davon gehört haben wollen, sind entweder durch den Aberglauben oder die Einbildung betrogen worden.

§. 31.

Wir kommen nunmehro auff einen andern Umstand, den der abergläubische Pöbel bey dem Kauen und Schmatzen der Todten wahrgenommen (52) zu haben glaubet und den wir als irrig hier verwerffen. Er bestehet darinne, daß man vorgiebt, die Todten frässen in diesem Fall ihre Kleider. Aber wem ist nicht das Sprichwort bekannt, dessen sich schon vorlängst Theodotus bey dem Plutarcho bedient: νεκρόςοὐδάκνει: ein Todter beist nicht mehr:[33] Denn nach Auflösung des natürlichen Bandes zwischen Leib und Seel, hören auch alle Verrichtungen auff, die aus dieser Vereinigung herkommen.[34] Wir reden aber ietzt von denen wahrhafftig Todten, nicht aber von denen Epilepticis, Syncopticis, Hystericis oder Ecstaticis, die alle bißweilen auch den Schein haben, als wären sie todt, und doch zu solcher Zeit solche Dinge thun können, die denen Lebenden eigen sind. Von solchen ist hier die Rede nicht. Die Exempel zwar, welche wir oben von denen schmatzenden Todten angeführt, stimmen gröstentheils darinne überein, daß die Todten ihre Sterbe-Kleider, so weit sie solche mit dem Munde haben erreichen können, gefressen und verschlungen hätten. Alleine das gantz sonderbahre Exempel aus Hungarn, welches wir hier vernehmlich zu untersuchen vor uns haben, giebt uns von diesem Umstande keine Nachricht. Der ausgegrabene Plogojowitz hat seine Sterbe-Kleider noch alle gantz gehabt. Das eintzige, was da (53) scheinet, hieher zu gehören,

---

[33] PLVTARCH, in Vita Pompeji p. 432.
[34] Cessante causa cessat effectus.

ist das Blut, das man in dessen Munde gefunden, und von welchem man geglaubt, es sey von denen, durch ihn umgebrachten, gesogen worden. Alleine was davon zu halten sey, wollen wir an seinem Orte umständlich zeigen.

§. 32.

Die heutigen Jüden, Türcken und andere dergleichen Völcker haben von dem unterirdischen Fressen derer Todten viel gedichtet, wovon wir etwas hier gedencken wollen. Denen Todten selbst haben sie sich zwar nicht unterstanden, die Ursache zuzuschreiben, sie haben aber der Sache Wahrheit mit so schlechten Ursachen bekräfftiget, daß wir sie nicht werth achten, zu widerlegen. Von denen Jüden ist bekannt, daß sie vier Haupt-Teuffel oder Dæmones glauben, die sie Sammaël, Azazel, Asaël, und Muchazaël nennen. Unter diesen ist der Azazel derjenige, der mit seinem Gesellen, dem Samchasai, vom Himmel gefallen zu seyn geglaubet wird, BUXTORFF. in Lexic Talmud. col. 1593. und von welchem die Juden vorgeben sollen, er habe sich in eine Schlange verwandelt und die ersten Eltern verführet, worauf er durch einen göttlichen Fluch darzu verdammt worden, daß er Erde und Staub fressen sollen.[35] Hieraus haben sie nachgehends geschlossen, es sey dem Azazel das Fleisch und (54) was von dem Menschen nach dem Tode übrig bleibet, zu einer Speise bestimmt worden. Aber es sind dieses einfältige Possen, deren sich selbst die klugen Jüden in Ernste vorzubringen schämen.

§. 33.

Wenn es erlaubt ist, zu sagen, was hiervon wahr ist, so ist es ein Gedichte und ein Mährgen, welches die unsrigen denen Jüden aus denen nicht recht verstandenen Rabbinischen Schrifften angedichtet. Denn alles was dißfalls zum Beweiß vorgebracht werden kan, scheinet aus Buxtorffii Synag. Jud.[36] genommen

---

[35] Confer Gen. III, 14. it. Jes. LXV. 25.
[36] cap. XXXVI.

zu seyn, allwo Elias Gramaticus[37] also geschrieben haben soll: „Der Rabbinen Meinung ist, daß, wenn ein Jüde aus dieser Welt gegangen und begraben worden, der Engel des Todes komme und sich auffs Grab setze, da denn zu gleicher Zeit dessen Seele in den Leib kehre und ihn auffrichte; dieser Engel des Todes nehme alsdenn eine eiserne Kette, die halb kalt u. halb warm ist, und schlage damit zweymahl den Cörper; bey dem ersten Schlage würden die Leibes-Glieder alle aus einander gerissen; bey dem andern Schlage betreffe es die Gebeine, und wenn endlich mit dem dritten Schlage die Zugabe geschähe, werde der gantze Leib in Staub und Asche verwandelt." Opinio est Rabbinorum, quod postea, quam Judæus quispiam ex hoc mundo discessit & (55) humatus est, veniens Angelus mortis super sepulchrum sepulti sessum eat, eodemque tempore anima ejusdem revertatur in corpus & erigat idipsum, quodque tum angelus iste mortis ferream sumens catenam dimidia ex parte frigidam, dimidia ex parte calidam, bis corpus sive cadaver percutiat eadem, quodque percussione quidem prima peracta membrorum corporis omnium alia ab aliis disjecta dilabantur, percussione vero secunda ossa omnia dispergantur, a percussione denique tertia corollarii loco facta corpus totum in pulverem cineremq; convertatur. Alleine wer will doch hieraus beweisen, daß die Jüden von dem Azazel glaubten, er nähre sich von den Leibern derer Todten. Immittelst wird es bey denen Scribenten, die von Garmanno[38] u. Rohrio[39] häuffig allegirt werden, vor eine ausgemachte Meinung gehalten. Mit der Jüdischen Mauß, welche die Cörper derer Verstorbenen bald nach ihrer Beerdigung so grausam beissen soll, daß sie vor Schmertzen schreyen müssen, ist es eben so beschaffen. Wir halten dieses vor ein Gedichte, ob gleich der grosse Theologus D. Martin Geyer die Sache gantz umständlich erzehlt, wenn er schreibt: „Wenn die Jüden über dem Grabe ihre Kleider zerrissen haben,

---

[37] in Diction. Tischbi in voce Chabat.
[38] de Mirac. Mort. L. I. Tit. III. p. 124.
[39] in Diss. de Mastic. Mort. c. I. Th. 5.

so lauffen sie alle (56) mit grossen Geschrey und Lermen von dem GOttes-Acker, damit sie das tödtliche Schreyen des Verstorbenen nicht hören mögen, welches derselbe ihrer Meinung nach unter der Erden, wenn er von der Mauß an die Nase gebissen wird, von sich geben soll, und wovon derjenige, der es gehört, innerhalb 30. Tagen gleichfalls sterben[40] muß."

§. 34.

Die Mahometaner sind von diesen Träumen nicht weit entfernt, als welche aus einem nichtigen Aberglauben davor halten, daß wenn ein Cörper eine Viertel Stunde lang im Grabe gelegen, so werde ihm von GOtt sowohl ein neuer Geist eingegeben, als es kämen auch zwey Engel zu ihm, welche brennende Fackeln in der Hand hätten, und unter einer schrecklichen Gestalt den Verstorbenen wegen seines geführten Lebens und Wandels examinirten; wenn sie nun befänden, daß derselbe solches mit vielen Lastern beflecket, schlügen sie ihn mit feurigen Peitschen, wo er aber ein unsträfflich Leben geführt, so gäben sie ihm die Gestalt eines schönen Engels und sprächen ihm auff das allerfreundlichste zu. Es erzehlet dieses Philippus Lonicerus; in Chron. Turc. L. I. p. 119. Doch stimmen die andern Scribenten damit nicht überein: Sandys[41] (57) und Phil. Baldus[42] nennen diese schwartzen und mißgünstigen Geister bald Moncar und Nacir, bald Mongir und Guarequir, bald Mungir und Quoregner. Edo Pocokius erzehlet das unterirdische Examen derer Todten in Gräbern also: Wenn der Todte recht geantwortet, so lassen sie ihn sanffte schlaffen, wo aber nicht, peinigen sie ihn mit harten Schlägen, die sie ihm mit einem eisernen Hammer zwischen die Ohren geben, dergestalt, daß das Geschrey iedermann zwischen Morgen und Abend hören kan.[43] Gerhard Cornelius Driesch in der Historischen Nachricht von der K. Kayserl.

---

[40] MART. GEYERUS Tract. de Luctu Ebræorum c. VI. §. 17. p. 103.
[41] in Itiner. p. 162.
[42] in descript Malab. & Coromand. L. I. c. VI. p. 20.
[43] EDO POCOKIUS in Not. Miscell. p. 241.

Groß-Bothsch. nach Constantinopel Lib. I. sect. 8. p. 114. erzehlet die Umstände hiervon also: „Die Türcken, spricht er, machen ihre Gräber viel weiter als unsere und zwar aus dieser Ursache, damit die Todten mit Hülffe des guten Engels Gebrai oder Gabriel, dem sie im Grabe ein gewisses Behältniß anweisen, desto bequemer mit den bösen Geistern, die sie Aruth und Maruth nennen, streiten können". Jedoch da er nichts weiter hiervon gedencket, läst sich leichte daraus erkennen, daß dieses gantze Vorgeben nichts anders, denn eine Sage des abergläubischen Pöbels sey.

§. 35.

Von dieser Beschaffenheit scheinet auch derjenige Heydnische Geist zu seyn, den sie Eurynomon (58) oder Euryonium nennen. Die Priester, die ehemahls zu Delphis gewesen, zehlten ihn unter die unterirdischen Götter und gaben vor, er fresse das Fleisch der Todten, so daß er nichts weiter als die Gebeine übrig lasse.[44] Die Gestalt, worinne sie diesen Götzen abbildeten, war schrecklich. Denn sie mahlten ihn mit fletschenden Zähnen, in einem Fuchß-Peltze sitzende, in blauer und schwartzer Farbe. Ob der Geist des Asuiti, davon Saxo Grammaticus gedencket, von gleicher Beschaffenheit gewesen, lassen wir an seinen Ort gestellt seyn. Er läst sich aber daselbst von ihm also vernehmen:

Nescio, quo stygii Numinis ausu
Missus ab inferis spiritus Asuiti,
Sævis alipedem dentibus edit,
Infandoque canem præbuit ori:
Nec contentus equi vel carnis esu,
Mox in me rapidos transtulit ungues
Discissaque gena sustulit aurem,
Hinc laceri vultus horret imago,

---

[44] ὡςτὰςσάρκαςπεριεσθίειτῶννεκρῶνμόναἀπολείπωντἀὀσσᾶ;
PAVSANIAS in Phocicis s. Libr. X. p. m. 663.

Emicat inque fero vulnere sanguis.[45]
D. i.
„Ich weiß nicht, durch was vor eine unterirdische Gottheit der Geist des Asuiti aus der Höllen herab gesendet worden, welcher mit seinen (59) grausamen Zähnen das Feder-Vieh frißt und an die Hunde seinen unsäglichen Freß-Rachen setzet. Er ist nicht einmahl mit Pferde-Fleisch zufrieden, sondern setzet seine räuberischen Klauen in mich selbsten und nach einer abgerissenen Wange nimmt er mir ein Ohr: Es giebt daher das zerfleischte Angesicht ein schreckliches Ansehen und in der grausamen Wunde sieht man nichts denn Blut."
Jedoch es sey dem, wie ihm wolle, so ist so viel gewiß, daß Pausanias selbst an der wahren Existenz dieses fressenden Geistes gar sehr gezweiffelt. Denn er spricht[46] ausdrücklich: daß weder bei dem Homero in seiner Odyssea, noch in dem Gedichte, so Minyas genennet wird, noch in dem so genannten letztern, welches von der Wiederkunfft handelt (in welchen allen vornehmlich von der Höllen und denen schreckhafften Dingen unter der Erden gehandelt wird) etwas von einem Dæmone gedacht werde, der Euryomus heisse. Neque Homeri de Ulysse carmina, neque Poësis ea, quæ est Minyas appellata, nec postrema, quæ reditus inscribitur, ullum norunt inter manium Deos Eurynomum.

§. 36.

Jedoch wir wollen diese Narren-Possen bey Seite setzen, und uns zu einigen wahrscheinlichern Ursachen dieses unterirdischen Fressens wenden, die unserm Bedüncken nach, bey gewissen (60) Thieren zu suchen sind. Von der Hyæna und andern dergleichen Fleisch-fressenden Thieren, von welchen Garmannus sehr weitläufftig handelt,[47] ist hier nicht die Rede. Denn von solchen ist bekannt, daß sie gantze Cörper aus den Gräbern reissen und nach Art der Bäre in Rußland, deren

---

[45] SAX. GRAMMAT. Lib. V. Hist. Dan. p. 82. 83.
[46] in Phocicis l. c.
[47] GARM. de Mir. Mort. L. I. Tit. III. p. 123.

Wuth Adam Olearius[48] sehr schön beschreibet, fressen. Zum Zeugen können wir dißfalls den heil. Chrysostomum anführen, der an einem gewissen Orte[49] also schreibet: „Die Hyæna wird niemahls bey Tage gesehen, sondern allezeit bey der Nacht, niemahls im Lichte, sondern allezeit im Finsterniß; sie hat die Art, daß sie die Cörper der Todten ausgräbt und sie frißt; wenn nun iemand eine Leiche liederlich begräbt; gräbt sie solche bey der Nacht aus, trägt sie davon und frißt sie; wo nur Gräber und Gebeine sind, da ist auch der Hyæna ihr Auffenthalt." Siehe PLINIUM in Hist. Nat. L. VIII. c. 30. KORNMANN. de Mirac. Mort. P. X. c. 21. und ROHRIVM de Mastic. mort. c.2. th. 4.

§. 37.

Von denen Blutsaugenden Strigibus oder Nacht-Vögeln wird bey dem Delrio[50] und einigen andern Scribenten verschiedenes erzehlet. Ovidius beschreibet sie also:

(61)
 Sunt avidæ volucres, non quæ Phineia mensis
  Guttura fraudabant: sed genus inde trahunt.
 Grande caput, stantes oculi, rostra apta rapinæ,
  Canities pennis, unguibus hamus inest.
 Nocte volant, puerosque petunt nutricis egentes,
  Et vitiant cunis corpora rapta suis.
 Carpere dicuntur lactentia viscera matris,
  Et plenum poto sanguine guttur habent.
 Est illis strigibus nomen, sed nominis hujus
  Causa, quod horrenda stridere nocte solent.[51]
   D. i.

„Es giebt sehr hungrige Vögel etc. Sie haben einen grossen Kopff, stehende Augen, Schnäbel, die zum Raube geschickt sind, graue Federn, und starcke Klauen. Sie fliegen bey der

---

[48] in seiner Persianischen Reise-Beschr. L. II. c. X. p. 119.
[49] Homil. XIII. sup. Marc. Tom. II.
[50] in Disquis. Mag. Lib. I. p. 16. it. L. III. p. 355.
[51] OVIDIUS Lib. VI. Fastor. p. m. 111. sq.

Nacht, trachten nach den kleinen Kindern und rauben sie aus den Wiegen. Man sagt: sie fressen die milchreichen Brüste der Mütter und haben stets den Halß voll Blut. Sie heissen Striges und haben daher den Nahmen, (62) weil sie bey der fürchterlichen Nacht ein grosses Geräusche machen." Alleine es erhellet hieraus noch nicht genugsam, daß sie Fleisch fressen. Wir wollen daher einen andern, obwohl viel jüngern Poeten, hören, welches Io. Stiegelius ist, der von den Strigibus sich also vernehmen läst:

Grande illis & triste caput, semperque micantes
Igne oculi, rostrumque capax hamoque timendum,
Venter iners, crudo nunquamsine sanguine guttur,
Multiplices uncique pedes, aptique rapinæ,
Corpora namque hominum sugunt & viscera rodunt,
Humanoque gulam gaudent implere cruore.[52]
D. i.

„Sie haben einen grossen traurigen Kopff, allezeit funckelnde Augen, einen räuberischen Schnabel, leeren Bauch, einen Halß voller frischen Bluts, und starcke Klauen, so geschickt zum Raube sind; sie saugen der Menschen Leiber aus und fressen derselben Eingeweide; ihre Kehle ist mit Menschen-Blute angefüllet."
Wenn wir diesen Strigibus bey dem Kauen (63) und Schmatzen der Todten etwas zuschreiben solten, würden wir die Ursache sehr schön darthun können, warum in dem Munde des obengedachten verstorbenen Plogojowitzens Blut gefunden worden. Alleine da in demselben Cörper kein Anzeigen einer Freßigkeit anzutreffen gewesen, würde es eine thörichte Muthmassung seyn, wenn wir derselben im Ernst nachhängen wolten. Daß immittelst dergleichen Vögel würcklich verhanden sind, wollen wir aus Aristotelis Histor. Anim. L. IX. c. 30. Schrifften nicht in Zweiffel ziehen, wir wollen auch zugestehen, daß sie das Blut der kleinen Kinder, wenn sie darzu kommen können, saugen; daß sie aber überdiß auch die Brüste

---

[52] JO. STIGELIVS in Poëm: Tom. II. fol. 299.

der Kinder mit ihren Schnäbeln ausmelcken solten,[53] wollen wir ietzund nicht untersuchen. Doch ist so viel gewiß, daß es allerdings manchmahl hat geschehen können, daß dergleichen Vögel eine Ursache desjenigen Fressens gewesen, das man an denen kauenden und schmatzenden Todten will wahrgenommen haben, insonderheit, wenn die Gräber nicht genugsam verwahret und zugedeckt gewesen.

§. 38.

Es giebt noch mehr dergleichen Thiere, welche Menschen-Fleisch fressen, und welche leichte zu den Gräbern kommen und die Cörper darinnen benagen können. Die erste Stelle verdienen (64.) hier die Schlangen, von welchen bekannt ist, daß sie sich an dem süssen Fleische der Vögel und vierfüßigen Thiere und insonderheit derer Menschen gar sehr laben. Sie lieben überdiß die warmen Oerter, wie dergleichen die Gottes-Aecker sind, weil sie von Natur kalt sind. Sie scheinen daher angues von angulis, d. i. denen Winckeln, und colubri von colendis umbris d. i. denen bewohnten Schatten genennet worden zu seyn, weil sie allezeit in Schatten und Büschen stecken und ihren Auffenthalt in unterirdischen Hölen suchen. Es ist daher nicht zu leugnen, daß nicht die Schlangen das Fleisch der todten Aeser fressen solten. Es giebt einige, welche mit dem Plinio[54] vorgeben, es würden gewisse Schlangen in dem Rücken-Marck des menschlichen Cörpers gezeuget, welches auch Plutarchus,[55] Lev. Lemnius, de occultis Nat. Mir. L. IV. c. 12. Jo. Bapt. Porta, in Mag. Natur. L. II. c. 2. Ovidius,[56] Camerarius,[57] Fort. Licetus,[58] M. Aur. Severius, de vipera Pythia c. X. Athan. Kircherus und andere behaupten.

---

[53] Wie einige Scribenten bey dem Garmanno c. l. insbesondere vorgeben wollen.
[54] in Histor. Natur. L. X. c. 66.
[55] in Vita Cleomenis.
[56] Lib. IV. Metamorph.
[57] in Hor. succ. cent. I. c. XI. p. 45.
[58] de spont. vivip. ortu.

Alleine es ist diese Meinung mit allem Fleiß von Sennerto,[59] Sperlingo,[60] (65) und Francisco Redi[61] widerlegt worden. Es ist unsers Orts ietzo nicht, uns in Streitigkeiten einzulassen. Daher wir nur so viel bekräfftigen wollen, daß die Schlangen in den menschlichen Cörpern allerdings bißweilen ihr Behältniß haben und von ihrem Fleische fressen, nach dem bekannten Ausspruche Syrachs: Wenn der Mensch todt ist, so fressen ihn die Schlagen und Würmer. Sir. X. 13. Wolffgang Frantzius bestätiget dieses nicht nur durch sein Zeugniß, sondern setzet noch hinzu, daß die Schlangen in den menschlichen Gräbern bißweilen auch gezeugt werden könten, ob er gleich nicht zugeben will, daß solches aus dem Marck des menschlichen Cörpers geschehen müsse.[62]

§. 39.

Es verdienet hier dasjenige Ehren-Mahl und Monument angemerckt zu werden, welches die Stadt Meissen in der Kirche zu S. Afra zeiget. Es soll daßelbe zum Gedächtniß eines gewissen Edelmanns, Nahmens Wolffgang von Schleinitz, mit dem Zunahmen des Schönen, der daselbst A. 1523. begraben worden, auffgebauet worden seyn. Es konte derselbe auff keinerley Art und Weise beredet werden, sich in seinem Leben abmahlen zu lassen. Jedoch verlangte er, daß man ihn nach seinem Tode nach Verlauff eines Monaths ausgraben und in der Gestalt, darinnen man ihn finden würde, (66) abmahlen solte. Als nun dieses geschahe, ward sein Leichnam mitten unter denen Schlangen gefunden. Eine Schlange hatte sich um den Halß, zweye um die Arme und eben so viel um einen iedweden Fuß geschlungen. Wie man nun den Cörper gefunden, so ward er auch in Stein ausgehauen, welches Monument man noch biß diese Stunde zu sehen beköммt. Es erzehlen

---

[59] in Hypomn. V. c. 8 p. 524.
[60] in Zoolog. Phys. L. VI. c. 2. p. 438.
[61] in Generat. Insect. p. 149.
[62] in Histor. Animal. P. IV. c. I. p. m. 780.

dieses Hilscherus,[63] Laur. Faustius[64] und Camerarius in Hor. subsec. cent. l. p. 73. Was aber andere davon gehalten, wollen wir ietzund nicht anführen; Siehe Wolffg. FRANZIVM de Interpret. Script. S. p. 868. it. AUG. PFEIFFERUM in Delic. Evang. P. II. p. 268. 484. und MICH. SACHSIVM in Alph. Hist. P. IV. p. 636. genung, daß dieses Exempel sich sehr wohl zu Erleuterung des Umstands von dem Fressen der schmatzenden Todten in Gräbern schickt.

§. 40.

Wenn demnach Exempel verhanden sind von menschlichen Cörpern, die da scheinen, als wenn sie ihre Sterbe-Kleider, so weit sie solche mit dem Munde erreichen können, verschlungen hätten, kan man aus dem oben angeführten gar leichte eine Ursache angeben. Denn wir wollen die Sache eben nicht gäntzlich leugnen, weil es so viele bekräfftigen, daß sie es mit Augen gesehen, daß die Cörper nicht nur das leinene Zeug (67) an sich gezogen, sondern es so gar in sich geschlungen. Alleine was sagen wir vom leinenen Zeuge? Wir lesen, daß sie selbst ihr Fleisch gefressen. Es soll dieses zu des seel. Lutheri Zeiten geschehen seyn, wie M. George Rörer von einem gewissen Cörper, der in seinem Kirch-Spiel sein eigen Eingeweide und Gedärme gefressen haben soll, berichtet hat.[65] Ein dergleichen Exempel erzehlet Hohndorff von einem verstorbenen Weibe, die sich selbst im Grabe gefressen.[66] Und wenn wir Harsdörffern[67] Glauben zustellen sollen, so führt er auch ein Exempel von einem männlichen Cörper an, der in Mähren nicht nur seine eigenen, sondern auch seiner bey ihm in einem Grabe liegenden Frauen ihre Sterbe-Tüchlein verschlungen u. vieles von ihrem Fleische gefressen haben soll. Siehe mit mehrern KORNMANNUM de Mir. Mort. P. VI. c. 64.

---

[63] im Todten-Tantz p. 83.
[64] in den Geschichten der Stadt Meissen. p. 69.
[65] Siehe Lutheri Tisch-Reden Tit. 24. fol. 211. 212.
[66] in Theatr. Histor. p. 147.
[67] in Theatro Tragico.

§. 41.

Was sollen wir nun von diesen und andern dergleichen Dingen sagen? Wir können weder dem Teuffel noch denen Todten selbst hiervon etwas ohne mehrern Beweiß zuschreiben. Wer die Ursache bey denen unterirdischen Thieren, deren es eine grosse Menge in der Erden giebt, zuschreiben will, der wird (68) nicht irren. Es gehören hieher die Ratten, Mäuse, Maulwürffe und dergleichen, von welchen allen bekannt ist, daß sie zu Füllung ihrer hungerigen Mägen Fleisch fressen. Es bezeuget solches Georgius Agricola,[68] welcher von den Mäusen also schreibet: „Sie fressen nicht nur Früchte, sondern auch Brod, Fleisch, Fische, Suppen und Breyer: am allerbegierigsten aber sind sie auff Milch, Butter und Käse, welches, wenn sie es kauen, einen solchen Laut als ein junges Schweingen von sich geben."[69] Aber, möchte man sagen, warum wird denn das Fressen in Gräbern nur an der Cörper Munde und Gesichte wahrgenommen, wenn solches einigen Fleischfressenden Thieren zuzuschreiben ist? Wir antworten darauff, daß solches darum geschehe, weil diese Theile des Leibes bloß sind. Denn es wird ja der gantze Cörper vor dem Begräbniß in einige Sterbe-Kleider gehüllet, und nichts weiter, als Gesichte, Halß und Hände bloß gelassen. Daher kömmt es, daß die übrigen Glieder des Cörpers insgemein in den Gräbern unversehrt bleiben. Daß aber auch an denen Händen nicht leichtlich eine Verletzung wahrgenommen wird, geschicht wegen derselben Hagerkeit, welche verursacht, daß ob gleich dieselben nicht bedeckt sind, dennoch unversehrt bleiben, weil sie dergleichen (69) Thierchen, wie wir oben angezeigt, keine sonderliche Nahrung geben. Das Gesichte aber und der Halß, der nebst der Brust wegen seiner Fettig- und Fleischhafftigkeit am besten und süssesten zu essen ist, wird von ihnen mit ihren Zähnen am leichtesten angefressen und benaget.

---

[68] de Anim. subterr. p. 32.
[69] quæ cum mandir, oris suctu sonitum sicuti porcellus edit.

§. 42.

Jedoch wer an diesem Fressen der Mäuse in Gräbern annoch zweiffelt, der mag es nach Gefallen verwerffen und seine Gedancken lieber von neuen auff die Schlangen richten, bey welchen er vielleicht die wahre Ursache von diesem unterirdischen Fressen der Todten finden wird. Denn diese Art der Thiere hält sich in den Löchern unter der Erden auff, frisset Fleisch von Aesern und wird zum öfftern in den Gräbern gefunden. Franzius mercket unter andern von ihnen an, daß sie das Fleisch, das sie kriegen, aussaugeten, und zwar nicht von aussen, wie die Spinnen, sondern von innen heraus.[70] Hieraus scheinet zu erhellen, warum man bey Eröffnung derer Gräber von ihnen keine Spur findet. Sie bewohnen die Cörper und entziehen sich auff alle Art und Weise durch die Löcher des Schlundes dem Gesichte der Leute. Es ist daher kein Zweiffel, daß sie nicht zuförderst das Eingeweide fressen und sich nachgehends zwischen denen Gebeinen einen Auffenthalt zubereiten solten. Was will man sich demnach verwundern, wenn gelesen (70) wird, Siehe HARSDOERFFERUM in Theatr. Trag. p. 406. daß ein gewisser weiblicher Cörper in einer Böhmischen Stadt A. 1345. die Helffte von seinem Sterbe-Kleide im Grabe verschlungen habe? Ingleichen wenn Rohrius[71] von einem Cörper nicht weit von unserer lieben Stadt Leipzig, der A. 1672. ausgegraben worden, erzehlet, daß der Scharff-Richter aus dessen Munde einen grossen Schleyer heraus gezogen habe, welchen der Verstorbene seinem Weibe vom Kopffe genommen und verschlungen haben solle?

§. 43.

Wenn wir die Wahrheit sagen sollen, so halten wir davor, daß die Schlangen diese Cörper allerdings bewohnet und dergleichen Schleyer und Tücher von innen an sich gezogen haben. Denn da die nahen Anverwandten und andere Beystehende es insgemein übel nehmen, wenn eine Zerschneidung der Glieder

---

[70] FRANZIVS in Hist. Animal. p. 776.
[71] in Dissert. de Mastic. Mort. c. 2. th. 10.

mit einem dergleichen Cörper vorgenommen werden soll, so ist die wahre Ursache dieses Fressens biß diese Stunde verborgen geblieben, wird es auch allezeit bleiben, wenn nicht endlich die Masque des Aberglaubens abgeleget und die Wahrheit dieser Sache genauer untersucht wird. Alleine was wir ietzund von dem Fressen der Todten vorgebracht, das darff auff keinerley Weise zu dem Prodigio Masticationis mortuorum oder den Wunderzeichen (71) der kauenden und schmatzenden Todten selbst gerechnet werden. Denn es findet sich hier keine Ursache, welche denen Lebenden den Tod zuziehe, welches doch der vornehmste u. in diesem Fall der wichtigste und merckwürdigste Umstand ist. Denn es kan sich dasjenige mit allen Cörpern zutragen, was wir oben von den Ursachen des unterirdischen Fressens gedacht haben, und zwar ohne alle Lebens-Gefahr derer Lebenden, welche doch sonsten nach der irrigen Meinung des Pöbels denenselben daraus vorstehen soll.

§. 44.

Das dritte Vorurtheil, welches wir kürtzlich zu widerlegen haben, ist auff der Verstorbenen Sexum und Geschlechte gerichtet. Es ist bey allen, die davon geschrieben, fast eine ausgemachte Sache, daß das Kauen und Schmatzen der Todten nur an weiblichen Cörpern beobachtet werde. Also behauptet dieses Z. E. Rohrius,[72] ob er wohl zugleich ausdrücklich zugesteht, daß man bey denen Scribenten von beyderley Geschlechte Cörper angemerckt finde, die im Grabe kauet und geschmatzet haben sollen. Pitzschmann[73] bemühet sich alle Exempel von männlichen Cörpern, an denen man dergleichen wahrgenommen haben wolle, in Zweiffel zu ziehen. Alleine wir glauben, daß diese Meinung ebenfalls aus Aberglauben entstanden sey. Es hat sich vielleicht einmahl zugetragen, daß die ersten (72) Exempel, welche von diesem Natur-Wunder bekannt worden, sich an Weibes-Personen ereignet; so

---

[72] in Dissert. de Mastic. Mortuorum c. I. th. 6.
[73] im Leichen-Redner P. II. qu. 36. p. 856.

gleich hat darauff der Aberglaube einige Theologische Ursachen an die Hand gegeben, warum der Teuffel, dem sie es ohne Ursache zugeschrieben haben, dergleichen mit dem weibl. Geschlechte vornehme. Diese Meinung ist nachgehends in den Hertzen derer Menschen dergestalt eingewurtzelt, daß sie aus solchen nicht leichtlich wieder hat heraus gebracht werden können. Schlüsselburg in Explic. Ps. XCI. p. 157. sq. giebt hiervon diese Ursache an, „es sey der Teuffel ein abgesagter Feind des weiblichen Geschlechts, weil aus solchem derjenige gebohren worden, der stärcker sey als er; daher wende er allen Fleiß an, den guten Nahmen der Weiber auf alle Art und Weise zu Schanden zu machen." Hiermit stimmen auch überein Adam Röther, in Conc. 2. de Peste. Mart. Bohemus[74] und Garmannus,[75] welcher zugleich hinzu setzet, daß weil iederman, nach dem Zeugniß Strabonis,[76] die Weiber vor die Urheber des Aberglaubens halte, so suche der Teufel hierdurch die Menschen noch mehr zu äffen, um zu verursachen, daß das Unkraut noch reichere Früchte des Aberglaubens bringen möge.

§. 45.

Alleine wir sehen nicht, warum der Teuffel (73) vornehmlich die Weiber verleumden solle, da sie ja ohne diß schon allezeit vor geringer denn die Männer gehalten worden. Christus ist zwar von einem Weibe gebohren worden, hat aber doch männliche Gestalt und männliches Geschlechte angenommen. Ich wolte daher lieber davor halten, es thäte der Teuffel besser, wenn er das männliche Geschlechte auff einige Art verleumden und dem weiblichen Geschlechte geringer machen könte. Alleine was wollen wir uns darüber lange mit vielen Muthmassungen auffhalten, da es eine Sache betrifft, die ausser Streit gesetzet ist. Denn es sind ja von beyderley Sexu und Geschlechte Exempel der schmatzenden Todten verhanden,

---

[74] in Conc. 17. von den drey Land-Plagen. p. 315.
[75] c. l. p. 133.
[76] Lib. VII. Geogr. fol. 205.

unter welchen dasjenige, das neulich aus Hungarn berichtet worden, unfehlbar die oberste Stelle verdient, allwo nicht eine Weibs-sondern eine Manns-Person das Subjectum Masticationis gewesen.

§. 46.

Das vierte Vorurtheil, das aus Aberglauben des Pöbels von denen schmatzenden Todten geheget wird, betrifft die Zeit, zu welcher vornehmlich die todten Cörper in den Gräbern schmatzen sollen. Es ist eine allgemeine Meinung, daß solches zur Pest-Zeit geschehe. Alleine ob wir gleich zugestehen, daß uns zu solcher Zeit die meisten Exempel bekannt worden, so ist doch die Ursache davon nicht in der Pest selbst zu suchen. Die Pest hat nur Gelegenheit gegeben, daß dieses Wunderzeichen desto mehr bekannt und offenbahr (74) gemacht worden. Denn zu der Zeit, wenn die Pest im gantzen Lande grassirt und in Menge die Menschen nach einander hinreist, so werden vielmahls die todten Cörper unbegraben gelassen. Wenn nun die Todtengräber alsdenn Tag und Nacht auff den Begräbniß-Plätzen ihr Amt verrichten und gleichsam mitten unter den Todten sich befinden, so ist es kein Wunder, wenn zur selbigen Zeit das Kauen und Schmatzen der Todten am meisten wahrgenommen worden. Denn die Wunder der Todten können sich zu keiner Zeit besser offenbahren, als zu solchen kläglichen Pest-Zeiten. Immittelst hat dieses Anlaß gegeben zu glauben, daß das Kauen und Schmatzen der Todten nicht nur eine Ursache der ansteckenden Seuche sey, sondern daß auch dieselbe so lange dauren werden, biß nach weggenommener Ursache die schädliche Würckung selbst auffhöre. Alleine es ist ein Irrthum und etwas unanständiges vor einen gelehrten Mann, wenn er solchen einfältigen Meinungen Beyfall geben will. Die Sache hat keinen Grund der Wahrheit, weil eben so viel Exempel von Todten, die ausser der Pest-Zeit geschmatzet, verhanden sind, als von denen Scribenten beygebracht werden, die es nur zur Pest-Zeit gethan. Wir wollen uns vorietzund nur auff das eintzige Hungarische Exempel beziehen. Denn von solchem lesen wir, daß es weder zur Pest-Zeit geschehen, noch vor eine Ursache der Pest gehalten worden, ob gleich sonst der Pöbel (75) daselbst sich sehr abergläubisch erwiesen.

§. 47.

Es sind aber vornehmlich zwey Ursachen, welche von denen vorgebracht werden, die das Kauen und Schmatzen der Todten denen Pest-Zeiten zueignen. Die erste ist das Schrecken, das der Teuffel denen Menschen durch solches Wunder-Zeichen einjage. Sie beruffen sich dieserhalben auff diejenigen Medicos, welche vorgeben, daß das Schrecken in der Pest und in andern hitzigen und ansteckenden Kranckheiten mehr vermöge, als die würckliche Seuche selbsten, wie dergleichen, A. Q. Rivinus[77] behauptet. Sie sagen, der Teuffel sey ein vollkommener Physicus, der von Erschaffung der Welt an biß ietzo viel Erfahrung erlangt. Dieser wisse daher aufs genaueste, wie viel das Schrecken in den Gemüthern der Menschen vermöge. „Denn wenn das Gemüthe anfange sich einzubilden, daß es würcklich etwas ansteckendes, ob wohl unter einiger Ungewißheit und Aengstlichkeit, (weil das Gifft der Pest unsichtbar ist,) in sich gesogen, so würcke endlich solche Einbildung und die Beunruhigung des Gemüths in dem allgemeinen Welt-Geiste ein würckliches Bild, zu Zeugung eines Saamens, der die Pest hervor bringe."[78] Die Gottesgelehrten, denen die Boßheit des Teuffels (76) sonderlich sehr zu Hertzen geht, stimmen darinne, was das Schrecken anbetrifft, fast alle überein; nur daß sie ihre Meinung mehr mit Theologischen als Physicalischen Ursachen zu bekräfftigen suchen. Lasset uns vorietzo nur den

---

[77] in Dissert. de Peste Lips. c. 2. p. 22.
[78] So dunckel und obscur philosophirt hiervon der bekannte HELMONTIUS in Tract. sub titulo: Tumulus pestis. p. 860. sq. Seine eigentliche Worte lauten also: cum in imaginatione aliquam fidem timoremque vehat, se aliquid contagionis actu hausisse sub incertitudine & agonia, eo quod venenum pestis sit invisibile; particula hæc fidei cum perturbatione terroris perficiat tandem actualem imaginem in Archæo generandæ pestis semen.

eintzigen Martinum Geyerum[79] hören, welcher sich also vernehmen läst: „Es will der Teufel durch solche unsel. Zeichen denen Menschen eine Furcht einjagen, daß sie durch Verderbung der Lebens-Säffte desto leichter sterben müssen." Die Worte lauten eigentlich also: Dæmon vult hujusmodi infaustis signis metum incutere hominibus, ut turbatis in corpore humoribus eo facilius mors triumphare posset.

§. 48.

Wir wollen diesem Vorgeben nicht gäntzlich entgegen seyn. Wir geben vielmehr zu, daß der Teuffel ein guter Naturkündiger sey; wir gestehen, daß er dem Leben der Menschen sehr nachstelle; wir geben auch Beyfall denen, die dem Schrecken bey ansteckenden Kranckheiten viel zuschreiben. Aber daß sich diß alles hieher gar nicht schicke, noch etwas zu Umwerffung (77) unserer hypothesis beytrage, halten wir vor eine ausgemachte Sache. Die Frage ist hier nur: ob der Teuffel durch das Wunder-Zeichen der Mastication in Willens habe, denen Menschen ein solches Schrecken einzujagen, daß daraus die Pest entstehen, oder solche, wenn sie bereits entstanden, noch viel ärger wüten müsse? Aus dem, was wir oben gedacht, folgt nichts weiter, als daß der und jener bißweilen zur Pest-Zeit wegen des vernommenen Kauens u. Schmatzens derer Todten also erschreckt werden könne, daß er selbst auch die Pest bekömmt. Alleine wenn wir fragen: woher dieses Schrecken kömmt? so können wir keine andere Ursache anführen, als den Aberglauben, weil ein furchtsamer Mensch denckt, dieses Kauen und Schmatzen der Todten rühre vom Teuffel her, und sey ein Zeichen einer viel stärckern Pestilentz. Wenn er das nicht gedächte, so würde sein Gemüthe in keine Furcht u. Schrecken gesetzt werden. Wer will nun nicht daraus schliessen, daß nicht so wohl der Teuffel, als wir selbsten in diesem Fall eine Ursache dieses gefährlichen Schreckens seyn solten, wenn die Gemüther aus einer vorgefasten Meinung so hefftig bewegt werden können.

---

[79] in Disquisit. de Superstitione c. 3. §. 37.

§. 49.

Was das Schrecken selbst anbetrifft, so sind ihrer unter denen Medicis und Physicis so viel eben nicht, die es unter die wahren Ursachen der Pest zehlen. Denn leider! die Erfahrung hat uns sattsam gelehret, daß die Pest allerdings (78) etwas mit sich führe, das an und vor sich selbst ansteckend ist. Es erhellet dieses wenigstens daraus, daß solche durch Kauffmanns-Güther, Kleider, Wolle, Leinewand u. andere dergleichen Dinge pflegt aus einem Land ins andere gebracht zu werden. Hierzu kömmt, daß dieselbe insgemein in denjenigen Ländern, welche gegen Morgen liegen, am meisten sich äussert. Da nun diese Länder gröstentheils von Mahometanern bewohnet werden, die die Lehre von der Nothwendigkeit des Schicksals unter ihre Glaubens-Artickul zehlen, so müste man sich gar sehr verwundern, wenn daselbst die Pest grassiren solte, weil die dasigen Völcker nach den Grund-Sätzen ihrer Religion sich vor nichts weniger fürchten als der Pest und derselben Contagion und Ansteckung. Es bezeuget dieses unter andern der Herr von Driesch[80] mit deutlichen Worten, wenn er gedencket, daß die Türcken mitten in der Pest sich um dieselbe wenig bekümmerten. Hieraus erhellet, was von derjenigen Meinung zu halten sey, die Joh. Sam. Carlius[81] von der Pest heget. Er hohlt die Ursache ihrer Ansteckung aus der Geister-Welt her und philosophirt also: „Wenn die menschliche Seele von einem aus der höhern Engel-Welt fliessenden Principio geschreckt und mit einer durchdringenden Magie angegriffen wird, so (79) läst sie ihre Mixtion aus Furcht und Schrecken aus den Händen fallen und läst der innern Fäulung den Lauff."[82] Alleine der Autor scheinet uns hiermit wenig oder nichts gesagt zu haben.

---

[80] in der Groß-Bothschafft nach Constantinopel Lib. IV. p. 211.
[81] vom Pest-Engel oder seinem medicinischen voto zu den heutigen Pest-Consiliis.
[82] Siehe deutsche Act. Erudit. Tom. VII. P. 74. p. 110.

§. 50.

Die andere Ursache, die die Widersacher zu Behauptung ihrer Hypothesis, daß nehmlich der Teuffel durch das Kauen und Schmatzen der Todten die Pest zu erregen suche, vorbringen, ist hergenommen von denen gifftigen Ausdünstungen, welche aus denen geöffneten Gräbern herauff steigen. Denn sie geben vor, es suchte der Teuffel, durch das Kauen und Schmatzen der Todten die Ausgrabung der Cörper, und zwar aus der Ursache, zu befördern, daß sie durch ihren schändlichen Geruch die Lufft mit einer ansteckenden Seuche vergifften solten. Alleine die Exempel, welche sie zu Bekräfftigung der Sache anführen, beweisen nichts. Also erzehlet zwar z. E. Fortun. Licetus in Libr. de annul. antiq. c. 23. von dreyen Todten-Gräbern, welche vor Gestanck, so aus einem geöffneten Grabe gekommen, plötzlich gestorben wären. Aber wer will deswegen schliessen, daß dieses insgemein geschehe? Wenn Licetus die Umstände der Sache, sonderlich in Ansehen der Kranckheit, an welcher die Person gestorben, hinzugesetzet hätte, so würde uns vielleicht die Ursache dieses plötzlichen Todes bekannt (80) seyn. Immittelst ist so viel gewiß, daß daraus wenigstens die Pest nicht entstanden ist. Es kan zwar mit Exempeln dargethan werden, daß dieselbe bißweilen aus dem grossen Gestanck der Aeser ihren Ursprung genommen. Alleine es haben sich alsdenn die gifftigen Ausdünstungen nicht von einem eintzigen Aase, sondern von vielen tausenden in der Lufft vereiniget und dieselbe so denn inficiret.

§. 51.

Wir wollen daher dem Ambrosio Pareo gar gerne Glauben zustellen, wenn er erzehlt,[83] es wären einsmahls sehr viel menschliche Cörper in einen Brunnen, der auf 100. Ellen tieff gewesen, geworffen worden, wodurch ein so schändlicher und gifftiger Gestanck entstanden, daß viel tausend Menschen durch die gantze Landschafft Agenois in Franckreich an der

---

[83] Lib. X. Chirurg. c. 13.

Pest gestorben. Cæsar Ripa[84] mercket deswegen gar recht an, daß die Gräber nicht so wohl um der Todten als um der Lebenden willen erfunden worden wären, um den Gestanck der von denen Cörpern entstehe, zu verhindern. Ob aber deswegen Cornelius a Lapide[85] recht geschlossen, wenn er unter die Ursachen, warum die Römer ihre todten Cörper verbrannt, auch diese mit gezehlet, damit der Gestanck derselben denen Lebendigen keine Pest zuziehen möchte, wollen wir ietzund nicht untersuchen. Immittelst können wir uns gantz sicher auff die tägliche (81) Erfahrung beruffen, welche uns mehr denn 100. Exempel an die Hand giebt, daß die Gräber ohne den geringsten Schaden geöffnet worden. Bey so gestalten Sachen kan man leichte erkennen, daß es nicht genugsam der Wahrheit gemäß sey, zu sagen, der Teuffel suche durch das Kauen und Schmatzen der Todten die Pest zu erregen.

§. 52.

Es ist noch das fünffte und letzte Vorurtheil übrig, das wir bey dieser Materie zu wiederlegen haben. Es bestehet solches in dem Wahne, als ob das Kauen und Schmatzen der Todten nur der nächsten Blutsverwandten Tod nach sich ziehe. Es hat diese Meinung sonderlich in dem Hertzen des Pöbels sich feste gesetzet. Sie prophezeyen, es werde der Todte die nächsten Anverwandten und Freunde nachhohlen. Kornmannus hegt eben diesen Aberglauben de Mirac. Mort. P. VII. c. 64. Denn er führt solche Ursachen an, die man sonsten zu führen pflegt, wenn gefragt wird: Warum in der Pest und in andern ansteckenden Kranckheiten ein eintziger Tod bißweilen den Untergang einer gantzen Familie nach sich ziehe? Alleine da ietzt von der Pest nicht die Rede ist, sondern nur von dem Kauen und Schmatzen der Todten, welches der gedachte Kornmann nach dem oben abgehandelten Vorurtheil vor etwas, das mit der Pest verknüpfft ist, hält, wollen wir uns nicht länger dabey auffhalten. Es scheinet dasselbe zwar an sich

---

[84] de Peste c. IV. p. 135.
[85] in Commentario in Amos. c. VI. p. 320.

selbst sehr wahrscheinlich zu seyn, indem die kauenden (82) und schmatzenden Todten allerdings bißweilen eine gantze Familie aus der Zahl der Lebendigen gestossen haben. Alleine es ist dieses nur von ohngefehr geschehen, wie wir an seinem Orte mit mehren zeigen wollen. Denn die Exempel, welche man anzuführen pfleget, bezeugen, daß nicht nur ein Hauß, sondern gantze Dorffschafften durch solches wunderbahre Würgen hingerichtet worden. Es erhellet dieses sonderlich aus derjenigen Hungarischen Erzehlung, die wir oben §. 12. beygebracht, allwo die Einwohner desselben Orts alles das ihrige haben verlassen wollen, weil sie sich besorgt, es möchte endlich das gantze Dorff, wie dergleichen schon vormahls, da es unter der Türcken Bothmäßigkeit gestanden, geschehen sey, zu Grunde gehen. Es hat dieses seine Richtigkeit. Das Kauen und Schmatzen der Todten ziehet allerdings derer Lebenden Tod nach sich. Aber es betrifft nicht so wohl die nahen Anverwandten, als vielmehr diejenigen, welche mit denen Verstorbenen kurtz vor ihrem Tode eine grosse Gemeinschafft gehabt.

§. 53.

Nach Widerlegung dieser fünf vorgefasten falschen Meinungen von denen kauenden und schmatzenden Todten, bleiben uns von diesem Wunder-Zeichen der Natur mehr nicht denn zwey Phænomena übrig, die Vegetantz des Cörpers und dessen schädliche Würckung in die (83) lebendigen Menschen.[86] Diese solten wir nunmehro nach unserm Vermögen aus denen gesunden Anfangs-Gründen der Natur-Lehre zu erklären suchen. Alleine weil der Mangel des Raums solches vorietz und verhindert, wolle uns der Geneigte Leser verzeihen, daß wir seinem Verlangen vor dißmahl kein Genügen thun können. Es wolle sich derselbe immittelst versichert halten, daß wir in der folgenden andern Dissertation, welche Philosophisch seyn wird, alles dasjenige erfüllen wollen, was wir ihm ietzo versprochen. Es lebe derselbe indessen wohl und urtheile von

---

[86] vegetantia Corporis und nociva ejus in vivos operatio.

diesen Blättern also, wie wir es von dessen Gütigkeit allezeit hoffen können.

S. D. G.

Die andere Dissertation, so Philosophisch ist.[87]
Inhalt
dieser Dissertation:

EIngang zu dieser Dissertation. §. 1. Cörper sind nach dem Tode unverweset. Der Tod bey dem Menschen zweyerley. §. 2. Der Cörper Unverweßlichkeit. Caspar a Rejes. Johannes Mabillon. §. 4. Die Jüden. Die Geschichte der Heiligen. Des heil. Spiridionis Unverweßlichkeit. §. 5. Exempel von unverweseten Cörpern. Homerus. Plutarchus. Burius. Caspar a Rejes. Bartholinus. §. 6. Ein Bergmann zu Ehrenfriedersdorff, so nicht verweset. §. 7. Das Hungarische Wunder-Zeichen. Venerabilis Beda. Burrhus. §. 8. Die erste Materie. G. P. Müller. §. 9. Der ersten Materie Eigenschafft, das Leben. §. 10. Dieses Lebens Eigenschafften. Das Wachsthum und die Empfindung. §. 11. Dieses Lebens Universalität. Der Welt-Geist. Die Entelechia. Der Lebens-Balsam. §. 12. Die Elemente. §. 13. Des Menschen Natur und Substantz. Theod. Craanen. § 14. Des Menschen Leib an und vor sich selbst lebendig. §. 15. Des Menschen Schöpffung nicht auff einmahl geschehen. §. 16. Des Menschen Leib mit der gantzen Natur (85) ein Leib. Die Aufflösung. §. 17. Die äusserliche Umstände der schmatzenden Todten. §. 18. Des Menschen Verwesung, wie sie geschehe. §. 19. 20. Des Menschen Unverweßlichkeit. §. 21. Garmannus. Zacchias. Santorellus. §. 22. Die feuchten Cörper, ob sie unverweßlich. §. 23. Das Hungarische Erdreich, wie es beschaffen. §. 24. 25. Plogojowitz, ob er mit Giffte vergeben worden. Die Natur des Giffts. Alexandri M. Leib unverweßlich. §. 26. Die Kräffte des Opii. §. 27. Aller Glieder des Leibes Übereinstimmung unter einander. §. 28. Die eingefallene Nase des Plogojowitz. Santorellus. §. 29. Das Wachsthum der Haare und Nägel. Garmannus. Helmontius. §.

---

[87] Es würde diese Dissertation ebenfalls öffentlich gehalten worden seyn, wenn ich nicht unverhofft einen Beruff aus Leipzig bekommen hätte.

30. Die Abschälung der Haut. §. 31. Das Bluten des Cörpers. §. 32. 33. Das Steiff-Seyn des männlichen Glieds und dessen Ursachen. §. 34. 35. 36. 37. Der Cörper Würckung in die Lebendigen. §. 38. Die allgemeine Empfindlichkeit der gantzen Natur. Santinelli. §. 39. Der gantzen Natur Zusammenhang. Die Atmosphæra. §. 40. Die Ausdünstungen der Cörper. Jo. Westphal. Der Grund-Satz aller Magie. §. 41. Die Magie des menschl. Leibes. §. 42. Die Einbildung, ein Werckzeug der Magie. §. 43. Die Würckung der Cörper in Cörper. §. 44. Der Geister Antheil an der Magie. Marcus Marci a Kronland. Carrichterus. Das Beschreyen. §. 45. Die schädliche Würckung des verstorbenen Plogojowitz in die Lebendigen. (86) §. 46. Alles Schmatzens der Todten Ursprung. §. 47. Die Kräffte der Einbildung. Die Einbildungs-Kranckheiten. Josephus Scaliger. Der Alp. §. 48. 49. Die Kräffte der Einbildung zur Pest-Zeit. Frid. Hoffmann. Carlius. § 50. Des Hungarischen Wunder-Zeichens Ursprung. §. 51. Das böse Gewissen. Des Plogojowitz hinterlassenes Weib. §. 52. Die Schädlichkeit derer magischen Würckungen. Paracelsus. Marcus Marci a Kronland. §. 53. 54. Die schädliche Würckungen des Plogojowitz. §. 55. Die Mittel wider das schädliche Schmatzen der Todten. Das Abstossen des Haupts von denen Cörpern. §. 56. Das Zernichten der Cörper. G. P. Müller. Der Erden-Kloß, der denen Todten bey dem Begräbniß unter das Kinn gelegt wird. §. 57. Müllerus widerlegt. Schwimmerus. Phil. Rohr. Der Jüden Aberglaube. §. 58. Der Stein und Pfennig, so man in derer Verstorbenen Mund gelegt. Das dritte Concilium zu Carthago. §. 59. Das beste Mittel in diesem Fall. Der Schluß der gantzen Dissertation. §. 60.

§. 1.

ES waren noch zwey Phænomena zu erklären übrig, als wir die erstere Dissertation geschlossen: Die Vegetantz des Cörpers und dessen schädliche Würckung in die Lebendigen. Diese wollen wir nun mit GOtt vor die Hand nehmen, und sie erklären, so gut sichs wird thun lassen.

(87)

§. 2.

Die Vegetantz der schmatzenden Cörper (Vegetantiam cadaveris masticantis) zu erweisen, ist vor allen Dingen nöthig, diese Frage zu erörtern: ob auch die Cörper bißweilen nach dem Tode noch unverweset bleiben können? Wenn es erlaubt ist, uns auff das allerheiligste Exempel unsers Heylandes zu beruffen, so müssen wir allerdings mit Ja antworten. Denn daß dessen Leib nach dem Tode nicht das geringste von einer Verwesung empfunden, bezeuget die heil. Schrifft deutlich. Ob aber von diesem besondern Exempel ein Schluß auff andere menschliche Cörper zu machen sey, können wir nicht sicher behaupten. Aber so viel folgt wenigstens daraus, daß die Abscheidung und Trennung der Seelen von dem Leibe eigentlich zwar den Tod des Menschen ausmache, welcher Tod aber von dem Tode des Leibes selbsten sehr weit unterschieden sey.[88] Es scheinet diese Meinung zwar vielen sehr ungereimt zu seyn, iedoch ist sie in der Wahrheit gegründet. Der Mensch besteht, wie bekannt, aus zwey wesentlichen Theilen, Leib und Seele. Wenn ein Theil abgeht, so hört der Mensch zwar auff ein Mensch zu seyn, aber die Seele bleibt doch Seele und der Leib Leib. Wenn nun die Seele von dem Leibe scheidet, so sagt man allerdings, der (88) Mensch stirbt, aber der rückständige Leib bleibt doch so lange noch ein Leib, biß er durch die Fäulniß in seine ersten Elementa, woraus er zusammen gesetzt

---

[88] At hoc tamen inde sequitur, quod animæ separation & recessio a corpore, proprie quidem constituat mortem hominis, quæ tamen a morte ipsius corporis adhuc multum sit distinguenda.

ist, resolvirt worden: welches wir mit dem Theod. Craanen[89] gar füglich den Tod des Leibes nennen können.

§. 3.

Nun fragt sichs, ob nicht solchergestalt der Leib, nach Abscheidung der Seele, von der Verwesung eine Zeitlang befreyt bleiben könne? Wenn wir denen Papisten erlauben sollen, darauff zu antworten, so werden sie diese Frage ohne Zweiffel mit Ja beantworten, und zwar mit Verwerffung aller Ursachen, die die Natur-Kündiger nur auf einige Weise aus der Natur herhohlen können. Denn es ist bekannt, daß sie die Unverweßlichkeit der Cörper vor ein Wunderwerck halten, dadurch sie die Wahrheit ihres Glaubens und Religion zu bekräfftigen suchen. Denn sie halten dafür, daß die Leiber der Heiligen durch Krafft aus der Höhe unverweset bleiben. Es hat dieses bey ihnen Anlaß zu so einer grossen Menge Heiligen gegeben, daß zu Begehung des Gedächtnisses derselben kaum eine Zeit von tausend Jahren zureichen würde, wenn gleich auff ieden Tag mehr denn einem sein bestimmtes Opffer gebracht würde. Denn so offte sie einen menschlichen Cörper noch gantz und unverweset finden, so offte glauben sie auch einen unbekannten Heiligen gefunden zu haben. (89)

§. 4.

Aber wer solte nicht daraus leichte erkennen können, daß auch die Heyden und Ketzer auf solche Weise sich mit der Unverweßlichkeit ihrer Leiber groß machen könten? Daß dieses ein sehr falsches und höchst ungewisses Zeichen der Heiligkeit, Unschuld und Tugend sey, haben selbst viele unter denen Papisten erkannt. Also bezeugt unter andern Caspar a Rejes[90] ausdrücklich, „daß die Daurung der Cörper nach dem Tode vor kein eigentliches Zeichen der Heiligkeit und Unschuld des Lebens zu halten sey, wo man nicht zugleich aus andern Nachrichten und vorher gewusten Dingen die

---

[89] in Opp. Med. Tom. I. p. 2.
[90] in Camp. Elys. quast. 34. n. 76. p. 412. sg.

Richtigkeit und Unsträflichkeit des Lebens erkannt: Denn es kan GOtt einem gnädig seyn, wenn auch gleich sein Leib verweset: Die Heiligen verabscheuen nicht den Natur- sondern den Sünden-Gestanck." Nam putrefacto licet corpore, possit quis Deo maxime quoque gratus esse: sancti enim non abhorrent fœtorem naturæ sed culpæ. Hiermit stimmt auch der gelehrte P. Johannes Mabillon in seiner, unter verdecktem Nahmen herausgegebenen, Epistel de Cultu Sanctorum Ignotorum[91] überein, dessen Meinung zum Vortheil der Rechtgläubigkeit seiner Kirche zu erklären, sich (90) Marcus Antonius Boldetti sehr viel Mühe gegeben.[92]

§. 5.

Wir sind ietzt nicht gesonnen, uns in Theologische Streitigkeiten einzulassen. Wir lassen sie vielmehr an ihren Ort gestellet seyn und kehren wieder zurücke zu unsern Physi- calischen Anmerckungen. Nur dieses sind wir noch gesonnen, hinzu zu setzen, daß die Jüden mit denen Papisten in dieser Sache in ein Horn blasen. Denn Garmannus[93] gedencket, daß R. Manasse[94] also geschrieben habe: „Von derer ihren Leibern, die recht und ehrlich gelebt, darff man nicht glauben, daß die Würmer einige Gewalt über sie haben, sie werden auch nicht eher in Staub verwandelt, als etwan eine Stunde vor der Aufferstehung der Todten." In corum cadaveribus, qui recte & honeste vixerunt, nihil juris vermes habituri sunt, & non prius in pulverem convertentur, quam hora una ante resurrectionem mortuorum.

Wenn wir die Wahrheit sagen sollen, so leugnen wir, daß iemahls einem Menschen von GOtt vor andern das Privile- gium von der Unverweßlichkeit gegeben worden; iedoch geben wir zu, daß bisweilen ein und der andere Cörper (91) aus

---

[91] Siehe Deutsche Act. Erul. T. VII. P. 82. p. 619. sqq.
[92] in Osservazioni sopra i cimiterii de Santi Martirï & antichi Christiani di Roma, welches Buch An. 1720 zu Rom heraus gekommen.
[93] de Mir. Mort. L. III. Tit. II. pag. 948.
[94] de Resurrect. L. II. c. 17.

verschiedenen natürlichen Ursachen eine Zeitlang von der Verwesung verschont geblieben und noch ferner verschont bleiben könne, so lange nehmlich die Ursachen, die solches würcken, nicht aufgehöret. Die Exempel, welche wir in grosser Menge bey dem Garmanno c. l. beysammen finden, bestätigen dieses sattsam. Die Geschichte der Heiligen wollen wir hierbey nicht zu Rathe ziehen, weil ihre Glaubwürdigkeit nicht zum besten gegründet ist. Daß wir nur ein eintzig Exempel daraus anführen, so schreibet Petrus de la Valle[95] von dem heil. Spiridion also: „Man verehrt in Corfu den Leichnam des heil. Spiridions, dessen Fleisch annoch so lebhafft und frisch ist, daß, wenn man das dicke Fleisch am Schenckel angreifft, dasselbe den Fingern etwas nachgiebt und alsbald wieder in seine vorige Stelle kömmt." Jedoch wir können uns nicht entsinnen, etwas davon in des gelehrten Herrn L. Siberi Buche von dem Leben des heil. Spiridionis gelesen zu haben.[96]

§. 6.

Jedoch dem sey, wie ihm wolle, so sind doch würcklich Exempel verhanden von todten Cörpern, die viele Jahre unverweset geblieben. (92) Man höre nur den Homerum,[97] welcher von Hectore, der im Trojanischen Kriege umgekommen, also schreibet:

Οὔπωτὸνδὲκύνεςφάγον, οὐδ'οἰωνοὶ,
Ἀλλ'ἔτικεῖνοςκεῖταιἈχιλλῆοςπαρὰνηὶ.
Ἄυτωςένκλισίησιδυωδεκάτηδὲἠἡὼς
Κειμένῳ, οὐδὲτοιὸχρὼςσήπεταιοὐδὲ μὶνσύλαι
Ἐσθοὺς·, αἷρατεφῶταςἀρηϊφάτουςκατεσθίουσι.
D. i.

---

[95] in Itiner. Part. I. ep. I. p. 3. edit. Germ.
[96] Es kam solches unter dem Titel: S. Spiridionis Vita, zu Leipzig A. 1718. in 4. 13. Bogen starck zum Vorschein. Siehe Deutsche Act. Erud. T. VI. P. 64. p. 259. sq.
[97] Lib. XXIV. Iliad. v. 411. sq.

„Es haben ihn die Hunde noch nicht gefressen, noch die Vögel, sondern es liegt Achilles noch bey dem Schiffe; und indem er in seinem Gezelte liegt, ist es schon der zwölffte Tag, da weder etwas an seiner Haut faulendes, noch von den Würmern angefressenes verspüret wird, welche letztere doch sonst die Helden, so in Treffen bleiben, zu fressen pflegen." Man höre ferner Plutarchum in Vit. Alex. M. p. m. 593. welcher von Alexandro M. erzehlt, daß sein Cörper in dem heissen Mesopotamien viel Tage lang unbegraben gelegen, und doch nicht das geringste Zeichen einiger Verwesung von sich gegeben, sondern er sey rein und frisch geblieben. Man höre Wilhelmum Burium,[98] welcher von Pabst Bonifacio VIII. berichtet, daß als man 300. Jahr nach seinem Tode den 11. Oct. 1605. seinen Leichnam gefunden, sey (93) er an allen Gliedern gantz unversehrt gewesen, dergestalt, daß man auch an dessen Kleidern nicht die geringste Verletzung habe wahrnehmen können. Das öffentliche Instrument, das darüber aufgerichtet worden, finden wir bey dem Bzovio.[99] Man höre ferner Casparum a Rejes, welcher[100] gedencket, daß als man auf des Königs in Spanien Befehl An. 1656. die Königl. Cörper in das herrliche Begräbniß des Escurials, Pantheon genannt, gebracht, so sey Kayser Caroli V. Leichnam gantz unversehrt und ohne den geringsten Flecken und Zeichen einiger Fäulniß gefunden worden. Man höre endlich noch Thomam Bartholinum, in Respons. de Experim. Bils. p. 535. welcher aus dem Theop. Raynaudo de Incorrupt. Cadav. c. 2. erzehlet, daß A. 1642. zu Carpentras[101] ein weiblicher Cörper ausgegraben worden, der etliche Secula gelegen und unverweset gewesen. Er beschreibet ihn also: „Die Glieder lagen alle geschickt beysammen in ihrer Ordnung; iedoch war Fleisch und Haut etwas ausgetrocknet und schwartzbraun angelauffen. Die Brüste hatten noch ihre gehörige Weiche, und der Hals seine Lindigkeit; an den Hüfften, und der Wade des rechten Fusses,

---

[98] in Notit. Rom. Pontif. p. 223.
[99] in Annal. Eccles. Tom. IV.
[100] in Campis. Elys q. 34. n. 26 p. 413.
[101] in der Graffschaft Avignon in Franckreich.

so an sich selbst unversehrt war, ingleichen hinter den Schulter-Blättern (94.) befand sich eine ungewöhnliche Zärtigkeit. Das Haupt-Haar hieng feste an der Haut, die Ohren waren gantz, die Zunge trocken, der Knorpel des Gaumens gesund und frisch; iedoch das Gesichte war ohne Haut und Fleisch, weil durch das gewaltsame Ausgraben und die dabey geschehene Unvorsichtigkeit solches gar sehr versehrt worden. In den Augen-Löchern befand sich noch die gewöhnliche Feuchtigkeit, und der Wund-Artzt Roller zog eine nasse Bley-Kugel, die voller klebrichten Feuchtigkeit war, aus dem Haupte, in welches sie ehemahls geschossen worden. Die Geburts-Glieder waren in gantz unversehrtem Stande. Der Wund-Artzt eröffnete die rechte Brust, und steckte einen Finger in die Wunde, da er denn befand, daß das Fleisch drüsicht, weiß und feuchte gewesen und gar keinen Gestanck von sich gegeben."[102]

(95)
§. 7.

Das merckwürdigste Exempel, das hier noch angeführt zu werden verdient, giebt ein Bergmann, mit Nahmen Oswald Barthels, welcher nach Verlauff von 60. Jahren aus einem Bergwercke nicht weit von dem Meißnischen Städtgen Ehrenfriedersdorff unversehrt und ohne die geringste Fäulniß an sich zu haben ausgegraben worden. Andreas Mollerus

---

[102] Apte inter se commissa erant membra, carne tamen sua & cute arida tamen & subfusca belle vestita. Sua uberibus inerat mollitudo, collo lenitas, nec non coxendicibus & posticæ pedis dextri parti plane integra & post scapulas insueta cadaveri teneritas. Capilli capitis cuti tenaciter adhærebant, aures integræ, lingua arida, laryngis cartilago sana & vegeta, carne & cute nudata facies, dum vi exhumatum corpus per imprudentiam concisa. Humor oculorum orbibus continebatur, chirurgusque Rollerius vulnerariam bolidem capiti immislam humore glutinoso & obscuro madidam eduxit. Pilosa erant genitalia. Stupæ, quibus vulva obducebatur, integræ visebantur. Dextram mammam aperuit Chirurgus, digitoque in vulnus immisso carnem glandulosam, candidam & humidam invenit plane incorruptam sine ullo fœtore.

erzehlet die Sache folgender gestalt: „A. 1568. den 20. Sept. hat man zu Ehrenfriedersdorff Oswaldum Barthels, einen Bergmann, welcher vor 61. Jahren A. 1507. im Berge, der Seuberg genannt, verfallen, noch gantz und unverweset in seiner ledernen Berg-Kappe und Kleidern mit dem Gruben-Beile, Unschlicht-Tasche und Zscherper unversehener Weise wieder gefunden und mit gewöhnlichen Ceremonien zur Erden bestattet."[103] M. Georgius Ruta, der damahls Pfarrer in dem gedachten Städtgen, nachmahls aber Superintendent zu Chemnitz gewesen, hat sich in der Leichen-Predigt, die er diesem Bergmann gehalten, und die A. 1588. zu Freyberg gedruckt worden, von (96) diesem sonderbahren Exempel eines unverweseten menschlichen Cörpers also vernehmen lassen: „Mirabilis Dominus in operibus suis: und wird diß forthin wunderbarlich und unglaublich zu sagen und zu hören seyn, zumahl an fremden Orten, daß man eine Leiche eines Bergmanns zur Erden bestätiget, auch dabey eine Leichen-Predigt gethan, der 60. Jahr zuvor verstorben, ehe denn der Prediger gebohren, denn ich ietzo Gottlob! 31. Jahr alt bin." Siehe GARMANNUM de Mirac. Mort. L. III. Tit. II. p. 954. und ANSHELM. ZIEGLERUM im Historischen Labyrinth der Zeit n. 619. p. 1175. Wer will daher nicht glauben, daß es allerdings menschliche Cörper gebe, welche von der Verwesung und Zernichtung, wo nicht beständig, doch auff einige Zeit, frey und unversehrt bleiben können. Die Papisten haben also nicht Ursache, solches unter die göttlichen Wunderwercke, dadurch sie die Richtigkeit ihres Glaubens darthun, zu zehlen.

§. 8.

Komm wir wiederum auff unser Wunder-Zeichen zu reden, so haben wir nunmehro nicht mehr Ursache, uns so gar sehr zu verwundern, daß das Fleisch der schmatzenden Todten noch in den Gräbern frisch sey, da aus den oben angeführten Exempeln schon zur Gnüge erhellet, daß in der Natur etwas

---

[103] ANDR. MOLLER. in Annal. Freyberg. p. 293.

seyn müsse, so uns lehret, (97) daß nach dem Lauff der Natur es gar wohl geschehen könne, daß denen menschlichen Cörpern bißweilen noch nach dem Tode einiges Frisch-seyn des Fleisches beywohnen könne.[104] Es verlohnt sich der Mühe, aus denen ersten Anfangs-Gründen der Natur die Ursachen dieses Phænomeni zu erklären. Ehe wir aber solches vornehmen, mag der Ehrwürdige Beda aufftreten und von der Unverweßlichkeit derer menschlichen Leiber seine Gedancken eröffnen. Er läst sich aber also vernehmen: „Es giebt alle Jahre drey Tage und drey Nächte, nehmlich der 27. und 30. Jan. und der 13. Febr. Wer an diesen Tagen gebohren wird, dessen Leib bleibt biß an den jüngsten Tag unverweßlich."[105] Alleine wer kan leugnen, daß nicht der gute Beda in Untersuchung derer Ursachen natürlicher Dinge sehr unglücklich gewesen seyn solte? Franciscus Josephus Burrhus hat sich zwar gewiß eingebildet, daß die Eyer, die an dem Tage, da im Frühling Tag und Nacht einander gleich sind, von den Hühnern gelegt würden, niemahls faul würden. Alleine gesetzt, es sey diese Sache wahr, wer will doch daraus schliessen, Ergo sehen auch diejenigen Cörper, die an gewissen (98) Tagen des Jahrs gezeuget werden, niemahls die Verwesung. Es verdienet hiervon mit mehrern Herr Tentzel in seinen monathlichen Unterredungen[106] nachgelesen zu werden.

§. 9.

Es pflegen zwar die Philosophi von einer eintzigen Sache insgemein mehr denn eine Ursache anzugeben. Alleine es hat uns allezeit am glaubwürdigsten geschienen, wenn die Ursachen einer Sache alle zusammen unter ein eintziges Principium haben gebracht werden können. Es wolle es daher Niemand übel nehmen, wenn wir bey unserer Abhandlung

---

[104] quod cadaveribus humanis interdum adhuc insit post mortem aliqua carnium Vegetantia.
[105] Siehe ERASMUM FRANCISCI in Annot. ad DN. Vluvasoris Ehre des Herzogthums Crain Lib. XI.
[106] A. 1690. M. Dec. p. 1113. sq.

allen Vorrath der Ursachen, welchen Garmannus c. l. von der Unverweßlichkeit der Cörper aus allen Reichen der Natur anführt, auff die Seite setzen und von dem ersten und eintzigen Anfangs-Grunde der Natur, nehmlich der ersten Materia, zu reden anfangen. Denn es ist nicht nur aus der heil. Schrifft, sondern auch aus denen Principiis der Weltweisen bekannt, daß GOtt im Anfange aller Dinge nur zwey Dinge aus nichts hervor gebracht, die Geister und eine gewisse unförmliche Last, indigestam aliquam molem, welche Ovidius Libr. I. Metamorph. rude Chaos nennet. Dieses Chaos, diese unförmliche moles und massa ist der erste Anfangs-Grund und die erste Materie der gantzen Natur und aller Elemente (99) gewesen, woraus alle Cörper an der Feste des Himmels und auff Erden gebildet worden. Herr Gottfr. Polyc. Müller hat sich[107] unterstanden, aus dieser Materie auch den Ursprung der Geister-Welt[108] herzuleiten, aber wie richtig und weißlich solches geschehen sey, wollen wir ietzund nicht untersuchen. Immittelst versichern wir, daß wenn er dieses nicht gethan hätte, wir kein Bedencken getragen haben würden, seinen Philosophischen Fußstapffen überall mit festem Fusse nachzufolgen, aber bey so gestalten Sachen werden wir solches nur bey einigen Umständen thun.

§. 10.

GOTT hat demnach ausser denen Geistern einen gewissen allgemeinen Anfangs-Grund (Principium universale) geschaffen und zwar so lebendig und kräfftig, daß daraus alle Arten derer Cörper nach der, von GOtt bestimmten Ordnung haben herfür kommen können. Dieses Principium haben wir zwar die erste Materie (Materiam primam) genennet, alleine daß solche deßwegen bloß in der Extension und Ausdehnung bestanden haben solte, leugnen wir billig. Denn die Extensio und Ausdehnung ist bloß eine Affectio und Qualität des Entis, welche ohne der ausgedehnten Sache sine re (100) extensa) weder

---

[107] in Philosoph. Fac. sup. accommod. P. I. sect. I. §. 2 p. 80. sqq.
[108] Mundi spiritualis & intelligibilis.

existiren noch gedacht werden kan. Viel besser thun wir, wenn wir dieser ersten Materie als eine wesentliche Eigenschafft das Leben zueignen, das in unzehlbahren Kräfften zu wachsen und zu empfinden besteht.[109] Denn GOtt als das selbständige unendliche Leben hat in dem Wercke der Schöpffung sich nicht anders denn lebendig und kräfftig erzeigen können, daher auch kein todes und an Kräfften Mangel leidendes Ding von ihm hat hervorgebracht werden können. Dieses erste lebendige Ding aber oder dieses Ens vivum hatte unzehlige End-Ursachen in sich, die daraus erfolgen solten. Hoc vero Ens vivum idque primum innumeros in se habuit fines, qui exinde evolvi debebant. Also lag in solchem die Krafft, Pflantzen hervor zu bringen verborgen, ehe noch die Pflantzen selbst verhanden waren. Sobald es demnach GOTT beliebte zu sagen: Es werden Pflantzen! So bald that diese Krafft ihre Würckung.

§. II.

Dieses Leben der ersten Materie, oder wie wir es nunmehro nennen wollen, diese Vitalitas, hatte wiederum zwey besondere Eigenschafften an sich, nehmlich die Vegetantz und (101) die Empfindung.[110] Denn da alles Leben eine Krafft in sich fasset, von der Peripheria ad Centrum und vom Centro ad Peripheriam sich zu bewegen,[111] welche gedoppelte Beweglichkeit man gar füglich Actionem u. Passionem nennen kan; so kömmt solches auch der ersten Materie zu, die ein lebendiges Wesen oder Ens vivum ist. Niemand kan ihr die Krafft zu begehren und zu empfinden[112] absprechen. Die erste Krafft nennen wir Vegetantiam und beschreiben sie durch das natürliche und von GOTT eingepflantzte Begehren, sich zu erhalten und weiter auszubreiten; Prima Facultas s. Appetentia

---

[109] Rectius igitur materiæ huic primæ attribuimus ceu essentialem proprietatem, finitam aliquam Vitalitatem, quæ per innumeras & vegetandi & sentiendi optime describi potest potentias.
[110] Vegetantiam & Sensionem.
[111] D. i. seine Bewegungen active und passive, oder expansive und contractive zu führen.
[112] Facultatem & appetendi & percipiendi.

nobis jam dicitur Vegetantia & definitur per naturale & a Deo ingenitum implantatumque desiderium sese partim conservandi partim pluribus extendendi. Oder wie Gottfr. Pol. Müller in Philos. Fac. sup. accommod. P. 1. sect. 1. §. 2. p. 81. seine so genannte Activitatem primi Entis zu beschreiben scheinet: Ein Begehren nach unzehlig End-Ursachen, die GOTT durch gewisse mitgeschaffene Mittel geordnet hat.[113] Die andere Krafft der ersten Materie in Ansehen der Vitalität (oder (102) des Lebens, darinnen vornehmlich das Wesen der ersten Materie besteht) ist die Percipientia oder wie sie sonsten heisset, die Sensio und Empfindung, welche in einem innerlichen Fühlen dessen, was dem Wesen eine Sache entweder angenehm oder unangenehm deuchtet,[114] bestehet.

§. 12.

Diese gedoppelte Eigenschafft der ersten Materie ist nachgehends allen Cörpern mitgetheilet worden, also, daß nach dieser allgemeinen Vitalität die gantze Natur und alle Cörper derselben gleichsam vermittelst eines Bandes an einander hängen. Der obgedachte Herr Müller[115] nennet diese Verbindung aller Cörper unter sich, Formam Universalem, welche mit des Aristotelis' Ἐντελεχίᾳ einerley zu seyn scheinet. Andere nennen es den Welt-Geist oder Archeum Mundi, wieder andere die Seele der Welt, iedoch beydes nicht weißlich genung, weil solche Benennungen Anleitung zum Spinosismo geben können. Theoph. Paracelsus Lib. I. Chir. Mag. c. 2. p. 3. und Helmontius nennen es einen Lebens-Balsam, Balsamum vitalem, welchen Jo. Bickerus[116] also beschreibet: (103) „Dieser Balsam ist des Leibes Leben und ein Gestirne, durch dessen

---

[113] Desiderium tendens ad innumeros fines a Deo constitutos per media ab ipso concreata. Alleine die Dunckelheit dieser Definition wird iedweder gar leichte erkennen.
[114] Herr Godfr. Polyc. Müller beschreibet die Sension in seiner Philos. Fac. sup. Accomod. also: Sensio est animadversio mediorum per gratitudinem aut ingratitudinem percepta.
[115] in Philos. P. I. p. 137. sqq.
[116] in Hermet. Redivv. sect. I. c. 3. p. 42.

Lebens-Strahlen die Glieder des Leibes erleuchtet werden, auff die Weise, wie durch das Licht der Sonnen die gantze grosse Welt-Machine erleuchtet zu werden pfleget."[117]

§. 13.

Wir nennen dieses Principium ein allgemeines Leben, eine Vitalitatem, die der gantzen Natur gemein ist. Denn da GOtt bey Erschaffung dieses Welt-Gebäudes aus der oben beschriebenen ersten Materie durch eine Verdickung die Elemente hervor gebracht, so hat es nicht anders kommen können, es haben dieselben an der Vitalität der ersten Materie alle Theil nehmen müssen. Es sind aber die Elemente etwas dichtes und gebildetes[118] und werden von denen Philosophis insgemein in primaria und secundaria eingetheilet. Ein Elementum primarium, oder ein Element aus der erstern Classe ist derjenige Theil der ersten Materie, der nur eine einige sinnliche Qualität u. Eigenschafft hat, als z. E. das elementarische Feuer oder das Lichte-seyn (luciditas) und das elementarische Wasser oder die Feuchtigkeit und Flüßigkeit (104) (fluiditas). Ein Elementum secundarium oder ein Element aus der andern Classe aber hat zwey oder mehr sinnliche Qualitäten und Eigenschafften, als z. E. der Schwefel ist aus Feuer und Lufft zusammen gesetzt. Aus dieser Vermischung nun derer Elemente bestehen alle Cörper am Firmament des Himmels und auf Erden, welche alle zwar ihr besonder Leben haben, iedoch nichts desto weniger in Ansehen der Elemente, daraus sie zusammen gesetzt sind, und in Ansehen der allgemeinen Vitalität, in einer beständigen Verbindung zusammen stehen, also, daß auch im Tode diese Verbindung nicht auffhöret, weil sie nicht anders als mit Untergang der gantzen Natur ein Ende nehmen kan.

---

[117] Hic balsamus corporis vita est & astrum, quo corporis membra vitalibus radiis illuminantur, perinde ut folis lumine tota magni mundi machina illustrari solet.
[118] aliquod coagulatum ac figuratum und zwar in Ansehen der ersten Materie, die subtil und lauter und ohne Form und Bildung ist.

§. 14.

Lasset uns nun wieder auff den Menschen zu reden kommen. Es wird von demselben mit Recht gesagt, er bestehe aus zwey wesentlichen Theilen, Leib und Seele. Die Seele ist ein Geist, und daher frey von aller Materie. Der Leib aber ist aus der ersten Materie geschaffen und zusammen gesetzt. Es erhellet daraus, daß der Leib zwar an sich selbst sein Leben und seine Form habe, welches Leben aber von dem Leben des Menschen selbst gäntzlich unterschieden ist. Theodorus Crannen in Tract. Phys. Medico de Humine c. I. p. 2. it. p. 236. schreibet daher nicht so gar unrecht, wenn er sich von dem Leben des Menschen also vernehmen läst: „Unser (105) Leben gehört, eigentlich zu reden, nicht zur Seele, sondern zum Leibe, weil wir viel andere Leiber haben, als wir sehen, daß die unvernünfftigen Thiere, wie auch die Pflantzen haben: Wir dörffen auch nicht dafür halten, als ob der menschliche Leib durch das Abscheiden der Seele vom Leibe sterbe, sondern es geschicht vielmehr, wenn der Leib sich von der Seele trennet, weil alsdenn die Gefässe desselben, welche zu einem vollkommenen Leben erfodert werden, dergestalt verletzet und verderbet werden, daß die Seele sich derselben nicht mehr bedienen kan, um ihre Herrschafft und Verrichtungen vermittelst des Leibes zu führen und fortzusetzen."[119] Es verdienet hierbey mit mehrern der berühmte Cartesius[120] nachgelesen zu werden.

§. 15.

Wir stimmen diesem bey. Denn es ist des Menschen Leib allerdings aus einer lebendigen (106) und wachsenden Materie

---

[119] Vita nostra proprie loquendo non spectat ad mentem, fed ad corpus, quoniam plura alia corpora, qualia sunt brutorum animantium, nec non plantarum vivere animadvertimus: neque putandum, corpus humanum mori, quod mens a corpore recedat, sed ex eo potius, quod corpus recedat a mente, quatenus organa ejus, quæ ad vitam perfectam & exactam requiruntur, vitiantur & corrumpuntur, ut mens iis amplius uti nequeat, ad imperia sua per corpus distribuenda functionesque suas peragendas.
[120] in Tract. de Passionibus §. 5. sqq.

geschaffen worden. Er kan daher wachsen und sich nähren, geschwächt und gestärcket, kranck und gesund werden. Welches alles von der Seele nicht gesagt werden kan, als welche ein Geist ist, dessen Wesen, seiner Simplicität nach, keiner Veränderung unterworffen ist. Immittelst hanget des Menschen Leben allerdings an der Seele, weil der Mensch aufhöret ein Mensch zu seyn, so bald ein wesentlicher Theil desselben anfängt zu mangeln. Wer daher seinen Geist aufgiebt, von dem heist es auch, er sey gestorben, weil der rückständige Leib zwar ein Leib, aber nicht ein Mensch genennet werden kan.

§. 16.

Es fragt sich aber: ob denn der Leib, nachdem die Seele davon ausgegangen, noch lebendig, frisch und wachsend bleiben könne?[121] Wir können solches nach unsern Grund-Sätzen nicht leugnen. GOTT hat den menschlichen Leib geschaffen, ehe noch die Seele verhanden gewesen. Wenn wir die heil. Schrifft auffschlagen, Gen. II. 7. Und GOtt der Herr machte den Menschen aus einem Erden-Klose, und er bließ ihm ein den lebendigen Odem in seine Nase. Und also ward der Mensch eine lebendige Seele; wird uns dieses deutlich zu erkennen gegeben. Denn es erhellet daraus, daß GOTT die Substantz (107) des Menschen nicht anders denn successive und Stuffenweise geschaffen, und zwar in solcher Ordnung, daß erstlich der Leib aus gewissen erdenen Theilgen, die mit andern Theilgen der Lufft, des Feuers und Wassers vermischt gewesen, gebildet und solchem so denn unmittelbahr die Seele eingeblasen worden. Da nun der Leib schon vor der Existentz der Seelen geschaffen worden, so hat derselbe an und vor sich betrachtet, nicht anders denn lebend seyn können. Denn der unsterbliche GOTT hat unmöglich etwas todtes schaffen können, daher auch die erste Materie, daraus so viele lebendige Geschöpffe gebildet werden solten, allerdings auch lebend,

---

[121] Utrum corpus reddita anima adhuc manere possit vividum ac vegetans?

frisch und wachsend hat seyn müssen. Da nun der menschliche Leib aus eben dieser, und keiner andern Materie, die etwan todt gewesen, geschaffen worden, hat er allerdings auch lebend und wachsend (vivens ac vegetum) seyn müssen. Wer will daher zweifeln, daß nicht des ersten Menschens Leib, sein gehöriges Fleisch und Adern, Blut und Feuchtigkeiten und was zu einem wahren menschlichen Leibe erfodert wird, gehabt haben solte, ob ihm gleich noch die Seele, als der andere wesentliche Theil eines Menschen gemangelt? Wenn dieses nicht gewesen wäre, würde der Leib kein wahrer Leib, sondern vielleicht nur eine Saltz-Säule oder steinerne Statue gewesen seyn, welches zu sagen höchst ungereimt ist.

(108)

§. 17.

Der menschliche Leib besteht also aus einer Materie, die an sich selbst lebend und wachsend, und die allen Cörpern der gantzen Natur gemein ist. Niemand wird daher leugnen, daß nicht solcher Leib mit der gantzen Natur, krafft desjenigen allgemeinen principii vitalitatis, das wir oben beschrieben haben, verknüpfft seyn solte. Denn die gantze Natur ist gleichsam ein Cörper, der in allen besondern Cörpern zugegen ist. Und wenn auch gleich ein gewisses Individuum seine besondere Vitalität verliehrt, so höret doch deßwegen die allgemeine Vitalität nicht auf, die allen Cörpern gemein ist. So lange demnach ein Cörper noch nicht verweset und vergangen, sondern noch würcklich verhanden ist, so lange kan er auch noch ein Leben haben; hat er es nicht in Ansehen der gantzen Zusammensetzung, so hat er es doch in Ansehen gewisser Theile, die einander dem Wesen nach gleich sind.[122] Denn alle Auflösung derer natürlichen Cörper erfodert etwas, das dem Wesen des Cörpers entgegen ist, oder, wie man es zu nennen pflegt, ein Menstruum, das die einander ähnlichen Theilgen

---

[122] Quamdiu ergo destructibile corpus adhuc extat, tamdiu quoque vitam aliquam in se habere potest; si non respectu totius compositi, respectu tamen certarum partium inter se homogenearum

aus dem Cörper treibet.[123] So dieses (109) fehlt, kan der Cörper nicht zernichtet werden. Es beweiset dieses mit mehren und zwar zum Vortheil unserer hypothesis am allerbesten Godfr. Polyc. Müllerus in dem ersten Theile seiner Philosophie[124] an dem Orte, wo er von derer Cörper Vereinigung und Auflösung sehr weitläufftig handelt.

§. 18.

Nach diesen voraus gesetzten Anfangs-Gründen, wird es leichte seyn, alle die Phænomena und äußerlichen Umstände zu erklären und zu beurtheilen, welche in Ansehen des Frischseyns (Vegetantiæ) an denen so genannten schmatzenden Todten pflegen wahrgenommen zu werden. Es gehören hieher, wenn wir nur das eintzige Exempel aus Hungarn ansehen, die Unverweßlichkeit des Cörpers, das Wachsthum der Haare, die Abschälung und Verneuung der Haut, das Wachsthum der Nägel, das Bluten des Hertzens, die Aufrichtung des männlichen Gliedes und was dergleichen mehr ist. Ehe wir uns aber zu eines ieden besondern Betrachtung und Erklärung wenden, wollen wir überhaupt noch etwas von derer verstorbenen Cörper Unverweßlichkeit und derselben natürlichen Ursachen gedencken.

(110)

§. 19.

Wir setzen dieses voraus, daß des Menschen Leib aus denen Elementen so wohl der erstern als andern Classe zusammen gesetzt ist. Es bestehet derselbe aus erdenen, wässerichten, feurigen und lufftigen Theilgen, er bestehet auch nach denen Grund-Sätzen der Scheide-Kunst aus Saltz, Schwefel und Quecksilber. Von der Anwesenheit des Saltzes, wie uns die Erfahrung lehret, zeugen der Urin, das Blut und Fleisch,

---

[123] Omnis corporum naturalium solutio requirit, ut in corpore aliquid heterogenei adsit, seu, ur ajunt, menstruum, quod analogas extrahat ex corpore partes.
[124] in Philos. Part. I. sect. 2. 6. 9.

welches alles einen starcken Geschmack hat. Von dem Schwefel zeugen die Fettigkeit, der Geruch, die Farbe, und daß er verbrannt werden kan; von dem Mercurio oder Quecksilber aber die Zerbrechlichkeit, Beweglichkeit, Flüchtigkeit und Sterblichkeit. Wenn nun ein Cörper untergeht, wird er in seine principia resolvirt, aus welchen er zusammen gesetzt ist, welches durch eine Gährung geschicht, so in einer Abscheidung der ungeschicktern und dem Wesen der Materie wiederstreitenden Theilgen besteht. Fermentatio secretio est crassioris & heterogeneæ materiæ. Wo nun alle Theile unter einander gleichartig und nicht widerstreitend sind, da wird auch nicht leichtlich eine Destruction und Verwesung statt finden. Es muß allezeit ein Heterogeneum verhanden seyn, welches nach Unterschied der innerlichen und äusserlichen Ursachen vielerley seyn kan. So bald ein solches widerstreitendes Ding im Leibe Platz findet, fängt der Leib an kranck zu werden, (111) und wenn es nicht durch Hülffe der Medicorum oder Wund-Aertzte zu rechter Zeit auff die Seite geräumet wird, ziehet es den Tod nach sich, welcher in nichts anders denn einer Auflösung des Gantzen in seine eintzelnen Theilgen[125] besteht. Das besondere Leben (vita specifica) fängt zwar im Tode an aufzuhören, nicht aber das allgemeine Leben, welches denen ersten Principiis und Elementis wesentlich beywohnet und den Cörper mit seiner Krafft und Lebhafftigkeit nicht verläßt, als biß dasjenige, was verwesen soll, völlig in seine Simplicia, daraus es zusammen gesetzt ist, resolviret und auffgelöset worden.

§. 20.

Diese Aufflösung wird sonst auch eine Verfaulung genannt, weil durch die feuchte Wärme des eintzelnen Cörpers (Corporis specifici) die Elemente und ersten Principia von einander gesondert werden. Es geschicht dieses durch eine ausserordentliche Circulation und Umtreibung derer Saltze und Schwefel, welche allmählig dergestalt zerstreuet werden, daß

---

[125] Mors nil aliud est, quam solutio compositi in sua simplicia.

endlich nicht das geringste mehr von dem Cörper übrig bleibt. Ein iegliches Theilgen fängt alsdenn an zu gähren und das, was seines Wesens ist, zu suchen, damit es sich mit demselben vereinige.[126] Also ruhen z. E. die (112) saltzigten Theilgen, wenn sie einmahl aus den Grentzen ihrer Zusammensetzung gekommen sind, nicht eher, als biß sie von dem gährenden Cörper völlig gewichen und etwas conformes gefunden haben. Wenn nun dieses auch die übrigen Theilgen, als die schwefelichten, mercurialischen und andern, so wohl edlern als unedlern gethan, was bleibt wohl von dem Cörper übrig? Ein iedes gehet nach seines gleichen und läst von sich nichts denn den Raum zurücke. Wir pflegen dieses mit einem Worte die Verfaulung zu nennen, welche nicht eher als mit dem Cörper selbst auffhöret.

§. 21.

Wenn nun gefragt wird, woher denn die Unverweßlichkeit der Cörper komme? so ist leichte darauff zu antworten, es verursache solches die Anwesenheit derer gleich artigen Theile.[127] Hierdurch wird nicht nur des gährenden Leibes Zernichtung verhindert; sondern solcher auch so lange in dem Zustande, darinnen er ist, erhalten, biß ein stärcker Menstruum darzu kömmt, das solchen endlich aufflöset. Nach der verschiedenen Beschaffenheit derer Temperamente und Zusammensetzungen wird auch die Unverweßlichkeit der Cörper gewürcket. Die natürliche Verbindung, (113) die sich zwischen denen Eigenschafften der äusserlichen Theile findet, rühret von unserm Principio der allgemeinen Vitalität her, welches in seinem Zusammenhang fast nur ein einig Leben, und einen eintzigen Cörper ausmacht. Wo nun die Menge derer ungleichartigen Theile (heterogenearum partium) die Anzahl

---

[126] Fit hoc per extraordinariam aliquam salium & sulphurum circulationem, quæ sensim sensimque ita dissipantur, ut tandem ne umbra quidem de corpore remaneat. Quælibet tunc particula incipit fermentare & ad sui analogum tendere, ut se iterum cum eo uniat.
[127] partium homogenearum præsentia.

derer gleichartigen (homogenearum) nicht übertrifft, da findet auch nicht leichtlich die Verwesung statt, indem kein Menstruum verhanden ist, das die gleichen Theile (partes analogas) aus dem Cörper treibet.

§. 22.

Die Naturkündiger stimmen in Anführung der Ursachen dieser Unverweßlichkeit nicht überein. Insgemein schreiben sie es der Gütigkeit der Natur und denen mancherleyen Zusammensetzungen der Cörper zu; welcher Meinung auch Herr Garmann in Tract. de Mir. Mort. p. 960. sqq. zugethan zu seyn scheinet, der zugleich viel andere, die seiner Meinung sind, anführet, unter welchen ich nur des eintzigen Zacchiæ[128] gedencken will, nach dessen Meinung das warme und trockene Temperament die vornehmste Ursache seyn soll, weil nach der hypothesi Ant. Santorelli[129] und anderer Philosophorum und Medicorum der vorigen Zeiten die Feuchtigkeit eine Mutter aller Fäulniß sey. Alleine (114.) wenn wir die Sache a priori und nach der wahren Beschaffenheit ansehen, finden wir die Ursache nicht in dem Temperamente, sondern in andern äusserlichen Dingen, welche nach ihrer Analogie durch das Band der Natur mit demselben verknüpfft sind. Also gestehen wir zwar Jo. Joach. Bechero[130] gantz gerne zu, daß die warmen und trockenen Dinge sehr schwer, ja einige gantz und gar nicht verfaulen, aber was ist da anders Ursache, als weil die lufftigen Theilgen, die sich gröstentheils in denen trockenen Cörpern befinden, durch den Einfluß der Lufft, die ihnen analogisch ist, in ihrer Zusammensetzung erhalten werden, so lange sie nehmlich kein stärcker Menstruum, das die gleichartigen Theile auffhebt, admittiren können.

---

[128] Lib. IV. Quæst. Med. Leg. p. 304.
[129] in Post. Prax. Med. c. 21. p. 135.
[130] in Physic. subterr. sect. 5. c. I. p. 311.

§. 23.

Eben dieses geschicht auch bey denen feuchten Cörpern, welche eben so leichte unverweset erhalten werden können. Dieses unterstehet sich so gar Garmannus nicht zu leugnen, ob er gleich keine Ursachen anführen kan, warum solches geschehe. Denn er bezeuget mit ausdrückl. Worten c. l. p. 963. „daß die Auflösung unter der Erden bey dem Schmeer und Fette nicht leichtlich statt finde."[131] Die Exempel sind ihm nicht unbekannt. Er versichert, daß er sonst mehr als einmahl von denen Todten-Gräbern gehört, daß sie in den (115) Gräbern der verfaulten Cörper eine grosse Menge Schmeer und Fett gefunden hätten. Und was hat man nicht überdiß bißweilen in denen Brunnen vor unverwesete Cörper gefunden? Insonderheit verdienet die in denen Gräbern geschehene Erhaltung des Gehirns in Verwunderung gezogen zu werden, dessen schmierichte und flüßige Materie doch sonsten am leichtesten sich verzehret. Petrus Borellus[132] erzehlet, „daß man einsmahls aus einem Brunnen in einem Dominicaner-Kloster die Gebeine von 60. erwürgten Soldaten, allwo sie über 80. Jahr gelegen, heraus gelangt, da denn in einem iedweden Hirnschedel das Gehirne noch weich und ohne Gestanck gefunden worden."

§. 24.

Es ist unsers Orts ietzo nicht, alle Ursachen der Unverweßlichkeit, die dieser und jener Gelehrter nach Veranlassung seiner Hypothesis vorbringt, zu untersuchen. Wir können sie alle unter einen Grund-Satz und Principium bringen, welches das allgemeine Leben oder die so genannte Vitalitas dieses Welt-Gebäudes ist. Wenn kein Menstruum oder Aufflösungs-Mittel in einem Cörper, der verwesen soll, verhanden ist, so kan auch keine Verwesung statt finden. Und dieses ist es auch, was wir bey unserm Hungarischen Wunder-Zeichen, das wir in

---

[131] in adipem aut pinguedinem vim suam in subterraneis locis non facile exercere διάλυσιν.

[132] in Observ. Med. Phys. cent. 2. p. 133.

der vorigen Dissertation beschrieben, (116) wahrzunehmen haben. Es können viel Ursachen verhanden seyn, warum der verstorbene Cörper keine gleichartigen Theilgen finden können, mit welchen er sich bey seiner Aufflösung vereiniget. Wenn wir nur Gelegenheit hätten, die Natur und Eigenschafft der Hungarischen Gegend des Himmels und der Erden zu erforschen, würde es uns leichter seyn, hiervon zu handeln. Bey so gestalten Sachen aber wird uns die wahre Ursache dieser Unverweßlichkeit allezeit unbekannt bleiben. Aus denen Nachrichten derer, die diese Länder durchreiset, erhellet, wenn man ihnen anders glauben darff, so viel, daß das Erdreich der Unverweßlichkeit der Cörper nicht zuwider ist. Die Lufft ist sehr dicke und kalt, der Erdboden aber sehr dienlich zu eingesaltzenen Sachen und dabey voller sumpffigten Wassers:[133] welches alles eine balsamische Krafft heget.

§. 25.

Das Königreich Hungarn ist zwar sehr ungesund und daher mehr als einmahl mit der Pest heimgesucht worden. Aber dieses hebt unsere Hypothesin nicht auff. Je grösser bißweilen die Vitiositas des Himmels ist, ie gütiger ist der Schooß der Erden. Das väterliche Erdreich ist iedem das gesündeste. Es sind uns bißher aus Hungarn und zwar aus derjenigen Landschafft, darinne unser Plogojowitz gestorben, (117) Exempel von Leuten bekannt worden, die ihr Alter auff 170. Jahr gebracht. Es ward dergleichen vor einigen Jahren aus Belgard berichtet, auch das Bildniß eines so alten Mannes als eine Rarität nach Wien gebracht, wie aus den öffentlichen Zeitungen erhellet. Hieraus läst sich schliessen, daß, ob gleich die fremden Soldaten in derselben Gegend vielmahls Hauffenweise hinfallen und sterben, doch die Lage des Himmels denen Einwohnern daselbst und die nach ihrer Art zu leben gewohnt sind, so gar schädlich und ungesund nicht sey. So viel ist wenigstens gewiß, daß das Hungarische Erdreich sehr ge-

---

[133] Aër valde compressus est & frigidus, terræ vero solum admodum falsamentarium & aquæ paludosæ plenum.

schickt sey, die Cörper eine Zeit lang vor der Verwesung zu bewahren.

§. 26.

Unser Plogojowitz ist ohne Zweiffel an keiner auszehrenden und langwierigen Kranckheit, sondern vielleicht eines gewaltsamen Todes gestorben. Wenn wir nur Gelegenheit hätten, den Tod dieses Menschen zu untersuchen, so würden wir vielleicht befinden, daß er an empfangenem Giffte gestorben sey. Denn wie Seneca[134] bezeugt, so giebt es eine Art des Giffts, dadurch diejenigen, die es zu sich nehmen, getödtet werden, aber die Cörper verwesen nicht, kriegen auch keine Würmer.[135] Paulus Zacchias (118) berufft sich darauf u. hält es vor ein gewisses Zeichen, daß ein Mensch Gifft bekommen.[136] Das Exempel Alexandri M. dienet zu einem Beweißthum, als von dessen entseelten Cörper sich Q Curtius Lib. X. c. 10. also vernehmen läst: „Die zu ihm hinein gegangen, haben wahrgenommen, daß er durch keine Auszehrung verdorben noch den geringsten Flecken einiger Fäulniß an sich gehabt; auch die blühende Krafft, die sonst das Leben giebt, hatte ihn nicht verlassen.[137] Als daher die Egypter und Chaldäer auff erhaltenen Befehl den verblichenen Cörper gewöhnlicher Weise zubereiten solten, haben sie sichs anfangs nicht erkühnet, die Hände an ihn, als einen Lebenden, zu legen: hernach aber, da sie gen Himmel geseuffzet, daß ihnen als Sterblichen erlaubt seyn möchte, ihn anzurühren, haben sie den Cörper gereiniget und einbalsamirt": Wobey Curtius hinzusetzet: „Denn sie glaubten, er sey mit Giffte vergeben worden."

---

[134] Lib. II. Nat. Quæst. c. 31.
[135] Datur enim venenorum genus, quibus assumtis animalia quidem enecantur, sed corpora tamen non liquescunt nec verminationem patiuntur.
[136] in Quæst. Med. Legal. T. III. cons. 17. n. 8. p. 23.
[137] Nulla tabe ne minimo quidem livore corruptum videre, qui intraverant; vigor quoque, qui constat ex spiritu, non destituerat.

§. 27.

Von dem Opio und andern Schlaff-machenden Artzneyen ist bekannt, daß sie den Tod nach sich ziehen, wenn sie nicht gebührend gebraucht werden. Ein solcher Tod aber, was ist er anders, als ein sehr tieffer Schlaff, der die Lebens-Geister (119) also bezwinget, und das Gehirne also einnimmt, daß aller Odem und Pulß, ja endlich das Leben selbsten aussen bleibt. Wie nun ein solcher Todter gleichsam in einem tieffen und sehr schweren Schlaffe liegt, also hat auch dessen Cörper noch nichts erlitten, das die Haußhaltung und Oeconomie der Seelen stören und verderben könne. Der Mensch hat zwar würcklich auffgehöret zu leben, aber der Leib hat doch noch nicht seine formam verlohren, weil die Theile desselben gleichartig geblieben u. kein Auflösungs-Mittel bey sich admittiret haben.[138] Wenn nun ein solcher Cörper sogleich begraben wird, ehe noch etwas widerwärtiges (aliquid heterogenei) in ihm entstanden, kan es leichte geschehen, daß er eine Zeitlang in seiner Blüthe, Krafft und Vegetanz unverweßlich bleibt, insonderheit, wenn die Erde, darein er gebracht wird, und das Grab selbst, seiner Natur nach, etwas zu Erhaltung desselben beyträgt. Man hat sich demnach nicht zu verwundern, daß der Leib unsers Plogojowitz so lange nach dem Tode unversehrt und unverwest befunden worden.

§. 28.

Hat aber ein gantzer Cörper unverweset bleiben können, warum nicht auch eintzelne Theile desselben? Wir haben oben schon erinnert, daß (120) bey dem Hungarischen Casu viel Umstände vorkommen, die verdienen, in eine besondere Betrachtung gezogen zu werden. Und diesem wollen wir ietzt nachkommen. Was wir aber hier zu sagen haben, kömmt mit dem oben gedachten völlig überein. Wir werden daher unsere Hypothesin nicht wiederhohlen, sondern nur von einem

---

[138] Homo quidem vere desiit esse vivus, at corpus tamen nondum formam suam amisit, quia partes ejus adhuc homogeneæ manserunt, nullumque receperunt menstruum.

iedweden Phænomeno ins besondere etwas gedencken. So viel können wir voraus zu setzen nicht Umgang nehmen, daß die Glieder des Leibes nicht alle von einerley Beschaffenheit sind. Es haben zwar alle Leibes-Glieder unter sich eine natürliche Ubereinstimmung und die Abtheilung der Glieder hat ihr richtiges Ebenmaaß, nichts desto weniger hat iedwedes Glied, an sich selbst betrachtet, seine besondere Zusammensetzung der Theile, durch welche es von andern, der Verrichtung und Eigenschafft nach, unterschieden ist.[139] Wenn nun ein und das andere Glied des Leibes in seiner Aufflösung keine recht ähnlichen Theile, mit welchen es sich vereinigen kan, findet, pflegt es sich etwas länger, als gewöhnlich ist, zu erhalten. Es ist nicht nöthig, daß wir uns länger dabey aufhalten, weil in dem, vor uns habenden (121) Exempel nicht so wohl einige Theile, als vielmehr der gantze Cörper unversehrt zu sehen gewesen. Was aber sonderbahres daran wahrgenommen worden, sind Würckungen der ihnen beywohnenden Vitalität.

§. 29.

Das erste, was die Leute bey dem ausgegrabenen Cörper angemerckt, ist der Geruch, der nicht das geringste von einer Fäulniß zu erkennen gegeben. Aber es ist dieses nicht zu verwundern, weil noch keine würckliche Fäulniß verhanden gewesen. Das andere, was sie wahrgenommen, ist einer grössern Nachforschung wehrt. Sie haben nemlich befunden, daß die Nase, obgleich der gantze Cörper gantz und unversehrt befunden worden, eingefallen gewesen. Es pflegt dieses gemeiniglich an dergleichen Cörpern wahrgenommen zu werden. Wir können in dieser Sache Ant. Santorellum in Post. Prax. Med. c. 42. p. 140. zum Zeugen anführen, welcher schon längst an dem Cörper des seel. Jacobi de Marchia zu Neapolis,

---

[139] Datur quidem omnium inter se membrorum naturalis competentia, membrorumque commensus justas suas habet symmetriarum rationes, quodlibet tamen membrum, in se spectatum, specifica sua gaudet partium compositione, qua ab aliis & munere & indole diversum est.

ingleichen zu Venedig an dem Cörper der heil. Helenæ angemerckt, daß, wenn gleich alle Theile des Leibes unverweset befunden würden, so mangele doch der äusserste Theil der Nase. Er leugnet aber, daß derselbe verwest sey, ob es gleich so geschienen. Denn er setzet hinzu: „Es scheine zwar, als ob (122) er mangele, weil der äusserste Theil der Nase an einem Knorpel, und nicht an einem Beine hängt. Der Knorpel aber, wenn er ausgetrocknet ist, ziehet sich leichte zusammen; ziehet er sich aber zusammen, so ziehet sich auch die Haut und Fleisch, so darauff ruhet, zusammen. Wenn nun die Nase nicht mehr diejenige Länge hat, die sie vorher gehabt, so ist sie nicht verweset, sondern hat sich nur aus Vertrocknung zusammen gezogen, wie es etwan mit dem Leder und Fellen zu geschehen pflegt." Wir stimmen dieser Meinung bey und führen Julium Cæsarem zum Exempel an, welcher, da er Alexandri M. Leib angegriffen, ein Stück von dessen Nase abgebrochen hat. Es erzehlet dieses Dio Cassus[140] und aus selbigem Jo. Xiphilinus.[141]

§. 30.

Ferner hat man an dem Cörper des Plogojowitz wahrgenommen, daß der Bart, die Nägel und Haare gewachsen gewesen. Alleine was verwundern wir uns darüber, da es die Natur der Nägel und Haare nicht anders mit sich bringt? Wenn wir derselben Natur genau untersuchen wolten, würden wir die Wahrheit dieser Sache deutlich erkennen. Es mag vorietzund genung seyn, des eintzigen Garmanni Hypothesin anzuführen und sie uns zuzueignen, als welcher Bart, Haare und Nägel weder (123) der vor einen Auswurff des Leibes, noch auch vor Theile desselben hält und ausgiebt. Er hält Bart und Haare vor ein besonderes Vegetabile, welches mit dem Mooß und gewissen Kräutern, die auff den Bäumen wachsen, z. E. Engelfüß etc. zu vergleichen sey. Wie nun solcher Mooß oder Kräuter ein besonderes und von dem Baume gantz unter-

---

[140] Lib. LI. Histor.
[141] p. 454.

schiedenes Wachsthum und Leben haben, ob sie gleich aus dem lebendigen Baume selbst ihre Nahrung empfangen: also sey es auch mit den Haaren, Bart und Nägeln beschaffen. Der Unterschied des Wachsthums und Lebens zwischen solchem Mooß und Kräutern und dem Baume, darauff es wächset, erhellet unter andern daraus, daß jenes auch noch wächset, und frisch ist, wenn gleich der Baum verdorret, so lange nemlich dasselbe aus solchem erstorbenen Baume oder anders woher noch ein mit seiner Natur übereinstimmendes Nutriment haben kan. Und so ist es auch mit den Haaren und Bart beschaffen, so ferne sie aus dem Leibe, er mag nun lebend oder todt seyn, ein convenientes Nutriment erlangen; sie haben ihr besonders Leben und wachsen zu ihrer gehörigen Grösse; Daß aber dieses Leben mit denen übrigen Theilen keine Gemeinschafft habe, erkennet man daraus, daß der Tod denen Haaren mit denen andern Theilen des Leibes nicht gemein ist. Denn nach Auffgebung der Seele sterben zwar alle Theile des Leibes, die von einer Seele belebt worden, aber nicht die Haare, als von (124.) welchen man so vielmahl angemerckt, daß sie lange nach der Menschen Tode gelebet und gewachsen haben.[142] Eben dieses wird auch von denen Nägeln bekräfftiget. Denn es bestehen die Nägel und Haare aus einerley, nemlich einer klebrichten Materie, weil sie, wenn man sie kochet, eine Sultz oder Gallert von sich geben. Siehe FRANC. MERC. HELMONT. in Alph. Nat. coll. 14. p. 132. Hippocrates nennet es daher einen zähen Rotz, mucum glutinosum. Immittelst wird iederman Garmanno[143] leichte zugestehen, daß der Leim, der aus den Haaren gekocht wird, nicht so viel irdischen Unflath bey sich führe, als der aus den Nägeln gekocht wird: man wird auch Jo. Dolæo.[144] glauben, daß die Haare und der Bart einerley Nutriment haben. Bey so gestalten Sachen hat man nicht Ursache, solches an unserm Plogojowitz in Verwunderung zu ziehen.

---

[142] Siehe GARMANN. Lib. I. Tit. I. p. 20.
[143] Lib. I. c. X. p. 274.
[144] in Encycl. Chir. L. I. c. 2. p. 27.

§. 31.

Was aber die Haut an demselben betrifft, so hat sie gantz abgeschählt geschienen. Darüber wird man sich gleichfalls nicht verwundern, wenn man die Natur und Structur der Haut in Betrachtung zieht. Denn die Haut besteht aus lauter nervösen Fibern oder Fäsichen, welche wunderbahrer Weise in einander verwickelt sind,[145] und ist gleichsam das allgemeine Emunctorium des Geblüts, durch welches vermittelst des (125) Schweises und der Ausdünstung das überflüßige Blut excerniret wird. Est quasi commune sanguinis emunctorium, quo sudoris & transpirationis beneficio superfluus sanguis exernitur. So lange diese Abscheidung statt findet, ist die Haut feuchte u. frey von aller Trockenheit, wenn sie aber cessirt, so trocknen die äussersten Fibern aus und verschwinden. Da nun ein Cörper unter der Erden nicht leichtlich schwitzen und ausdünsten kan, erkennet man daraus, warum unser ausgegrabener Plogojowitz seine Haut oder vielmehr das Aeusserste derselben abgeleget habe. Denn die äussersten Fibern sind vor Trockenheit vergangen. Daß aber an demselben zugleich eine neue Haut hervor gekommen, ist der Vegetantz des Cörpers zuzuschreiben, durch welche die innersten Fibern so fruchtbar gemacht worden sind, daß sie sogleich zu einer neuen Haut geworden.

§. 32.

Nun folgt an dem ausgegrabenen Cörper zu betrachten das Bluten desselben und die so genannte Cruentatio. Denn es erzehlt der Kayserliche Provisor, dem wir die gantze Nachricht zu dancken haben, daß in dem Munde des verstorbenen Plogojowitz lebendiges Blut angetroffen worden, von welchem er gedencket, daß die gemeine Rede gegangen, es sey von ihm aus den umgebrachten Leibern gesogen worden. Alleine wir haben dieses Vorgeben als ein Mährgen schon in der erstern Dissertation[146] sattsam (126) widerlegt. Was aber das Blut

---

[145] S HEISTERUM in Compend. Anatom. p. 46.
[146] §. 31. sqq. p. 51. sqq.

selbsten anbetrifft, das gefunden worden, wollen wir von solchem noch etwas gedencken. Das Bluten der Cörper, an sich selbsten betrachtet, ist eine überall so bekannte und ausgemachte Sache, daß wir es vor überflüßig achten, überhaupt davon zu handeln, sonderlich da der öffters gelobte Garmannus einen gantzen Titel davon in seinem gelehrten Wercke hat, der denen Wunderwercken der Todten gewidmet ist: Gäntzlich kan dieses Phænomenon nicht geleugnet werden, ob gleich in Anführung der Ursachen die Naturkündiger nicht überein stimmen. Wir treffen eine gedoppelte Art der Ursachen bey ihnen an. Einige sind aus der ordentlichen Natur-Lehre, so ferne sie der verborgenen entgegen gesetzt wird, hergenommen, einige aber aus der verborgenen, die sonst die natürliche Magie und Zauberkunst heisset. Mit dieser haben wir vorietzund nichts zu thun, weil alles dasjenige, was als blutig an dem ausgegrabenen Cörper des verstorbenen Plogojowitz wahrgenommen worden, aus denen Grund-Sätzen der ordentlichen Natur-Lehre dargethan werden kan.

§. 33.

Es ist der Cörper blühend und lebend gewesen: warum solte denn nicht auch das Blut von gleicher Beschaffenheit gewesen seyn? Denn es besteht ja in dem Blute vornehmlich des Leibes Leben; wenn das Blut auffhöret, fliessend zu seyn, höret auch das Leben auff. Daß aber das (127) Blut so lange in einem verstorbenen Cörper bestehen könne, bezeugen mehr als hundert Exempel bey denen weltlichen Scribenten. Die meisten geben zwar vor, es könne das Geblüthe nicht länger denn sieben biß acht, oder auffs längste zehen biß zwölff Stunden in einem solchen Cörper fliessend bleiben; es finden sich aber auch andere, die diese Zeit mit Cornelio Gemma[147] biß auf den dritten und mit Hieronymo Cardano[148] biß auff den vierten Tag in der Winters-Zeit extendiren. Alleine ich halte dafür, daß man darinne keine gewisse Zeit bestimmen

---

[147] Lib. I. c. VI. p. 73.
[148] Lib. III. de util. ex. adv. capiend. p. 728.

könne. Denn wir lesen, daß die Flüßigkeit des Geblüthes nicht nur eine oder zwey Wochen, sondern auch drey, vier, fünff Wochen, ja wohl gar zwey Monathe gedauret habe. Siehe THOM. CAMPANELLAM, JO. MANLIUM, GREGOR. HORSTIUM, JO. BOEMUM und andere in GARMANNI Tractat. de Mir. Mort. L. II. Tit. 7. §. 96. Es verdienet deßwegen hier eine Stelle, was Herr M. George Christoph Ludewig, Pfarrer zu Linsenhoff, in seinem Buche, das er Rotte-Ackers Trauer-Tag nennet, anmercket, da er das Unglück, so die Donau durch Einreissung einer Brücke vor einigen Jahren zu Rotte-Acker im Hertzogthum Würtenberg mit ihrer Uberschwemmung verursachet, beschreibet. Denn es sind damahls einige Cörper, (128) welche über 4. biß 5. Wochen im Wasser gelegen, durch die Wärme dergestalt wieder erquicket worden, daß sie durch die Nase zu bluten angefangen.[149] Man hat daher nicht Ursache sich über unsern Plogojowitz zu verwundern, daß dessen Cörper nach Verlauff zweyer Monathe, nachdem er beerdiget worden, annoch wahres Blut bey sich gehabt. Das meiste, was uns hierbey in Verwunderung setzet, ist das Blut, das in dem Munde des Cörpers gefunden worden. Alleine da uns nicht bekannt ist, mit was vor Instrumenten die erzürnten Einwohner selbiges Orts den verschlossenen Mund des Verstorbenen eröffnet, ist es glaublich, daß sie dem Cörper und dessen Munde Gewalt angethan haben.

§. 34.

Nun ist noch übrig, daß wir bey Erklärung derer phænomenorum unsers wunderthätigen Cörpers diejenigen Zeichen untersuchen, welche der Kayserliche Provisor in seiner Relation wilde Zeichen nennet, und die er aus Erbarkeit nicht eigentlich nennen will. Alleine wir können leichte errathen, daß er damit nichts anders als die Erhebung und Aufrichtung des männlichen Gliedes stillschweigend anzeigen will. Aber was

---

[149] Es erzehlet dieses der Verfasser der deutschen Act. Erud. T. II. P. 13. p. 77. sq.

will er verschweigen, was will er sich wundern, da so viel Exempel verhanden sind von Cörpern, an denen das männliche Glied nach dem Tode starr und steiff zu sehen gewesen? (129) Ambrosius Stegmannus[150] erzehlet, er habe mehr als einmahl mit seinen Augen an denen Verstorbenen das Glied auffgerichtet gesehen, und Garmannus[151] versichert, daß er von denen Soldaten zum öfftern vernommen, daß die im Treffen gebliebenen Soldaten insgemein erectum penem gehabt. S. P. Sachsius berichtet, (Siehe GARMANNUM cit. l.) daß er an denen bey St. Gotthard gebliebenen Türcken selbst gesehen, daß sie nach ausgezogenen Kleidern ein so starres Glied gehabt, als ob sie auff dem Felde der Venus einen neuen Kampff hätten antreten wollen.

§. 35.

Was hiervon die Ursache sey, läst sich leichte einsehen. Jedoch nach Unterschied der Exempel findet sich auch ein Unterschied der Ursachen. Wer an dem so genannten Priapismo[152] stirbt, oder wie der Menelaus mitten in Liebes-Wercken,[153] der wird gemeiniglich so lange ein steiffes Glied behalten, biß es durch die Fäulniß verzehret worden. Hierzu tragen auch viel bey alle Aphrodisiaca und stimulantia, z. E. Die Purgantzen, Liebes-Träncke, Geilwurtzel, (130) Bangve, Maslach, Hanff, Opium, Toback-Rauch, die Wurtzel Asparagi in denen pituitosis, boletus cervinus und dergleichen; von deren Würckungen unser Garmann viel wunderbahre Dinge, die sich an lebenden und todten Cörpern ereignet, erzehlet. Daß auch zu solcher Erhaltung des steiffen Gliedes die Furcht vor einem bevorstehenden Ubel etwas beytrage, wird iederman Garmanno[154] zugestehen, wenn er schreibt: „Wir sehen an

---

[150] M. C. D. 3. A. 4. obs. 105. p. 221.
[151] Lib. I. Tit. XI. p. 291.
[152] Nomen habet a Priapo Lampsaceno, qui ob membri virilis magnitudinem immoderatam ex Hellesponto ejectus, dein pro Deo habitus est.
[153] Inter opus medium lasciva morte solutus.
[154] cit. loc. p. 304.

denen Maleficanten, die zum Tode hingeführet werden, daß nicht nur alle äusserlichen Glieder, z. E. die Füsse starren, sondern daß auch die austreibenden also stimulirt werden, daß sie zu Stuhle gehen und ihr Wasser abschlagen müssen, ja selbst den Saamen von sich lassen; es kan daher bey jungen Leuten gar leichte geschehen, daß wenn die Glieder starren, auch die männliche Ruthe starre wird." Videmus enim in maleficis ad supplicium dandis non tantum externas corporis partes e. g. pedes rigere, sed & expultrices stimulari ita, ut excrementa alvi vesicæque egerint, imo & ipsum semen: in junioribus igitur facile fieri posse, ut rigentibus partibus vicinis etiam rigeat penis. Wer nun mit starrem Gliede stirbt, der behält auch im Tode ein starrendes Glied. Es ist dieses längst durch die Erfahrung bestätiget. Denn da die Nerven und Flechsen, so bald sie auffhören ihr Amt im Leibe zu verrichten, starre (131) werden, so läst sichs leichte daher schliessen, warum die Leibes-Glieder im Tode insgemein erstarren, und in demjenigen Zustande verbleiben, darinnen sie sind, wenn der Mensch stirbt. Es ist ein merckwürdig Exempel, welches hiervon Thomas Cantipratanus[155] von einem Geistlichen und einer Nonne, die während der fleischlichen Vermischung den Geist auffgegeben, erzehlt. Denn es hat solche ein gewisses altes Weib mit umgeschlagenen Armen und Beinen im Bette liegend so genau mit einander vereinigt angetroffen, daß sie auff keinerley Art und Weise haben wieder von einander gebracht werden können.

§. 36.

Bey so gestalten Sachen wird sich Niemand über unsern Plogojowitz verwundern, daß er nach dem Tode noch sein Glied auffgerichtet. Es ist solches an sich selbst von einer schwammigten Natur und kan daher durch eine eingelassene Feuchtigkeit oder durch das Einblasen in die arteriam hypogastricam so gleich in dem Cörper auffgerichtet wer-

---

[155] Lib. III. Mir. & Exemp. sui temporis p. 331.

den.¹⁵⁶ Wenn nun der gantze Cörper frisch und lebend (vegetans) gewesen, wie wir oben gezeiget, warum solte nicht auch das männliche Glied seine Vegetantz gehabt haben? Hierzu kömmt, daß der Mann vielleicht am überflüßig empfangenen Opio gestorben. Nun ist von dem Opio, wie wir oben erinnert, (132) bekannt, daß es bey den Morgenländern eine Krafft zu stimuliren habe. Denn wir lesen, daß es so wohl die Persianer¹⁵⁷ und Indianer, JAC. SAAR Ost-Indianische Kriegs-Dienste p. 12. als auch die Türcken ad excitandos stimulos gebrauchen, als bey welchen letztern es den Nahmen Maslach führet.¹⁵⁸

§. 37.

Alleine wenn wir fragen: Ob sich nicht alsdenn erst die männliche Ruthe auffgerichtet, da die Hungarn den Sarg geöffnet? so ist solches, wenn wir die Relation des Provisoris, so, wie sie in denen öffentlichen Zeitungen vorkömmt, ansehen, nicht zu leugnen. Alleine was thut das, wenn es auch gleich geschehen ist? Der Cörper ist eingeschlossen und von allem Anhauchen der Lufft so abgesondert gewesen, daß es nicht zu verwundern ist, wenn der Cörper nach geöffnetem Sarge eine neue Bewegung bekommen, insonderheit da er noch frisch und blühend gewesen. Selbst Garmannus¹⁵⁹ kan nicht leugnen, daß nicht das Aufflauffen des männlichen Gliedes durch die Fäulniß-Wärme leichte vermehret werden können, wenn solches schon vorher starre gewesen ist.¹⁶⁰

---

¹⁵⁶ Siehe REGNERUM DE GRAAF de Organ. vir. p. 154. it. de Usu siphon. p. 230.
¹⁵⁷ TAVERNIER in Itin. Per. L. V. p. 269.
¹⁵⁸ J. C. SCALIGER Exercit. 154. p. 615. it. DAN. SENNERTUS Med. Pract. Lib. I. p. 329.
¹⁵⁹ l. c. p. 305.
¹⁶⁰ Tumorem penis urgente calore putredinali aliquantisper adaugeri posse, dummodo penis antea fuerit rigidus.

(133)
§. 38.

Dieses mag von der Vegetantz des Cörpers genung gesagt seyn. Wir kommen nunmehro auf das andere Phænomenon, das wir bey den schmatzenden Todten zu behaupten auff uns genommen haben. Es bestehet in der schädlichen Würckung derselben in die Lebendigen. Nociva in vivos Operatio. Wir müssen von denen ersten Gründen der Natur-Lehre den Anfang machen. Wir haben oben schon ad §. 10. sqq. gezeiget, daß die erste Materie, die GOtt geschaffen, zwey wesentliche Eigenschafften gehabt, die Vegetantz und die Sension oder Empfindung, welche beyde wir mit einem Worte Vitalitatem, das Leben genennet. Was die Vegetantz, die erste Eigenschafft unsers Principii, anbetrifft, so haben wir von derselben zur Gnüge gehandelt, auch daraus sattsam erkläret, was zur Demonstration der Vegetantz unsers schmatzenden Cörpers nöthig gewesen. Nun ist noch übrig, daß wir auch von der andern Eigenschafft der ersten Materie, der Sension, handeln damit wir auch das andere Haupt-Phænomenon unsers Cörpers daraus erklären können.

§. 39.

Wir haben diese Sension oder Empfindung schon oben beschrieben durch ein innerlich Fühlen dessen, was dem Wesen der Sache angenehm oder unangenehm deuchtet. Was in der Natur ist, trachtet nach seiner Erhaltung. Die Mittel (134) aber solche Erhaltung zu erlangen, können nicht begehret, oder gesuchet werden, als biß sie vorher empfunden und erkannt worden. Es ist aber diese Empfindung oder Sensio sehr wohl von derjenigen zu unterscheiden, die sonst in Schulen modificatio particularis heist, welche denen Thieren eigen ist. Denn wir verstehen hier eine einfache simple Sension, die der gantzen Natur gemein ist. Wie es nun keine Empfindung ohne Berührung giebt, also kan auch diese Empfindung nicht anders, denn durch das Berühren geschehen. Alles aber, was empfunden wird, ist entweder angenehm oder unangenehm. Wenn es angenehm ist, folgt daraus eine Sympathie, ist es aber unangenehm, so folgt eine Antipathie. Und dieses ist das Principium der gantzen Magiæ Naturalis oder natürlichen Zauberkunst. Es stimmet darinne in einigen Stücken mit uns Ferdinandus Santanelli in seiner Philosophiæ reconditæ Explanatione überein, ob wir gleich in den übrigen demjenigen Beyfall geben, was der gelehrte Verfasser der Deutschen Actorum Erudit. davon geurtheilet.[161]

§. 40.

Aus diesem ietzt angeführten erhellet, daß die gantze Natur durch das Principium der Activität oder Vitalität zusammen verbunden ist. Das Systema aller erschaffenen Dinge ist als ein (135) eintziger Cörper anzusehen, weil zwischen allen Cörpern sich eine gemeinschafftl. Verbindung der Vitalität findet, durch welche sie einander theils durch ihrer Conplexionen Aehnlichkeit, theils durch derselben Contrarietät berühren.[162] Wenn gleichartige Dinge empfunden werden, verursachen sie ein Vergnügen, die widrigen aber einen Eckel. Beyderley Würckung aber ist magisch, weil sie in geheim geschicht und ohne denen modificirten Sinnen. Denn die Berührung der Cörper, von welcher wir hier handeln, geschicht nicht durch das handgreiffliche Berühren, sondern durch ein geheimes Würcken. Die Atmosphär kan hier viel beytragen, weil vermittelst der selben die Ausdünstungen der Cörper in einander zu würcken pflegen. Es sind aber diese Ausdünstungen und Effluvia gleichsam das vornehmste Band, durch welches die Cörper aneinander hängen und sich unter einander berühren. Und von solchen Ausdünstungen ist unsere gantze Atmosphär voll, als deren Wesen eben darinne besteht, daß sie die Dünste, die täglich aus der Erde auff und in die Höhe steigen, auffnimmt.

---

[161] Tom. IX. P. 101. p. 314. 326.
[162] Systema omnium corporum creatorum rursus unum corpus est, quia inter omnia corpora communis aliquis datur activitatis s. vitalitatis nexus, quo se invicem attingunt afficiuntque, partim per complexionum suarum analogiam, partim per earum contrarietatem.

§. 41.

Wenn wir die Natur derer Ausdünstungen (136) untersuchen, befinden wir, daß sie nichts anders sind als die Kräffte der würckenden Cörper, welche nach etwas ihnen ähnliches streben. Nil aliud esse credimus, quam ipsas corporumoperantium potentias, quæ ad sibi analogon tendunt. Wenn diese einmahl in Bewegung gekommen sind, hören sie nicht eher auff zu würcken, biß sie entweder das, wornach sie streben, erlangt haben, oder in ihrer Würckung gestöhret worden sind. Es hat dieses Jo. Westphalus[163] in allen sympathetischen und magischen Kranckheiten sehr wohl angemercket. Denn da einem iedweden Cörper von Natur eine Empfindung des angenehmen und unangenehmen eingepflantzt ist, so kan eines ieden andern Cörpers magische Würckung, die durch die Effluvia und Ausdünstungen geschicht, gar leichte empfunden und recipirt werden. Wir werden daher eben in denen sympathetischen Kranckheiten so viele wunderbahre Würckungen gewahr, weil unsere Cörper von Natur geneigt sind, dasjenige zu recipiren, was bey der magischen Würckung intendirt wird. Wenn demnach eine mit Haß angefüllte Hexe die Schärffe ihrer Augen auff ein Kind richtet, mit dieser festen Intention, es zu bezaubern, so wird das Kind so gleich behext, welches wir insgemein ein Beschreyen nennen.[164] Gleichwie es aber in der Natur (137) Natur eine gedoppelte Magie giebt, eine Natürliche in eigentlichem Verstande und eine Künstliche;[165] also ist auch die Erregung derer verborgenen Kräffte der Natur nicht von einerley Art und Weise. Was ohne alle Mit-Würckung eines Menschen geschicht, als des Magnets Anziehung des Eisens etc. das gehört zu der eigentlich so genannten natürlichen Magie; was aber durch verborgene Künste der Menschen und folglich durch einige Mit-Würc-

---

[163] in Pathol. Dæmon. p. 32 sq.
[164] Si iraque odio impleta saga, aciom oculorum [137] in infantem direxit cum firmissima hac intentione, ut cum fascinet, infans statim incantatur, quod vulgo dicimus Beschreyen.
[165] Magia vel Naturalis, stricte sic dicta, vel Artificialis est.

kung in der Natur erwecket wird, heist die Künstliche Magie, welche aber an sich selbst ebenfalls natürlich ist.

§. 42.

Beyderley Magie liegt selbst in dem Menschen. Je stärcker aber die Kräffte der Seelen sind, desto schwächer dargegen sind die magischen Würckungen. Denn die Würckungen der Seelen sind allezeit denen Würckungen des Leibes zuwider. Daher kömmt es, daß gemeiniglich die alten Weiber und die kein starckes und scharffes Gemüthe haben, des Lasters der Zauberey schuldig befunden werden. Es tragen auch hierzu gewisse Temperamenta viel bey, insonderheit das Melancholische, welches das Gemüthe des Menschen mit so vielen Bildern und Vorstellungen einnimmt, daß derselbe allezeit traurig, (138) stille, furchtsam und verdrießlich aussiehet. Aristoteles hält dafür, es hätten solche Leute in ihren Gemüthern etwas wahrsagendes und ahnendes bey sich, aliquid præsagientis atque divini, ut testatur CICERO divin. I. Herr D. Rüdiger eignet ihnen eine Facultatem divinandi zu. Siehe dessen sensum Veri & Falsi p. 12. sq. it. Physicam Div. L. I. c. 4. §. 45. 46. 47. Jedoch wir sind ietzt nicht gesonnen, die gantze Kunst der Magie zu erklären. Daher setzen wir vielmehr alles dasjenige, was hieher gehöret, auff die Seite, und bleiben bloß ein wenig bey der Lehre von der Imagination und Einbildung stehen, welche, wie sie das meiste in der Magie thut, also auch das meiste zu Erklärung derjenigen schädlichen Würckung beyträgt, welche an denen schmatzenden Todten pflegt wahrgenommen zu werden.

§. 43.

Die Imaginatio und Einbildung ist, unserm Bedüncken nach, hier nichts anders, als was wir sonst die Phantasie zu nennen pflegen. Diese Phantasie kan durch vielerley Ursachen erweckt werden, und hängt dem Gemüthe insgemein so feste an, daß sie auff keinerley Art und Weise wieder aus solchem heraus gebracht werden kan. Wenn sie hefftig erregt wird, verursacht sie Raserey, wie wir an den Kräutern sehen, welche eine Krafft haben, in die Gemüther (139) der Menschen zu würcken, z. E. Das Bilsen-Kraut,[166] durch dessen Krafft der Menschen Einbildung vielmahls dergestalt erhitzt und auffgebracht worden, daß die Leute darüber in Raserey gerathen. Wer mehr Würckungen der Einbildung wissen will, der lese die Scribenten, die ins besondere davon geschrieben haben. Unsers Orts ist es vorietzund nicht, uns länger dabey aufzuhalten. Wir beruffen uns nur noch auf Westphalum,[167] der von den sonderbahren Curen der Kranckheiten, die durch die Einbildung geschehen, ein mehrers geschrieben hat.

§. 44.

Daß aber die Einbildung allerdings viel zu denen Magischen Würckungen beytrage, läst sich wenigstens daraus erkennen, daß auch durch dieselbe gantz alleine in des andern Leib eine Würckung geschehen könne. Es bezeugen dieses sonderlich die schwangern Weiber. Was bildet nicht bißweilen derselben Phantasie in ihrem Leibe vor Mißgeburthen, welche nichts anders denn Früchte einer magischen Würckung sind. Der verkappte Philagrius le Roy[168] vergleichet daher nicht unbillig den gantzen Zusammenhang der Welt mit einem Weibe. „Es sey in diesem Zusammenhang, spricht er, ein eintziger untheilbarer Geist, der gantz im gantzen und gantz in einem ieden Theile desselben durch seine verschiedenen Ideen, die er denen Dingen einpräget (140) und die die Phantasie des Welt-Geistes bewegen, mancherley sich einbilde." In qua compage unus atque indivisibilis spiritus, totus in toto & totus in qualibet ejus parte per diversas ideas rebus impressas & moventes Spiritus Mundi phatasiam diversa sibi imaginetur. Es kömmt aber die Einbildung zu der Magie entweder als ein principium primarium oder nur als ein principium secundarium. Ein Principium primarum giebt sie ab in der würcklichen Bezauberung und Beschreyung, ingleichen in

---

[166] Hyoscyamus.
[167] in Pathol. Dæmon. p. 44. 49.
[168] in Philos. Radic. Elect. p. 532.

denen Kranckheiten, die durch die Furcht erregt werden, wie Theophrastus Paracelsus und Helmontius in denen Tractaten von der Pest bezeugen; als ein Principium secundarium aber erweist sie sich, wenn sie nur zufälliger Weise etwas zu der Magie beyträgt, wie uns darinne zu einem Exempel dienet das Vertrauen eines Krancken, das er auff den Arzt und die Artzeney setzet.[169] Je hefftiger (quo vehementior & intensior) aber die Einbildung ist, desto mehr trägt sie zu denen magischen Würckungen bey. Es brauchen daher die Hexen bey ihren verborgenen Künsten insgemein magische Kräuter, die die Einbildung desto mehr excitiren: welches, unserm Bedüncken nach, auch diejenigen Ceremonien und Characteres würcken, mit welchen die alten Hexen mit höchstem Aberglauben die Geister (141) herbey zu locken pflegen, ob sie gleich selbst nicht wissen, was sie damit haben wollen, noch was sie bedeuten.[170]

§. 45.

Wir leugnen immittelst nicht, daß nicht die Geister bißweilen zu Excitirung der Einbildung und folglich zur Magie etwas beytragen könten; alleine dadurch cessirt eben nicht die natürliche Würckung. Denn die Geister können nicht in die Natur würcken, ohne durch die Natur. Daher kan man auch denen teufflischen Vergifftungen, durch natürliche Mittel widerstehen.[171] Die Cur aber und Zeichen, dadurch dergleichen Vergifftungen von andern Kranckheiten unterschieden werden, hat vor allen andern Carrichter de Cura morborum magicorum, welcher Tractat des Mercklini Buche de Incantamentis beygefüget ist, sehr schön gezeigt. Was die

---

[169] Es hat hiervon Herr D. Gottlieb FRIDERICH in Leipzig eine Dissertation geschrieben.
[170] Es hat von dieser superstitiösen und teufflischen Magie ein gewisser Frantzösischer Autor in dem Buche, das den Titel führt: Secrets merveilleux de la Magie naturelle & cabbalistique à Lion 1706. viel Exempel zusammen getragen.
[171] Es handelt hiervon weitläufftig MARCUS MARCI A KRONLAND in Philos. vet. Rest. p. 565.

Bezauberung ins besondere anbetrifft, so ist sie nichts anders, als eine Beschädigung, welche lebenden Cörpern (vegetantibus corporibus) durch die magische Einbildung zugefüget wird. Sie heisset sonst auch (142) das Beschreyen, davon die Gräffin d'Aunoy in ihrer Spanischen Reise-Beschreibung[172] ein gar sonderbahr Exempel anführt. Es wird solches der Natur zugeschrieben, so ferne die Ausdünstungen und Exhalationes derer zarten Leiber, wie dergleichen die Kinder haben, durch derer feindseligen und gehäßigen Menschen Augen-Licht und Leibes-Dünste vermittelst einer schädlichen Imagination und widrigen Bewegung vergifftet und angegriffen werden. Weiter in dieser Betrachtung zu gehen, verhindern die engen Grentzen dieser Wissenschafft, welche zu überschreiten wir nicht vor rathsam erachten.

§. 46.

Nach diesem voraus gesetzten Präliminar-Discurse wird es uns nun leichte seyn, vollends zu erklären, was uns von denen kauenden und schmatzenden Todten übrig ist. Denn da wir uns gegen den Leser einmahl anheischig gemacht, dieses Wunder-Zeichen nach unsern Kräfften und Vermögen zu untersuchen, wollen wir solches nunmehro zu erfüllen suchen. Das Hungarische Exempel, das wir hierbey zum Grunde legen, lehret und überzeugt uns, daß aller Todten Freßigkeit einer magischen Einbildung zuzuschreiben sey. Es bezeugen dieses in der oben angeführten Relation fast alle Umstände, sonderlich diejenigen, da erzehlet wird, der (143) verstorbene Plogojowitz sey zu den Leuten im Schlaff gekommen, habe sich auff ihre Leiber gelegt und sie so gewürget, daß sie darüber sterben müssen; ingleichen wenn ferner erzehlt wird, es habe dessen hinterlassenes Weib ausgesagt, daß ihr verstorbener Mann zu ihr gekommen und seine Schuhe gefodert hätte, und was dergleichen mehr ist.

---

[172] Tom. I. p. 214. sqq.

§. 47.

Hieraus schliessen wir, daß das Phænomenon derer so genannten schmatzenden Todten folgender gestalt seinen Ursprung genommen. Es hat nehmlich sich einsmahls zugetragen, daß die Pest an einem gewissen Orte viel Menschen weggerissen. Da nun das Graßiren dieser Seuche insgemein durch der Menschen Einbildung fortgepflantzet wird, wie wir unten zeigen wollen, hat es leichte geschehen können, daß die Leute bey ängstlichen Nächten und schweren Schlaffe mit vielen Todten-Bildern also umgetrieben worden, daß sie darüber gleichsam in eine Wahnsinnigkeit gefallen und endlich an der Pest gestorben sind. Wie nun in der Magie und bey allen verborgenen Würckungen der Cörper die starcke Einbildung insgemein das meiste thut: also hat sichs vielleicht auch zugetragen, daß die Hinterlassenen eines, auff solche Art verstorbenen Mannes nach dessen Tode von ihm allerhand Vorstellungen, Erscheinungen und Bilder bekommen, durch welche der Verstorbene so hefftig in sie gewürcket, daß sie endlich an (144) der Taubsucht Phrenitide oder einer andern dergleichen Kranckheit bald darauff gestorben sind. Die Hinterbliebenen, die eben dergleichen besorget, haben die Worte der Sterbenden bey sich überlegt, und da sie von ihnen vor ihrem Ende vernommen, daß der Verstorbene zu ihnen gekommen,[173] und sie auff mancherley Weise geplagt hätte, haben sie beschlossen, den Cörper desselben auszugraben und zu untersuchen, was die Ursache sey, daß die Sterbenden von denselben mit so vielen Erscheinungen gequälet worden. Als man nun den Cörper ausgegraben, haben sie von ohngefehr gefunden, daß derselbe nach denen obangeführten Ursachen und Gründen noch frisch sey; darüber sind sie in solches Erstaunen gerathen, daß sie vor Verwunderung sich nicht zu lassen gewust. Hierzu ist gekommen, daß vielleicht um des verstorbenen Brust etwas von der Kleidung, aus oben beygebrachten Gründen,[174] zerrissen oder aus seinen Falten

---

[173] Welches doch nur Phantasien und Einbildungen gewesen.
[174] in Dissert. Priore §. 30. sqq.

gerückt gewesen. Hierdurch ist der abergläubische Pöbel sogleich veranlasset worden zu glauben und vorzugeben: es habe der Verstorbene im Grabe seine Kleider gefressen, und weil sie zugleich wahrgenommen, daß dessen Anverwandten auff eine sonderbahre Weise gestorben, so haben sie nicht umhin gekont, es dem Fressen dieser Kleider zuzuschreiben. Nachdem nun (145) dieses einmahl in die Mäuler der alten Weiber gekommen, ist täglich etwas hinzugesetzt, und endlich dieses vor eine ausgemachte Sache gehalten worden: Wenn die Todten in den Gräbern kauen und schmatzen, so ziehet es ein Sterben nach sich. Man wundere sich demnach nicht, daß uns so viele Mährgen von kauenden und schmatzenden Todten zu Ohren gekommen. Denn so offte sich nachgehends solche Umstände, wie wir oben beschrieben, an denen Sterbenden ereignet, hat man den verstorbenen Cörper, der solches verursachet haben soll, ausgegraben, und was man an demselben ausserordentliches wahrgenommen, zu einem Wunderzeichen gemacht. Und auf solche Art glauben wir, daß daher alles dasjenige, was unsere Eltern von den kauenden und schmatzenden Todten erzehlet, seinen Ursprung genommen habe.

§. 48.

Gleich wie aber allezeit an solchen Fabeln und Geschichten wenigstens etwas wahr ist, also ist es auch mit dem Kauen und Schmatzen der Todten in Gräbern beschaffen. Wir haben zwar in der erstern Dissertation vieles davon verworffen und widerlegt, aber wir halten doch nicht dafür, daß alles zu verwerffen sey. Denn es sind uns noch zwey Umstände, die durch Exempel und Gründe sattsam bestätigt werden können, übrig geblieben. Einen haben wir nur ietzo betrachtet, den andern aber haben wir noch unter Händen und bestehet in derjenigen schädlichen (146) Würckung in die Lebendigen, welche wir zwar schon einer magischen Einbildung zugeschrieben, aber nicht genungsam erwiesen haben. Alleine damit wir in gehöriger Ordnung gehen, wollen wir erst darthun, daß es allerdings solche Kranckheiten gebe, die in der Einbildung bestehen, und den Tod nach sich ziehen, hernach wollen wir zeigen, wie die Leute, die an solchen Kranckheiten sterben, bisweilen auf eine magische Weise in die Lebendigen würcken können.

§. 49.

Die Kräffte der Einbildung, die wir oben beschrieben, haben viele dergestalt erhoben, daß sie mit Avicenna de Animal. sect. 4. c. 4. geglaubt, „es könne dadurch ein Mensch, der zu Pferde sitzet, eine ziemliche Weite davon herunter geworffen, ingleichen Ungewitter und Erdbeben erweckt, und in den Wolcken ein solches Knallen, als wenn es donnerte und blitzte, gemacht werden."[175] Ob wir nun gleich diesen Träumen keinen Beyfall geben, können wir doch nicht leugnen, daß nicht die Kräffte der Einbildung vielmahls so groß seyn solten, daß sie eine Kranckheit, ja den Tod selbst nach sich ziehen. Es verdienet daher Jos. Scaliger angeführt (147) geführt zu werden, welcher von denen Einbildungs-Kranckheiten (die aus Einbildung entstehen) also schreibet: „Eine Einbildungs-Kranckheit ist die Phrenitis, da dem Gemüthe allerhand Phantasmata und Gespenster vorkommen; Eine andere Einbildungs-Kranckheit heist bey den Griechen κορυβαντισμὸς, daran diejenigen darnieder liegen, die mit offenen Augen schlaffen und wegen allerhand Erscheinungen und Gepolter einen unsichern Schlaff haben, welches die Alten aus Aberglauben den Corybantibus[176] zugeschrieben: Daher kömmt Corybantiare, an dieser Kranckheit darnieder liegen."[177] Hierher gehört auch der Alp, da die Leute nicht

---

[175] Imaginationis viribus hominem equo insidentem, quamvis distantem, dejici posse, tempestates moveri & terræ motus, in nubibus similes bombardarum strepitus excitari tonitruis & fulminibus. Siehe CASPAR. a REJES in Camp. Elys. qu. 50. n. 21. p. 632.
[176] Corybantes erant Cybeles facerdotes, qui correpti furore cymbala pulsabant, capitaque saltando jactantes alios in similem rabiem agebant. Horat.
[177] Siehe JOS. SCALIGER. in seinem Catullo.

anders dencken, als es komme ein Incubus und Nacht-Geist zu ihnen, der sich auf ihren Leib lege und sie so drücke, daß sie vor Angst ihren Geist aufgeben möchten. Es haben ihn daher viele vor einen natürlichen Geist gehalten, der Elementarisch sey und Milch und Blut sauge. Es lehret dieses unter andern JO. SOPHR. KOZACK. in Anatom. Vital. Microscosm. c. 17. p. 175.

§. 50.
Dergleichen Gifft der Einbildung empfinden nun sonderlich die Leute zur Pest-Zeit. Selbst (148) Herr D. Friedrich Hoffmann will es nicht gäntzlich leugnen, wenn er in seinen Dissertationibus Physico Medicis[178] ausdrücklich von der Pest schreibet, sie entstehe aus der Fäulniß der menschlichen Cörper, und werde durch die Furcht erhalten und fortgepflantzet. Am allerweitläufftigsten hat hiervon Jo. Samuel Carl[179] gehandelt. Denn so offte, seiner Meinung nach, wie wir oben in der ersten Dissertation angeführt, die menschliche Seele von einem aus der höhern Engel-Welt fliessenden Principio geschreckt und mit einer durchdringenden Magie angegriffen wird, so lasse sie ihre Mixtion aus Furcht und Schrecken aus den Händen fallen und lasse der innern Fäulniß den Lauff.[180] Ob wir nun gleich Bedencken tragen, diese Hypothesin anzunehmen, so unterstehen wir uns doch nicht zu leugnen, daß die Pest allerdings eine so schreckliche Sache sey, daß zu solcher Zeit die gantze Natur des Menschen in ihren Gliedern schon den Tod mit sich führet, ob sie ihn gleich noch nicht empfindet. Wir sehen zu dieser Zeit Vater und Mutter, Nachbar und Schwager innerhalb sehr kurtzer Zeit den Geist aufgeben; Durch solchen geschwinden Tod werden der Hinterlassenen Gemüther so beweget und mit so viel Bildern eingenommen, daß sie ihrer selbst nicht (149) mehr

---

[178] Tom. I. Diss VII. de peste.
[179] in Libro vom Pest-Engel.
[180] Siehe Deutsche Act. Erud. T. VII. P. 74. p. 110.

mächtig sind, sondern täglich als träumende mit vielen falschen Gesichtern umgetrieben werden.

§. 51.

Dieses glauben wir auch, sey dem Volcke in Hungarn, das den verstorbenen Plogojowitz eines Mords der Seinigen beschuldiget, begegnet. Es ist dieser gute Mann entweder eines sehr plötzlichen oder gewaltsamen Todes gestorben. Er mag nun eines Todes von beyden gestorben seyn, welches er will, so hat derselbe bey denen Hinterlassenen gar leichte solche Gesichter und Schreck-Bilder verursachen können, wie sie ihnen nach dessen Tode würcklich vorgekommen sind. Der plötzliche Tod würcket in denen Hinterlassenen gemeiniglich Bekümmerniß. Die Bekümmerniß führet Traurigkeit bey sich. Die Traurigkeit zeuget Melancholie. Die Melancholie verursachet unruhige Nächte und schwere Träume. Und durch schwere Träume werden die Kräffte des Leibes und der Seelen dergestalt geschwächt, daß nicht nur Kranckheit, sondern auch der Tod selbst daraus erfolget. Uberdiß entstehet der plötzliche Tod aus hitzigen Kranckheiten, deren Malignität gemeiniglich ansteckend ist, insonderheit wenn das Gemüthe sich dafür allzu sehr scheuet und fürchtet, wie in allen Arten der Masern und Pocken zu sehen ist. Es pflegt auch in solchen hitzigen Kranckheiten die Hitze des Leibes das Gehirne einzunehmen und es (150) zu Empfahung allerhand Gesicher und Einbildungen geschickt zu machen.

§. 52.

Daß der Plogojowitz eines gewaltsamen Todes gestorben sey, haben wir schon oben. §. 26. gemuthmasset. Ist solches in der Wahrheit gegründet, was Wunder? wenn der Hinterlassenen Gemüther mit vielerley Einbildungen beunruhiget worden. Denn es ist nichts elenders als ein Gemüthe, das sich nichts gutes bewust ist. Wer die Stiche des bösen Gewissens empfindet, der wird auch durch die Straffe des Bubenstücks, die er sich gewiß vorstellet, so geängstiget, daß er beständig ohne Rath und Gemüths-Verfassung ist; ja es beissen denselben noch die begangenen Sünden, wenn gleich schon viele Jahre verflossen sind. Præteritis admissa annis peccata remordent. LUCRET. Lib. III. Was soll nun nicht geschehen, wenn nur etliche Wochen verflossen sind, wie zu vermuthen steht, daß bey unserm Plogojowitz geschehen. Das hinterlassene Weib scheinet die meiste Beunruhigung über den Tod ihres Mannes gehabt zu haben, daher sie nirgend bleiben können, sondern wegen der vielen Gewissens-Bisse, die sie empfunden, sich von einem Ort zu dem andern begeben müssen. Es ist aber der Weiber Boßheit vielmahls so groß, daß sie auf keinerley Art und Weise genugsam erforscht werden kan. Wer will es uns demnach vor (151) übel halten, wenn wir glauben, es habe das Weib[181] den abergläubischen Pöbel vielleicht mit Fleiß auff die Gedancken gebracht, als ob der verstorbene Plogojowitz im Grabe kaue und schmatze, und folglich ein so genannter Vampyr sey. Dieses haben sich nachgehends die furchtsamen Leute dergestalt in Sinn geprägt, daß sie es aus solchem nicht wieder haben heraus bringen können, sonderlich da sie gesehen, daß verschiedene Leute eines plötzlichen Todes gestorben.

§. 53.

Wir kommen nunmehro auff das wichtigste Stück unserer Abhandelung, welches von der magischen Würckung der Toden in die Lebendigen handelt. Je wichtiger aber dessen Inhalt ist, ie schwerer ist auch dessen Abhandlung. Alleine wir leben der guten Hoffnung, es werde der geneigte Leser mit uns zufrieden seyn, wenn wir ihm nur die Existentz der Sache darzuthun suchen. Denn sie gehört zu den Geheimnissen der Natur, die Niemand genugsam ausforschen wird, wenn er sich auch gleich die gantze Zeit seines Lebens darauff leget. Was wir aber hier zu sagen haben, gründet sich auff die Hypothesin, nach welcher wir der gantzen Natur einen mutuellen Einfluß in sich selbsten (152) zugeschrieben

---

[181] nachdem sie ihren Mann durch ein Gifft-Süppgen auf die Seite geschafft, und dadurch in ihrem Gewissen sehr beunruhiget worden.

haben.[182] Dieser mutuelle Einfluß erfodert unzehlich viel Kräffte der Cörper, oder, wie andere sagen, Ideen, durch die sie einander berühren. Diese Kräffte aber, da sie allezeit etwas, einem Verlangen ähnliches, in sich haben, können auff vielerley Weise erwecket werden, und zwar also, daß sie auff dieses und nicht auff ein anderes Objectum sich richten. Wenn nun ein Mensch durch seine starcke Einbildung seine Ideen und Kräffte auff gewisse Personen, sie entweder zu seegnen oder zu verfluchen, richtet, so fangen sie so gleich an, auff eine heimliche Weise in sie zu würcken. Wir werden dieses gewahr, so offte wir zu sagen pflegen: lupus in fabula.[183] Hieher gehören auch alle Ahndungen und Bezauberungen und was zu der Lehre von der Sympathie und Antipathie der Thiere, die sie unter einander haben, gehöret.

§. 54.

Diese Kräffte (potentiæ) so durch eine sehr starcke Einbildung erweckt worden, hören auch nicht nach des Menschen Tode auff, sondern würcken so lange, biß sie in ihrer Würckung gestöret worden. Es entstehen daher alle diejenigen Erscheinungen derer Verstorbenen, dadurch (153) die Hinterlassenen bald nach derselben Tode im Schlaffe vielmahls geplagt werden; ingleichen, wenn dem Verstorbenen im Tode bald etliche nachfolgen, welche mit ihm im Leben eine grosse Gemeinschafft gehabt. Es sind deßwegen die Worte merckwürdig, die Theophr. Paracelsus[184] folgendes Inhalts vorbringt: „Wenn ein schwangeres Weib zur Pest-Zeit in Kindes-Nöthen von aller Hülffe verlassen, stirbt, ist leichte zu schliessen, was sie alsdenn vor eine Einbildung habe. Denn wenn sie wünschet, ich wolte, daß, da ich ietzt und meine Geburth so elende sterben müssen, alle Menschen zugleich mit uns sterben möchten, so ist kein Zweiffel, daß nicht ein gedoppeltes Gifft

---

[182] Toto naturæ mutuum inter se adscripsimus influxum.
[183] D. i. indem man von einem redt, oder unverhofft an ihn gedenckt, kömmt er zur Stube herein.
[184] Tom. II. Fragm. de Virt. Imag. p. 276.

der ansteckenden Seuche dadurch auff die Lebenden kommen solte." Es verdienet hier auch Marcus Marci von Kronland angeführt zu werden, bey welchem wir folgende merckwürdige Observation von dem Blute eines umgebrachten Cörpers, so durch die Imagination des Thäters in Bewegung gebracht worden, finden: „Es kan geschehen", schreibt er, in Philos. Vet. Restit. p. 406. „daß bißweilen ein gantz unschuldiger deßwegen in Verdacht kömmt, wenn nehmlich ein Sterbender einen fälschlich vor den Urheber seines Todes hält und in solcher festen Einbildung sein Leben beschließt; ich kenne hier in Prag ein Mägdgen von 14. Jahren, die mit einer (154) solchen Phantasie behafft gewesen; sie bildete sich ein, sie habe von einer andern Person Gifft bekommen, daran sie sterben müste. Sie starb darauff an allerhand Convulsionibus,[185] und ward den dritten Tag begraben. Als sie nun beerdiget wurde und die Person, die ihr verdächtigt gewesen, darzu kam, schoß dem verblichenen Cörper das Blut aus der Nasen."[186]

§. 55.

Hieraus erhellet, daß es so gar sehr nicht zu verwundern sey, wenn der verstorbene Plogojowitz nach seinem Tode innerhalb acht Tagen auff neun Personen umgebracht. Er hat vielleicht vielerley Zänckereyen mit seinen Nachbaren gehabt, dadurch er in solchen Haß gegen sie gerathen, daß er auch im Tode nicht dafür ruhen können. Es können auch noch andere Ursachen verhanden gewesen seyn, welche die Einbildung desselben im Tode wider diesen und jenen erweckt, davon wir aber wegen Entlegenheit des Orts keine Umstände anführen können. Was man aber von einem Exempel sagen kan, das kan auch bey mehrern gelten. So offt uns demnach von denen kauenden und schmatzenden Todten in Gräbern etwas zu Ohren kömmt, und wir zugleich diese wunderbahre Würckung (155) vernehmen, daß nehmlich verschiedene Einwohner

---

[185] periit tetano ac convulsionibus.
[186] Es erzehlt dieses auch BOGISLAVS BALBINVS in Miscell. Boh. p. 216.

desselben Orts dadurch eines plötzlichen Todes gestorben, wird es uns leichte seyn zu erkennen, was hiervon die Ursache sey. Der andern Umstände, welche hier zu erwegen sind, nicht zu gedencken, dürffen wir nur derer Verstorbenen geführtes Leben untersuchen, und vornehmlich uns erkundigen, mit was vor Gemüths-Affecten sie gestorben sind. Ich bin gewiß versichert, daß die Ursache dieses Sterbens gemeiniglich in keiner andern Sache bestehe, als in einer magischen Würckung der Imagination und Einbildung, welche zu entdecken, wir ietzt allen möglichen Vorschub gethan haben.

§. 56.

Aber nun wird auch nöthig seyn, diesen Wunden eine Cur zu verordnen. Wenn wir die alten Weiber um Rath fragen wolten, würde es nicht schwer seyn, denen kauenden und schmatzenden Cörpern das Maul zu verstopffen, und ihre Freßhafftigkeit dergestalt zu zäumen, daß sie Niemanden weiter beschwerlich fallen. Aber wer will sich mit abergläubischen Dingen auffhalten, wenn man derselben überhoben seyn kan? Der gemeinste Rath in diesem Fall besteht darinne, daß dem schmatzenden Cörper der Kopff abgestossen wird. Hercules Saxonicus erzehlet[187] hiervon folgende Geschichte: „A. 1572. grassirte in gantz Pohlen die Pest. Es ward (156) der verblichene Leib einer gewissen Weibes-Person aus dem Dorffe Rhezur hinaus getragen, und in der Vor-Stadt zu Lemberg an die Kirche der Erhöhung des Creutzes begraben. Bald darauff fieng die Pest an, in denen benachbarten Häusern zu wüten. Diejenigen, so es angienge, muthmasseten, es müsse dieses Weib eine Hexe gewesen seyn. Es ward der Cörper wieder ausgegraben und nackend befunden. Jedweder schlosse daraus, sie müsse ihre Kleider gefressen haben. Sie stossen ihr daher das Haupt mit einer Grabschauffel ab und begraben sie wiederum, worauff die Pest auffhöret." Daß es der Pöbel in Hungarn nicht viel anders gemacht, haben wir oben vernommen. Denn so bald derselbe davor gehalten, er habe die

---

[187] cap. XI. de plica.

Ursache des Todes der Seinigen gefunden, hat man einen Pfahl gespitzt, und damit den Cörper durchstochen, und zwar mit solchem Grimm, daß es daran nicht genung gewesen, sondern man ihn auch auff einen Scheiter-Hauffen gesetzet und zu Asche verbrannt.

§. 57.

Ob darinnen ein Fehler vorgegangen, ist nicht nöthig zu fragen. Es argwohnet dieses zwar der Kayserl. Provisor zu Ende seiner Relation, aber wir halten eben nicht dafür, daß er solches zu thun Ursache gehabt. Denn ob sie gleich an sich selbst einen grossen Irthum geheget und in einem grossen Vorurtheil gesteckt, so (157) haben sie es doch nicht in Ansehen dieser Execution bewiesen. Wir halten selbst dafür, daß es in diesem Fall allerdings das beste Mittel sey, so gleich allen Fleiß anzuwenden, daß ein dergleichen schädlicher Cörper zerstossen und zernichtet werde. Denn dadurch hören alle würckenden Kräffte in ihrer Würckung, und folglich auch der Schaden, der dadurch denen Lebenden wiederfährt, auff. Hoc facto omnes potentiæ operatices in operatione cessant: quibus cessantibus cessat etiam damnum, inde in vivos promanans. Jedoch ist es etwas einfältiges, wenn um deß willen die Leute an manchen Orten in Gebrauch haben, denen, die begraben werden sollen, einen frischen Erden-Kloß unter das Kinn zu legen, um dadurch das Kauen und Schmatzen der Todten, und was nur daraus schädliches entstehen möge, zu verhindern. Zu Dreßden pflegen sie denen Todten das Halß-tuch feste zuzustecken, und dieses ebenfalls um keiner andern Ursache willen, als denenselben die Gelegenheit zum kauen und schmatzen zu benehmen. Gotfr. Pol. Müller[188] hat hiervon folgende Gedancken: „Der Leib des Verstorbenen" spricht er, „wenn er in den Sarg eingeschlossen wird, verliehrt alle Gemeinschafft mit der äusserlichen Lufft: hierdurch erwarmen die verschlossenen Elemente daselbst, wie die warme Dunst bezeugt, die aus denen verschlossenen

---

[188] in Discursu ad Philos fas. sup. atcomod. P. I. sect. III. c. o. §. 15.

(158)Särgen herauff steigt; Wenn nun in dieser Wärme das allgemeine Principium vitale zu würcken anfängt, so bestehet dessen Würckung in attractione versus aliquod centrum, weil nach seiner Hypothesi formarum motus est attractivus. in Somatol. c. IV. §. 7. 12. die Bewegung derer Gestalten herbeyziehend ist." Hieraus schließt er nun: „E. dürffen die Oeffnungen des Cörpers nicht verschlossen werden; Da aber durch das Verstopffen des Mundes und das Herbeyziehen der Kleider zum Munde das Hin- und Wiedergehen der Lufft in dem faulenden Cörper verhindert wird, folge daraus, daß die Ideen oder Kräffte der Kranckheit in dem Cörper erhitzt werden. Denn da in dem todten Cörper die Materie der Kranckheit liegen bleibe, würden die im Cörper erweckten Ideen der Kranckheit ansteckend und gifftig, und folglich können sie denen andern Cörpern, die eine Analogie mit ihnen haben, schaden." Die Worte sind so dunckel, daß wir nicht wissen, was er damit haben wolle.

§. 58.

Wenn es unsers Orts wäre, die ietzt angeführten Ursachen zu untersuchen, würde es uns eben nicht schwer fallen, allerhand darwider einzuwenden. Von gleicher Beschaffenheit werden vermuthlich auch die Gedancken seyn, (159) die Schwimmerus[189] hiervon heget; wir haben aber nicht Gelegenheit gehabt, sie uns bekannt zu machen, weil uns seine Curiositates Philosophicæ nicht zu Gesichte gekommen sind. Viel deutlicher und richtiger eröffnet hiervon Rohrius seine Gedancken, wenn er in seiner Dissertation[190] sehr weitläufftig von denen Mitteln handelt, die zu Abwendung dieses Ubels angepriesen werden. Er kan das Vornehmen derer nicht genungsam belachen, die durch das Unterlegen des Erden-Kloses unter das Kinn des Verstorbenen das gefährliche Kauen und Schmatzen der Todten verhindern wollen. Er hält dafür, daß der gemeine Pöbel solchen Aberglauben denen Jüden

---

[189] in Curiosit. Philos. secret. Diss. IV.
[190] de Mastic. Mort. c. IV. §. 16.

nachthue, als wovon uns Mart. Geyerus[191] aus dem Buche Minhachim erzehlet, daß darinnen geboten sey: „Man solle sich hüten, daß dem Todten nichts von seinen Sterbe-Kleidern an den Mund komme, weil daraus eine grosse Gefahr entstehe." Cavendum ne mortuo aliquid de תכריכין s. linteis feralibus in os veniat, alias סכנה periculum.

§. 59.

Nicht viel klüger haben sich vorzeiten diejenigen Christen erwiesen, deren Gebrauch Garmannus[192] sehr umständlich beschreibet, (160) wenn er spricht: „Ehe sie dem Todten den Mund zugestopffet, haben sie ihm einen kleinen Stein und Pfennig in Mund gelegt, damit, wenn derselbe im Grabe zu beissen anfange, er auf den Stein und Pfennig beisse und sein Gebiß verderbe."[193] Die Wahrheit solcher Relation bestätiget Rollenhagen,[194] welcher ausdrücklich erzehlet, „es wäre zu seiner Zeit in Sachsen an vielen Orten in den Mund der Verstorbenen nebst einem Pfennige ein Steinigen gelegt worden." Derjenige ungereimte Gebrauch der alten Kirche, welchen der dritte Carthaginensische Synodus canone VI. anzeigt, ist von gleicher Beschaffenheit. Denn nach dem Zeugniß der Hist. Goth. hat man den Todten so wohl das Sacrament der Tauffe als des Abendmahls zu consecriren und statt des Pfennigs eine geweyhete Hostie entweder in des Verstorbenen Mund oder auff dessen Brust zu legen pflegen, welches sie ἐφόδιον d. i. Viaticum, einen Zehr-Pfennig genennet. Gregorius Dialog.[195] führt hiervon ein sehr merckwürdiges Exempel an.

---

[191] de Luctu Ebr. c. V. §. 20. p. 61.
[192] s. l. Lib. III. Tit. III. §. 7. p. 28.
[193] Mortuo prius quam os claudatur, lapidem & nummum ponunt in ore, ut si in sepulchro mordere incipiat, lapidem & nummum inveniat & morsu feriatur.
[194] Lib. IV. mirab. peregr. c. XX.
[195] Lib. II. c. 24.

§. 60.

Wenn wir unsere Meinung hiervon offenhertzig sagen sollen, so widerrathen wir alle diejenigen Mittel, die nach einem Aberglauben riechen. (161) Das Beste in diesem Fall ist, daß man eine aufrichtige Versöhnung mit denen Sterbenden stiffte und alles, was widriges vorher gegangen, in gäntzliche Vergessenheit stelle. Denn auff solche Weise entschlaffen dieselben mit versöhntem Hertzen und haben nach nichts weiter in dieser Welt eine Begierde. Ihre Einbildung bleibt schlaffend und in Ermangelung einer Ursache kan sie niemahls in einen lebenden Menschen würckend werden.[196] Ubrigens, wenn ja sich etwas zuträgt, das zu unserm Phænomeno Masticationis gehöret, ist am rathsamsten, daß man sich wenig darum bekümmere. Denn alle Gemüths-Bewegung ist gleichsam der magischen Würckungen Nahrung. Wenn aber auch dieses nichts helffen will, so wird endlich das Beste seyn, daß man den Cörper ausgrabe und dessen schädlichen Würckungen durch eine völlige Zernichtung ein Ende mache.

Dieses ist es, was ich von dem Kauen und Schmatzen der Todten in Gräbern dem geneigten Leser zu communiciren in Willens gehabt.

S. D. G.

(162) Daß der Geschmack der Gelehrten an dergleichen Dingen sehr schlecht seyn würde, konnte ich leichte erachten. Die heutige Welt will lauter sinnliche Experimenta und mathematische Demonstrationes haben. Da es aber bey Abhandelung einer so subtilen und mit lauter verborgenen Dingen umgehenden Materie nicht geschehen kan, würdiget man sie auch keiner sonderlichen Hochachtung. Man verwirfft es als ein alt Weiber-Gewäsche, das keinen Grund hat. Wie die Geister

---

[196] Optimum in tali casu nobis visum fuit infucata cum moribundis reconciliatio & quorumvis præteritorum in se oblivio. Sic placato corde placide obdormiunt & ulterius in vita hac nihil appetunt. Imaginatio eorum manet sopita & cessante causa nunquam fit magice in vivos operans.

überhaupt in der Philosophie nicht mehr Mode sind, also hält man auch nicht viel mehr von denen Würckungen in der Natur, die entweder von Geistern hergeleitet werden, oder so man auch dieselben den Cörpern zueignet, doch so beschrieben und vorgetragen werden, daß sie geisterhafftig heraus kommen. Ich konte daher gar leichte glauben, daß ich unter den Gelehrten mit meinen Dissertationibus de Masticatione Mortuorum wenig Ehre einlegen würde. Jedoch da ich die Sache nur als ein Problema abgehandelt und damit denen Gelehrten nur Gelegenheit geben wollen, der Sache weiter nachzudencken; auch nicht eben gesonnen gewesen, auff dergleichen Principia, die ich hier vorgebracht, mein Glaubens-Bekäntniß zu gründen, so habe vermeint, mit dieser Schrifft unter denen Gelehrten noch so durchzuwischen, daß ich an meinem ehrlichen Nahmen keinen Abgang leiden dürffte. Ich 163) war auch nicht gesonnen, mich darüber in grosse Controversien zu verwickeln, weil ich ohnediß vermuthen konte, daß kein Gelehrter vom ersten Rang sich deßwegen Mühe geben würde; ich schämte mich auch endlich gar, gegen iemand zu gedencken, daß ich von dieser Sache etwas geschrieben hätte, weil ich versichert wurde, es sey die gantze Relation des Kayserlichen Provisoris, die ich hierbey zum Grunde geleget, falsch und erdichtet. Bey solchen Umständen war ich höchst wohl zufrieden, daß meiner Schrifft in keinem eintzigen Journale Meldung geschahe, als was etwan durch Anführung der so genannten Lipsiæ Literatæ beyläuffig in der Fortgesetzten Sammlung von A. und M. Theologischen Sachen A. 1726. im IV. Beytrag p. 671. vorkömmt, da es heist: „Der Autor sagt, man müsse die Sache nicht leugnen, weil es unbewust, wie es zugienge. Die Existentiam aber sucht er zu erweisen mit den Testimoniis Schwimmeri, Henrici Kornmanni etc. und einem gantz neuen Exempel aus Hungarn."
Ich war mit dieser Recension, so schlecht und unvollkommen sie auch war, vollkommen zufrieden, weil ich die Herren Verfasser dieser Sammlung vor meine schärffsten und fürchterlichsten Censores zu halten hatte. Und wenn sie auch gleich

meine Schrifft, wie zu vermuthen steht, nicht selbst gesehen und gelesen, so würden (164) sie doch durch den Verfasser der LIPSIÆ LITERATAE, schon Gelegenheit genug bekommen haben, mich mancherley Ketzereyen zu beschuldigen, wenn sie in Ernst meine Hypotheses nach ihren Systematibus hätten prüfen wollen. Alleine da es nicht geschehen, ist der Autor der Lipsiæ literatæ unser eintziger Gegner geblieben. Jedoch wir haben denselben keiner Refutation gewürdiget, weil wir vermutheten, daß seine Schrifft uns keine Gefahr bringen würde, indem wir voraus sahen, daß sie keinen sonderlichen Applausum finden, vielweniger in vieler Gelehrten Hände kommen würde. Denn es war eine eintzelne Piece, so aus wenig Bogen bestunde, einen unvollkommenen Titel führte und durch die Continuation erst zu einem vollkommenen Wercke werden solte. Es solte eine Fortsetzung derer einige Jahre vorher in Deutscher Sprache zum Vorschein gekommenen Actorum Lipsiensium Academicorum seyn, welche, wie er vorgiebt, wegen ihrer allzu beissenden Schreib-Art öffentlich verbothen worden wären.[197] Der I. und zugleich letzte Fasciculus nun des I. u. zugleich letzten Tomi dieses Wercks, enthält die Recensiones von 8. Dissertationibus, (165) darunter meine die letzte ist. Mich ex professo zu widerlegen, unterstehet sich der Verfasser nicht, weil es ihm vielleicht an Vermögen gefehlet, iedoch giebt er durch seine hier und da angebrachten Anmerckungen sattsam zu erkennen, daß er mit mir nicht zufrieden sey. Z. E. er kan p. 76. nicht vertragen, daß ich ad §. 9. im Conspectu Dissertationis gesetzt habe: Orthodoxia notata; welches bey ihm so viel heist als Orthodoxia Culpata und folglich eine Verachtung der Evangelischen Wahrheit andeute. Alleine ob wir gleich nicht leugnen, daß nicht das Wort Notare bißweilen so viel heissen solte als carpere und culpare, so hat es doch nicht allezeit diese Bedeu-

---

[197] Es ist dieses ein falsches Vorgeben, ob es gleich auch in denen Gelehrten Zeitungen selbiges Jahrs stehet. Die Unrichtigkeit des Verlegers und dessen Geld-Mangel zum Verlage ist vielmehr daran Ursache gewesen. Welches vielleicht auch die Fortsetzung der Lipsiæ Literatæ verhindert hat.

tung, sondern heisset vielmahls auch nur so viel als bemercken; und daß es hier diese Bedeutung habe, giebt die Ausführung des gedachten §. mit mehren zu erkennen.
Pag. 78. sq. macht er aus meiner Beschreibung, die ich §. 19. von den Gespenstern gegeben, diesen Schluß: Erunt igitur spectra phantasmata simul in sensibus nostris existentia. Alleine was findet sich denn hierinnen Irriges? Der Verfasser muß einen gantz besondern Begriff von denen Gespenstern haben, wenn er glaubt, daß sie keine phantasmata wären. Er muß solchergestalt dafür halten, daß die Gespenster wahrhafftige Leiber, wahrhafftige Augen und Ohren u. d. g. haben: da doch nach aller vernünfftigen Menschen Meinung solches alles (166) nur vor ein Blendwerck gehalten wird. Ein Phantasma heist ja eben nicht eine Sache, die bloß in der Einbildung besteht und an sich selbst ein Non-Ens oder ein Traum ist; sondern es heist so viel als etwas, das nur den Schein von einer Sache hat, und doch selbst die Sache nach dem Scheine nicht ist, ob es wohl etwas ist. Ein Geist ist ja unsichtbar und ohne Cörper. Läst er sich nun sehen, hören oder fühlen, so muß er denen Augen, Ohren, Händen und andern Leibes-Gliedern ein Blendwerck vormachen; und das heist φάντασμα und spectrum ein Gespenste. Wer nun auf solche Weise die Gespenster beschreibt, als ich in der ersten Dissertation §. 19. gethan habe, der bezeuget wohl, daß alles, was dabey vorgehet, ein Blendwerck sey, aber er leugnet darum die Gespenster nicht.
Daß sich übrigens der Herr Verfasser p. 73. über die Entschuldigung der Eilfertigkeit, p. 79. über das öffters gebrauchte Wörtgen non nisi und den gantzen Stylum, und p. 86. über die Versprechung der andern Dissertation moquirt, ist nicht wehrt widerlegt zu werden, weil dieser Ursachen ohngeachtet, derselbe die Materie vor wehrt gehalten, sie dem ersten Theile seiner neuen Monaths-Schrifft einzuverleiben, ut quem libet lectorem, wie er selbst spricht, allicere ejusque raritate ad se invitare queat. p. 72.
Ausser dieser Schrifft, Lipsia Literata genannt, ist nichts von oder wider die, von uns (167) in beyden Dissertationibus

abgehandelte Materie zum Vorschein gekommen, ja es würde auch ewig nicht wieder daran gedacht worden seyn, wenn nicht zu Anfang dieses 1732sten Jahrs folgendes in den Leipziger Zeitungen p. 174. gemeldet worden.

Wien den 5. Mart. 1732.

„DEm Vernehmen nach haben Ihr. Kayserl. Maj. den Casum mit denen so genannten Vampyren, so in Illyrischer Sprache Blut-Sauger heissen, wegen dabey befindlichen Umständen, daß nehmlich ein schon längst verstorbener und begrabener Mensch des Nachts zu seinen lebenden Freunden gekommen und denenselben das Blut dergestalt aussaugen können, daß diese davon sterben, und nach ihrem Tode auch wiederum dergleichen Blut-Sauger abgeben müssen, auch bey Ausgrabung sothaner Cörper, wenn selbigen nach der gewöhnlichen Execution durch den Scharff-Richter ein Pfahl durch das Hertz geschlagen worden, gantz frisches Blut daraus geflossen, und ihnen theils an statt der abgeschabten alten Nägel wiederum neue, wie auch frisches Haar gewachsen seyn soll, von sothaner Curiosität und Wichtigkeit zu seyn erachtet, daß Allerhöchst Dieselben resolviret haben, die gantz letztere, wie auch die vor 7. Jahren eingelauffene Relation auf verschiedene Universitäten, in specie dem berühmten Professor zu Altdorff, (168) Herr D. Beyern, zu überschicken, um dessen Sentiment und Gutachten darüber einhohlen zu lassen!"

Diese Zeitung gründetete sich auf nachfolgende Relation:

Actum den 7. Jan. 1732.
In dem Dorffe Medwedia[198] des Königreichs Servien.

Nachdem die Anzeige geschehen, daß im besagten Dorffe die so genannten Vampyren einige Personen durch Aussaugung des Blutes umgebracht haben sollen: Als bin ich auf hohe Verordnung eines allhiesigen hochlöblichen Ober-Commando, um die Sache vollständig zu untersuchen, nebst darzu commandirten Herrn Officirern und zwey Unter-Feldscherern dahin abgeschickt und gegenwärtige Inquisition in Beyseyn des Stallater Heyducken-Compagnie Capitains Gorschiz Hadnack Bariactar und ältesten Heyducken des Dorffs folgender massen vorgenommen und abgehöret worden; welche denn einhellig aussagen, daß vor ungefehr 5. Jahren ein hiesiger Heyducke, Nahmens Arnold Paole,[199] sich durch einen Fall von einem Heuwagen den Hals gebrochen; Dieser hatte bey seiner Lebens-Zeit sich öffters verlauten lassen, daß er bey Gossowa (Cassova) in dem Türckischen Servien von einem Vampyr geplagt (169) worden sey, daher von der Erde des Vampyrs Grabes gegessen und sich mit dessen Blute geschmieret habe, um von der erlittenen Plage entlediget zu werden. In 20. oder 30. Tagen nach seinem Todes-Fall haben sich einige Leute beklagt, daß sie von dem gedachten Arnold Paole geplagt würden, wie denn auch 4. Personen von ihm umgebracht worden. Um nun dieses Ubel einzustellen, haben sie auff Einrathen ihres Hadnacks (welcher schon vorher bey dergleichen Begebenheiten gewesen) diesen Arnold Paole ohngefehr 40. Tage nach seinem Tode ausgegraben und befunden, daß er gantz vollkommen und unverweset sey, auch ihm das frische Blut zu denen Augen, Nasen, Mund und Ohren heraus geflossen, das Hemde, Ubertuch und Sarg gantz blutig gewesen, die alten Nägel an Händen und Füssen samt der Haut abgefallen und dargegen andere neue gewachsen gewesen. Weil sie nun daraus ersehen,

---

[198] in einigen Nachrichten heist der Ort Medwegia.
[199] Andere Schreiben Arnond.

daß er ein würcklicher Vampyr sey, so haben sie demselben nach ihrer Gewohnheit einen Pfahl durchs Hertze geschlagen, wobey er einen wohlvernehmlichen Gächzer[200] gethan und häuffiges Geblüte von sich gelassen; worauf sie den Cörper noch selbigen Tag zu Aschen verbrannt und solche in das Grab geworffen. Ferner sagen gedachte Leute aus, daß alle diejenigen, welche von denen Vampyren geplagt und umgebracht (170) würden, ebenfalls zu Vampyren werden müsten. Also haben sie die obberührten 4. Personen auff gleiche Art exequiret. Diesem fügen sie auch hinzu, daß dieser Arnold Paole nicht alleine die Leute, sondern auch das Vieh angegriffen und ihnen das Blut ausgesogen habe. Weil nun die Leute das Fleisch von solchem Vieh genutzet, so zeiget es sich auffs neue, daß sich wiederum einige Vampyrs allhier befinden, allermassen in einer Zeit von 3. Monathen 17. (Einige machen nur 7. Personen daraus) junge und alte Personen mit Tode abgegangen, worunter einige ohne vorher gehabte Kranckheit in 2. oder längsten 3. Tagen gestorben. Dabey meldet der Heyducke Jowiza, daß seine Schwieger-Tochter, Nahmens Stanacka vor 15. Tagen sich frisch und gesund schlaffen gelegt, um Mitternacht aber sey sie mit einem entsetzlichen Geschrey, Furcht und Zittern in dem Schlaff aufgefahren und geklaget, daß sie von einem vor 9. Wochen verstorbenen Heyducken-Sohn, Nahmens Millove an dem Halse gewürget worden, worauff sie einige Schmertzen auf der Brust empfunden und von Stund zu Stund sich schlechter befunden, biß sie endlich den dritten Tag gestorben. Hierauf sind wir denselben Nachmittag auf den Freydhoff (Kirchhoff oder Gottes-Acker) gegangen, um die verdächtigen Gräber zu eröffnen und die darinnen befindlichen Cörper zu visitiren, wobey sich gezeigt:

1.) Ein Weib, Nahmens Stana, 20. Jahr (171) alt, so vor zwey Monathen nach dreytägiger Kranckheit seit ihrer Niederkunfft gestorben, und vor ihrem Tode selbst ausgesagt, daß sie sich mit dem Blute eines Vampyrs gestrichen hätte, folglich so

---

[200] in andern Nachrichten heist es einen lauten Schrey.

wohl sie als ihr Kind, welches gleich nach der Geburth gestorben und wegen schlechter Beerdigung von denen Hunden biß auf die Helffte verzehret worden, ebenfalls Vampyren werden müssen, war gantz vollkommen und unverweset. Bey Eröffnung des Cörpers zeigte sich in cavitate pectoris eine Quantität frisches extravasirtes Geblüthe; die arteriæ und venæ nebst denen ventriculis cordis waren nicht, wie sonst gewöhnlich, mit coagulirtem Geblüthe angefüllet. Die sämmtliche Viscera als Lunge, Leber, Hertz, Miltz, Magen und Gedärme waren gantz frisch, wie bey einem gesunden Menschen. Der Uterus befand sich sehr groß und war äusserlich entzündet, weil die Affter-Bürde bey ihr geblieben, daher selbiger in völliger Fäulniß war. Die Haut an Händen und Füssen, sammt den alten Nägeln, fielen von sich selbsten herunter, hingegen zeigten sich nebst einer frischen und lebhafften Haut gantz neue, aber etwas mit Blut unterlauffene Nägel.

2) Befand sich ein Weib, Nahmens Miliza, ohngefehr 60. Jahr alt, welche nach 3. monatl. Kranckheit gestorben und vor etlich und 90. Tagen begraben worden. In der Brust befand sich viel liquides Geblüthe, die übrigen Viscera waren gleich der vorgemeldten in einem guten (172) Stande. Es haben sich bey der Secirung die umstehenden Heyducken sämmtlich über ihre Fettigkeit und Vollkommenheit des Leibes sehr verwundert, einhellig aussagend, daß sie das Weib von ihrer Jugend auff wohl gekannt und Zeit ihres Lebens gantz mager und ausgedörrt ausgesehen, mit Versicherung, daß sie in dem Grabe zu dieser Verwunderungs-würdigen Fettigkeit gelanget. Derer Leute Aussage nach soll sie zu ietziger Zeit den Anfang derer Vampyren gemacht haben, indem sie das Fleisch von denen Schaafen, so von denen vorhergehenden Vampyren umgebracht worden, gegessen hätte.

3.) Ein achttägiges Kind, so bey der Eröffnung die Brust nebst dem Hertzen voller frischen Geblüts zeigete und neue Nägel an Händen und Füssen hatte, das Gehirne aber war einer wohl gekochten Materie gleich. Es hatte dieses Kind 90. Tage im Grabe gelegen.

4.) Wurde eines Heyduckens Sohn, Millove genannt, von 16. Jahren, ausgegraben, so 9. Wochen in der Erde gelegen, nachdem er an einer 3. tägigen Kranckheit gestorben. Es zeigten sich bey ihm alle die obbemeldten Umstände.
5.) Ist Joachim, auch eines Heyducken Sohn, 17. Jahr alt, nach 3. tägiger Kranckheit, wie der vorige gestorben, auch wie der vorige bey der Section befunden worden, ob er gleich schon 36. Tage im Grabe gelegen.
6.) Ein Weib, Nahmens Ruscha, welche (173) nach 10. tägiger Kranckheit gestorben und vor 6. Wochen begraben worden, bey welcher viel frisches Geblüthe nicht alleine in der Brust, sondern auch im Magen gefunden worden: ihr Kind, das 18. Tage alt und vor 5. Wochen begraben worden, befand sich in gleichen Umständen.
7.) Nicht weniger befand sich ein Mägdgen von 10. Jahren, welche vor 2. Monathen gestorben, in obangezogenem Stande gantz vollkommen und unverweset, und hatte in der Brust viel frisches Geblüte.
8.) Hat man des Hadnacks Eheweib, Millosova genannt, mit ihrem Kinde ausgegraben, welche vor 7. Wochen, ihr Kind aber, so 8. Wochen alt war, vor 3. Wochen gestorben, und gefunden, daß so wohl Mutter als Kind völlig verweset, ob sie gleich zunächst an denen vorgemeldten Gräbern derer Vampyrs gelegen.
9. Ein Knecht des hiesigen Heyducken-Corporals, Nahmens Rhade, 23. Jahr alt, ist nach 3. monathlicher Kranckheit gestorben und nach 5. wöchentlichem Begräbnüß völlig verweset gefunden worden.
10.) Des hiesigen Bariacters Weib, sammt dem kleinen Kinde, so vor 5. Wochen gestorben, ist gleichfalls gantz verweset gefunden worden.
11.) Bey Stancko, einem Heyducken 60. Jahr alt, so vor 6. Wochen gestorben, habe ich häuffiges, gleich denen andern liquides Geblüthe in der Brust und Magen gefunden.
(174) 12.) Millove, ein Heyducke von 25. Jahren, so 6. Wochen in der Erde gelegen, befand sich in gleichem Zustande.

13.) Stanacka, eines Heyducken Eheweib, 20. biß 22. Jahr alt, ist nach dreytägiger Kranckheit gestorben und vor 18. Tagen begraben worden. Bey der Section habe ich gefunden, daß sie in dem Angesichte und am Halse gantz roth und lebhafft gesehen. Wir haben bereits oben gemeldet, daß sie von des Heyduckens Sohn Millove um Mitternacht am Halse gewürget worden. Dieses hat sich noch ietzo ausgewiesen, indem sie rechter Seite unter dem Ohr einen blauen, mit Blut unterlauffenen Fleck eines Fingers lang gehabt. Bey Herausnehmung aus dem Grabe flosse eine Quantität frisches Geblüthe aus der Nasen. Bey der Section fand ich ein recht balsamisch frisches Geblüthe nicht alleine in der Höhle der Brust, sondern auch in der Hertz-Kammer. Die sämmtliche Eingeweide befanden sich in vollkommen gesunden und gutem Stande. Die Unter-Haut des gantzen Cörpers sammt denen neuen Nägeln an Händen und Füssen waren gleichfalls gantz frisch.

Nach geschehener Visitation sind denen Vampyren durch die dasigen Zigeuner die Köpfe herunter geschlagen und sammt den Cörpern zu Asche verbrannt, die Asche aber in den Fluß Morava geworffen worden; die verweseten Cörper aber hat man wieder in ihre vorigen Gräber (175) geleget. Welches hiermit nebst denen mir zugegebenen Unter-Feldscheerern bekräfftigen.

Actum ut supra.
(L. S.) Johannes Flickinger, Regiments-Feldscheer des löbl.
Baron Fürstenbuschischen Regiments zu Fuß.
(L. S.) J. H. Siegel Feldscheer von dem löbl. Morallischen
Regiment.
(L. S.) Joh. Friedrich Baumgärtner, Feldscheer von dem löbl.
Fürstenbuschischen Regimente.

Wir Endes Unterschriebene attestiren hiermit, wie daß alles dasjenige, so der Regiments-Feldscheer vom löblichen Fürstenbuschischen Regimente, sammt beyden neben unterzeichneten Feldscheers-Gesellen hieroben, die Vampyrs betreffend, in Augenschein genommen, in allen und ieden der Wahrheit gemäß und in unserer selbst eigenen Gegenwart vorgenommen, visitirt und examinirt worden. Zu Bekräfftigung dessen ist unsere eigenhändige Unterschrifft und Fertigung. Belgrad den 26. Jan. 1732.

(L. S.) Büttner,[201] Obrist-Lieutenant des löbl. Alexandrinischen Regiments.
(L. S.) J. H. von Lindenfelß, Fähndrich des Alexandrinischen Regiments.

Diese Acten-mäßige Relation ist zu Anfang dieses Jahrs an Se. Hochfürstl. Durchl. Printz (176) Carl Alexander zu Würtenberg, der Röm. Kayserl. Majest. würcklich Geh. Rath, Gouverneur der Vestung Belgrad und des gantzen Bannats von Servien etc. Der sich damahls zu Stutgard im Würtenbergischen befand, übersendet und durch Se. Durchl. in Deutschland bekannt gemacht worden.

Nächst dieser Acten-mäßigen Relation kam auch folgender Brieff an einen vornehmen Doctorem Medicinæ in Leipzig zum Vorschein, der also lautet:

Hoch-Edler,
Hochgeehrter Herr Doctor,

ICh nehme mir die Freyheit, Denenselben einen Casum zu communiciren, welcher sich zwar schon vorlängsten, iedoch ietzo besonders in unserm Königreich Servien ereignet, welchen Ew. Hoch-Edeln aus beygelegter Relation der an dasigem Orte von einem löbl. Ober-Commando angestellten Commission des mehresten ersehen werden. Es werden solche Aeser in der Türckischen Sprache Vampyren oder Menschen-Sauger genennet, welche capable seyn, in kurtzer Zeit ein gantzes Dorff an Menschen und Vieh zu ruiniren, deßwegen

---
[201] andere lesen Güttner.

fast täglich häuffige Klagen bey hiesiger Regierung einlauffen. Es hat sich noch ausser dem darinnen benennten (177) Dorffe Medwedia, auff einem andern, Kucklina, genannt, zugetragen; welches auch dasige Einwohner endlich bekräfftigen, daß zwey Brüder von so einem Vampyr zur Nacht-Zeit geplaget worden, weßwegen einer um den andern gewachet, da es denn wie ein Hund die Thüre geöffnet, auff Anschreyen aber gleich wieder davon gelauffen, biß endlich alle beyde einmahl eingeschlaffen, da es denn dem einen in einem Augenblick einen rothen Fleck unter dem rechten Ohr gesauget, worauff er in drey Tagen davon gestorben; und was noch abscheulicher, so ist ein gestern beerdigter Heyducke folgende Nacht zu seinem Weibe gekommen und solcher ordentlich beygewohnet, welche solches gleich Tages darauff dem Hadnack selbiges Orts angedeutet, mit Vermelden, daß er seine Sache so wohl, als bey Lebzeiten verrichtet, ausser daß der Saamen gantz kalt gewesen. Sie ist davon schwanger worden und hat nach gewöhnlichem Termino derer 40. Wochen ein Kind gebohren, welches die völlige Proportion eines Knabens, iedoch kein eintziges Glied gehabt, sondern wie ein pures Stücke Fleisch gewesen, auch nach dreyen Tagen wie eine Wurst zusammen geruntzelt. Weil man nun hier ein ungemeines Wunder daraus machet, als unterstehe mich Dero Particular-Meinung mir gehorsamst auszubitten, ob solches etwas sympathetisches, teufflisches oder astralischer Geister (178) Würckung sey, der ich mit vieler Hochachtung verharre
     Belgrad,
    den 26. Jan. 1732.
    Ew. Hoch-Edlen,
Meines Hochgeehrtesten HerrnDoctoris gehorsamster Diener
 Sieg. Alex. Fr. von Kottwitz, Fähndrich des löbl. Printz
    Alexandrischen Regiments.

Durch diese Nachrichten wurde iederman in die gröste Verwunderung gesetzet. In allen Zusammenkünfften hoher und niederer Stands-Personen wurde davon geredet. Auch die

Dames fiengen an darüber zu raisonniren. Niemand wuste, was er daraus machen noch vor was er es ausgeben solte. Weil auch Se. Kayserl. Maj. selbst ein Verlangen bezeugten, zu wissen, was es mit diesem Wunder-Zeichen der Natur vor Beschaffenheit habe, so wurde die Curiosität der Leute dadurch um ein grosses vermehret. Alleine es fand sich Niemand von denen Gelehrten des ersten Rangs, der sich die Mühe geben wolte, durch eine öffentliche Schrifft das Rätzel auffzulösen und die Neugierigkeit der curieusen Welt zu befriedigen. Entweder sie zogen die gantze Sache in Zweiffel, oder hielten nicht dafür, daß sie damit einige Ehre einlegen würden, weil die Principia, daraus sie solches herzuleiten hatten, nicht nach dem Geschmack der heutigen (179) Gelehrten sind. Selbst Herr D. Beyer in Altorff, von dem doch in allen öffentlichen Zeitungen stund, daß es Se. Kayserl. Maj. ihm angetragen, sein Sentiment und Urtheil davon zu eröffnen, hat stille geschwiegen, und was er vielleicht davon zu Pappiere gebracht, ist Sr. Kayserl. Maj. in MS. zugeschicket worden; öffentlich aber hat man nichts zu sehen bekommen. Es blieb also die Untersuchung dieses Prodigii ein Werck derer Petit-Maitres, von denen es heist; in magnis voluisse sat est.

Man hat verschiedene Schrifften in dieser Sache zu Gesichte bekommen, die aber alle von schlechter Erheblichkeit sind. Entweder sie haben die blosse speciem facti erzehlet, oder einander ausgeschrieben, oder selbst so wunderliche Träume und Erscheinungen gehabt, daß man sich vor denenselben eben so sehr zu fürchten hat als vor denen Hungarischen Vampyrs selbsten.

Immittelst gab dieses Anlaß, daß, wenn man an der letztverwichenen Leipziger Oster-Messe in einen Buchladen gieng, man überall etwas von denen Blut-Saugern zu Gesichte bekam. Ich würde mir die Mühe nicht genommen haben, weiter in dieser Sache eine Feder anzusetzen, nachdem ich einmahl die Thorheit begangen, etwas hiervon, obwohl schon vor 7. Jahren, zu Pappiere zu bringen, wenn ich nicht hin und wieder in diesen Schrifften meinen Nahmen gefunden und beobachtet hätte, daß mir theils falsche Meinungen aufgebürdet, theils aus meinen (180) Sätzen falsche Schlüsse gemacht, und ich beynahe des Spinosismi beschuldiget worden; wo man aber meiner geschonet, da hat man sich gewiß meiner Sätze als seiner eigenen bedienet und dadurch ein offenbahres Plagium begangen. Dieses alles hat mich bewogen, gegenwärtige Schrifft ans Licht zu stellen, indem dadurch lieber mich zu einem Petit-Maitre als durch Stillschweigen zu einem Spinosisten machen lassen will. Erstlich will ich die neuesten Relationes von denen Vampyren nach meinen obigen Grund-Sätzen kürtzlich erläutern, hernach aber auch alle Schrifften, die hiervon bißher ans Licht gekommen, kurtz recensiren und beurtheilen.

* *
*

Was erstlich die Acten-mäßige Relation anbetrifft, so bestehet solche theils in einer Verhörung, theils in einer Besichtigung. Die Verhörung ist vorgenommen worden mit denen Heyducken oder Raitzischen Einwohnern des Dorffs Medvedia im Königreich Servien, welche von einem gewissen Heyducken Arnold Paole ausgesagt, daß er ein so genannter Vampyr und Blut-Sauger sey; ingleichen, daß ein gewisses Weib von einem andern jungen Heyducken, Millove genannt, gewürget und getödtet worden.
Bey dieser Aussage kömmt es auf folgende Umstände an: 1.) Daß gedachter Paole in seinem Leben öffters versichert, daß er von einem Vampyr geplaget worden; 2.) daß er sich durch die Grabes-Erde und das Blut desselben von dieser Plage entlediget; 3.) nach seinem (181) Tode dennoch als ein Vampyr die Leute geplaget und 4. Personen getödtet; 4.) von denen Einwohnern darauf ausgegraben und voller Blut und unversehrt gefunden worden; 5.) Derselbe bey Durchstechung seines Hertzens einen Laut von sich gegeben und häuffiges Blut von sich gelassen, 6.) derselbe mit seinem Blut-Saugen so gar des Viehes nicht verschont, und 7.) daß, als der obgedachte Millove über das Weib gekommen, sie mit einem entsetzlichen

Geschrey, Furcht und Zittern im Schlaffe aufgefahren und darauf den dritten Tag nach empfundenen grossen Schmertzen auf der Brust gestorben. Alle diese Umstände sind so beschaffen, daß man nichts besonders daraus zu machen hat, ob sie wohl in einem und dem andern von denenjenigen unterschieden sind, die wir in unsern obigen Dissertationibus an dem Plogojowitz in Betrachtung gezogen haben. Daß gedachter Paole in seinem Leben die Leute öffters versichtert, daß er bey Cassova in dem Türckischen Servien von einem Vampyr geplagt worden, daraus schliessen die einfältigen Leute selbiger Orten, daß, weil er nach seinem Tode ein gleiches gethan, es werde allezeit derjenige auch zu einem Vampyr, der von einem Vampyr umgebracht worden. Wie wir nun Dissert. II. §. 54. sqq. sattsam erwiesen haben, daß die Einbildung die wahre Ursache der so genannten Plage derer Vampyrs sey, welche bey denen, die also geplagt zu werden vorgeben, durch die Vampyrs, die im Leben mit ihnen eine Gemeinschafft gehabt, per sympathiam (182) und occultam operationem magicam erwecket wird, so läst sichs leichte schliessen, woher die vielen Vampyrs und Blut-Sauger gekommen? Sie bilden sich gleich zum Voraus von dem und jenem Menschen, der ihrer Meinung nach, unter der Gewalt derer Vampyrs gewesen, ein, daß sie dergleichen von ihm zu befahren hätten. Da sie nun gehöret, daß Paole von einem Vampyr geplagt worden, so haben sichs dessen Nachbarn und Verwandten so feste in die Gedancken gesetzt, daß er nach seinem Tode ein gleiches thun werde, daß es kein Wunder gewesen, wenn ihre Phantasie und Einbildung durch des Verstorbenen sympathetische Operation so erhitzt worden, daß sie darüber den Gebrauch ihrer Sinne verlohren, und endlich als wie vom Schlage für grosser Angst und Gemüths-Beunruhigung gestorben. Ja da auch vielleicht gedachter Paole selbsten in der gewissen Einbildung gestorben, er werde ein Vampyr werden und die Leute heimlich erwürgen, so ist die Sympathie und magische Würckung zwischen seinem frischen und vegetanten Cörper und denen Personen, mit denen er in seinem Leben am meisten zu schaffen gehabt, desto hefftiger und stärcker gewesen. Es ist ferner als ein merckwürdiger Umstand anzuführen, daß Paole in seinem Leben vorgegeben, er habe von der Grabes-Erde eines Vampyrs gegessen und sich mit dessen Blute geschmieret, um von der erlittenen Plage entlediget zu werden. Wir erkennen hieraus, was die Einbildung (183) bey denen Menschen vor eine grosse Krafft habe. Niemand wird glauben, daß die Grabes-Erde und das Blut eines vermeinten Vampyrs an sich selbst von solcher Würckung seyn solte, daß ein Mensch dadurch von einer solchen Plage, als man sich von denen Blut-Saugern einbildet, befreyet werden könte. Da er aber das feste Vertrauen zu diesem selbst ausgesonnenen Mittel gehabt und dadurch alle Furcht und Einbildung von der Plage der Vampyrs verlohren, so ist er gesund und ohne Plage geblieben. Wenn nun andere in diesem Vertrauen ein gleiches thäten, oder auf andere Weise die Furcht und gewisse Einbildung, die sie von denen Vampyrs haben, vertrieben, würde ihnen von der natürlichen Vegetantz derer im Grabe liegenden Cörper keine Gefahr zuwachsen, noch einiger Schade geschehen. Da aber dieses die Verwandten und Nachbarn unsers Paole nicht gethan, sondern gleich bey dessen Tode sichs feste eingebildet, er werde ein Vampyr werden, weil er selbst von einem Vampyr ehemahls geplagt worden, so ist es vor kein Wunder zu achten, daß sich einige Zeit nach seinem Tode würcklich einige Leute beklagt, sie wären von dem Paole geplagt worden. Es ist dieses auf keine andere Weise geschehen, als wie wir oben zur Genüge beschrieben haben. Daß es aber ausdrücklich heist: es wären 4. Personen durch ihn umgebracht worden, solches ist ein irriges Vorurtheil der Leute; sie haben sich vielmehr selbsten durch ihre starcke Phantasie (184) und Einbildung das Leben verkürzt, indem sie dadurch die Circulationem sanguinis verhindert, und sich durch das vermeinte Plagen des Vampyrs zu Tode geängstiget, oder sich wenigstens dadurch allerhand gefährliche Symptomata zugezogen, die ihren Tod befördert.

Das merckwürdigste bey diesem Casu ist, daß der gedachte Paole so viel Blut von sich gegeben, da man ihn 40. Tage nach seiner Beerdigung ausgegraben. Denn es bezeugen die Leute, die solches gesehen, ausdrücklich, daß ihm das frische Blut zu denen Augen und Nasen, Mund und Ohren heraus geflossen, und das Hembde, Ubertuch und Sarg gantz blutig gewesen, ingleichen da man ihm einen Pfahl durch das Hertze geschlagen, er häuffiges Blut von sich gelassen. Daß sich in verstorbenen Cörpern frisches Blut finden könne, haben wir Diss. II. §. XXXIII. sqq. erwiesen, aber daß sich so vieles Geblüthe bey einem eintzigen Cörper finden solte, ist etwas gantz ungewöhnliches. Alleine es ist hierbey zu erinnern, daß 1.) die Leute die Sache unfehlbar exaggeriret, weil sie in den Gedancken gestanden, es sey dieses das Blut, das der Vampyr denen Leuten ausgesauget; und 2.) daß die Leute in ihrer Bestürtzung vielleicht Wasser vor Blut angesehen. Denn es ist bekannt, daß manche verblichene Cörper, die von einem phlegmatischen Temperamente sind und viele humores bey sich haben, Wasser von sich geben; Da nun der Cörper dieses Paole sich (185) aus denen Ursachen, die wir Diss. II. §. 13. sqq. Angeführt, frisch befunden, so hat dieses Wasser sich mit dem Blute vermischt und dadurch eine rothe Farbe an sich genommen. Sonst gilt bey der Vegetantz dieses Paole das, was wir Diss. I. §. 26. von dem gewaltsamen Tode angeführt; Denn die Zeugen geben bey ihrer Verhörung vor, es habe gedachter Paole durch einen Fall von einem Heu-Wagen den Halß gebrochen.

Es ist ferner als ein besonderer Umstand bey diesem Casu anzumercken, daß, als man diesem so genannten Vampyr nach der Gewohnheit des Landes einen Pfahl durchs Hertze geschlagen, derselbe einen lauten Schrey,[202] oder wie andere Nachrichten melden, einen wohl vernehmlichen

---

[202] Putonei Nachricht von denen Vampyren p. 10.

Gächzer²⁰³ gethan. Alleine wer will sich darüber verwundern, wenn man bedencket, daß der Cörper frisch und fleischicht gewesen, und mit was vor grosser Gewaltthätigkeit man das Hertze durchstochen. Aller Schall und Laut wird durch die Lufft generiret; Da nun der Cörper nicht nur bey seiner Vegetantz an sich selbst Lufft in sich gehabt, sondern deren bey der Eröffnung des Grabes noch mehr geschöpffet, auch die Viscera und Eingeweide wegen der vielen (186) Feuchtigkeiten gantz geschwollen und auffgelauffen gewesen, so hat ja das gewaltsame Durchstechen des Leibes und Hertzens gar leichte einen solchen Laut von sich geben können, daß die von Aberglauben und Vorurtheil gantz verblendeten Leute es gar leichte vor einen Seuffzer und Schrey annehmen können.

Einen solchen Grund der Wahrheit hat auch das Vorgeben, wenn die verhörten Leute hinzu fügen, daß dieser Vampyr auch das Vieh angegriffen und dessen Blut ausgesaget. Denn was wissen doch die Leute zu ihrem Beweiß sonst weiter anzuführen, als daß diejenigen Personen, die von solchem Vieh das Fleisch genutzet, die Plage empfunden, die sonst von denen Blutsaugern herrühren soll? Es ist dieses gewiß ein gar schlechter Beweiß und vor eine blosse Muthmasung zu halten, die sich auff ein nichtiges Vorurtheil gründet. Wer weiß, was dieses Vieh vor eine Seuche und Kranckheit gehabt, die denen, die dessen Fleisch genutzet, schädlich gewesen; da nun die Impression von denen Vampyrs darzu gekommen, so haben sie gleich den Schluß gemacht: es wäre diß Vieh von denen Vampyrs angegriffen worden, Quæ? qualis? quanta?

Die Aussage des Heyduckens Jowitza, die er von seiner Schwieger-Tochter Stanicka, die von einem verstorbenen jungen Heyducken Millove genannt, gewürget und getödtet worden, thut, bestärcket uns in der Meinung, daß das vermeinte (187) Blut-Saugen der Vampyrs in der Einbildung bestehe. Denn es erzehlet ja der obgedachte Heyducke aus-

---

²⁰³ Visum & Repertum über die so genannten Vampyrs / p. 5. it. W. S. G. E. Relation von denen in Servien sich erzeigenden Blutsaugern / p. 8.

drücklich, es sey die Schwieger-Tochter um Mitternacht mit einem entsetzlichen Geschrey, Furcht und Zittern in dem Schlaff auffgefahren und sodenn geklaget, sie sey von dem gedachten jungen Heyducken gewürget worden. Ist ihr nun dieses im Schlaff wiederfahren und sie dabey voller Furcht und Zittern gewesen, so kan es leichtlich vor einen ängstlichen Traum und eine bethörte Phantasie gehalten werden. Es hat dieses junge Weib mit dem jungen Heyducken vielleicht bey dessen Leben einen unzuläßigen Umgang gepflogen. Weil sie nun nach seinem Tode immer an ihn gedacht, und dabey die Vampyrs täglich im Kopffe gehabt, auch wegen dessen, was geschehen, allerhand Gewissens-Bisse empfunden, so hat ihre Einbildung gar leichte so erhitzt und mit so fürchterlichen Bildern angefüllet werden können, daß sie davon ängstliche Träume und allerhand Erscheinungen bekommen, zumahl da des verstorbenen Millove Cörper zugleich auch nach denen Principiis Magiæ Naturalis in dieselbe auff eine sympathetische Weise gewürcket, indem er ohnfehlbar mit unruhigem Gewissen und hefftigem Verlangen nach seiner Geliebten gestorben ist.

So viel haben wir bey der Acten-mäßigen Relation in Ansehen der Verhörung zu erinnern gehabt. Nun müssen wir auch etwas von der angestellten Besichtigung gedencken. Diese (188) bestehet darinne, daß ein gewisser Regiments-Feldscheer in Gegenwart einiger von der Administration abgeordneten Officiers mit zwey Unter-Feldscheern auff den Kirch-Hoff gedachten Dorffs gegangen und die vor kurtzen da eingescharrten Cörper ausgraben lassen und solche besichtiget und secirt, da sich denn befunden, daß unter denen Ausgegrabenen 10. Cörper frisch und 3. Verweset gewesen.

Bey denen frischen Cörpern finden sich ausser der gewöhnlichen und in unsern Dissertationibus sattsam abgehandelten Vegetantz folgende besondere Umstände: 1.) Daß es meist junge Personen gewesen; 2.) Daß ein gewisses Weib vor ihrem Absterben gesagt, daß sie sich mit dem Blute eines Vampyrs gestrichen und daher ein Vampyr werden müsse 3.) Daß dieselbe, ob sie gleich sonst gantz frisch gewesen, dennoch einen verfaulten Uterum gehabt; 4.) Daß ein gewisses altes Weib im Grabe fett worden, da sie vorher mager gewesen; 5.) Daß, weil sie Fleisch von denen, von den Vampyren umgebrachten, Schaafen gegessen, sie den Anfang mit dem Blutsaugen gemacht; 6.) Daß sich auch in dem Magen bey einigen frisches Geblüthe gefunden; und 7.) daß ein gewisses Weib eben an dem Orte ihres Leibes, wo sie vor ihrem Ende geklagt, daß sie von einem Vampyr gewürget worden, noch einen mit Blut unterlauffenen Flecken gehabt.

Aus dem, daß meistens junge Personen frisch befunden worden, erhellet, daß die Jugend mit (189) ihrer natürlichen Vegetantz vor andern viel zur Erhaltung des verstorbenen Cörpers in der Erde beytrage. Hierzu kömmt, daß es meistens junge Weiber und Sechswöchnerinnen gewesen, deren Tod durch keine auszehrende Kranckheit, sondern durch allerhand weibliche Zufälle, die etwas gewaltsames in sich haben, verursachet worden. Hieher gehören die Suffocationes uterinæ, die bey einem Weibe wunderliche Würckungen nach sich ziehen. Wäre nun die Vegetantz derer verstorbenen Cörper etwas übernatürliches, so würde ja dieselbe ohne Unterschied des Alters an den verstorbenen Cörpern wahrgenommen werden. Daß aber ein gewisses Weib vor ihrem Tode gesagt, sie habe sich mit dem Blute eines Vampyrs gestrichen, und daher ein Vampyr werden müssen, scheinet offenbahr demjenigen zu widersprechen, was von dem Paole gedacht wird, daß er sich durch das Blut eines Vampyrs von seiner Plage curirt habe. Alleine dieses so wohl als jenes ist aus Aberglauben geschehen, und dieser Aberglaube hat in denen Gemüthern der Leute eine so feste Impression gemacht, daß solche auch im Tode nicht auffgehöret. Immittelst hätte dieses Blut-Bestreichen geschehen mögen oder nicht, so würde die Vegetantz des Cörpers erfolgt seyn, wenn anders diejenigen Ursachen, die solche effectuirt, verhanden gewesen. Denn wir hören dergleichen sonst von keinem ausgegrabenen Cörper, ob wohl die meisten frisch und voller Blut gewesen.

Merckwürdig ist, daß von einem gewissen (190) Weibe gedacht wird, es sey ihr Cörper durchgehends frisch und unversehrt befunden worden, biß auff den uterum, der in völliger Fäulniß gewesen, weil die Affter-Bürde bey ihrer Niederkunfft bey ihr geblieben. Es ist dieses abermahl ein Zeichen, daß die Vegetantz der Hungarischen Cörper etwas natürliches sey, weil nicht allezeit gantze Cörper frisch und unverweset geblieben, sondern vielmahls nur gewisse Theile desselben, die etwan in solcher Composition gestanden, daß darinne kein Menstruum oder sonst eine causa destruens hat statt finden können. Da nun die Affter-Bürde etwas heterogenisches gewesen, so hat auch der uterus, der dieses heterogeneum in sich gefasset, nicht vor der Fäulniß und Verwesung sich erhalten können, ob wohl sonst die Natur des Cörpers so wohl, als die Erde geneigt gewesen, den Cörper unverweset zu erhalten.

Ferner ist auch als etwas sonderbahres anzumercken, daß ein altes Weib von 60. Jahren sich im Grabe dergestalt wieder verjüngt, daß, da sie vorher alt und hager gewesen, dieselbe fett und starck worden. Alleine es ist zu glauben, daß solches keine wahre Fettigkeit gewesen, sondern nur eine Dunst, die aus der im Grabe geschehenen Vermehrung derer humorum bey der anhaltenden Vegetantz entstanden. Wird man doch solches vielmahls an lebendigen Personen gewahr, daß, da sie sonst hager und dürre ausgesehen, sie plötzlich angefangen, fett und starck zu werden, so daß auch die Runtzeln und Falten (191) des Leibes und Gesichts sich wieder ausgekläret; jedoch hat sichs nachgehends befunden, daß es keine wahre Fettigkeit, sondern nur eine so genannte Dunst, und ein status præternaturalis gewesen. Also ist es auch mit dieser todten Frau beschaffen. Ihr Leib ist in der balsamischen Erde gleichsam zu einem Schwamme worden, der von denen vielen Feuchtigkeiten, die er an sich genommen, so aufgeschwollen, daß er gantz fett, frisch und starck ausgesehen, an sich selbst aber ist es eben der Leib gewesen, der in die Erde geleget worden.

Man hat weiter als etwas sonderliches zu betrachten, daß gesagt wird, es habe die ietzt gedachte Frau sich dadurch zu einem Vampyr gemacht, daß sie von solchen Schaafen gegessen, die durch einige Vampyrs umgebracht worden. Was von diesem Umbringen des Viehs zu halten sey, haben wir oben schon angezeigt. Es klingt dieses recht ungereimt, weil nicht zu vermuthen steht, daß ein gescheiter Mensch, ohne durch den äussersten Hunger angetrieben, von einem todten und verreckten Schaafe essen werde; und wer hat es denn den Leuten gesagt, daß das Schaaff von einem Vampyr umgebracht worden, indem ja Niemand etwas davon mit leiblichen Augen gesehen haben will?

Daß sich in dem Magen flüßiges Geblüthe gefunden, ist so sehr eben nicht zu verwundern, wenn man bedencket, daß Blut und Wasser sich mit einander vermischt, und daß das vor Blut (192) angesehene Rothe im Magen vielleicht nichts anders als roth-tingirtes Wasser gewesen, das sich von den vielen Feuchtigkeiten des vegetanten Cörpers gesammlet; aber daß der mit Blut angelauffene Fleck, auf der Brust einer gewissen Weibes-Person, ein Kennzeichen des, an diesem Orte geschehenen, Blut-Saugens und Würgens eines Vampyrs seyn solte, ist ein nichtiges Vorurtheil. Denn es kan gar leichte seyn, daß das Weib eine gewisse Brust-Beschwerung oder innerliche Læsion des Leibes an diesem Orte gehabt, so ihr grosse Schmertzen und nach dem Tode einen Flecken daselbst gemacht. Weil nun die Leute ihre Gedancken mit lauter Vampyrs angefüllt, so hat sie dieses in ihrer vorgefaßten Meinung bestärckt.

Uberhaupt beweiset die gantze Besichtigung, die mit den ausgegrabenen Cörpern vorgenommen worden, nichts anders, als daß die Cörper derer Verstorbenen zuweilen auf einige Zeit frisch und unverweset bleiben können; Aber daß daraus zu schliessen wäre, sie hätten die Leute gewürget und getödtet, ihnen das Blut abgezapffet und aus grossem Blut-Durst denen Menschen Tag und Nacht keine Ruhe gelassen, ist falsch. Es ist eine Sache, die bloß in der superstitiösen Leute Einbildung besteht und sich auf das Vorurtheil von denen Vampyrs gründet, welches die Leute so eingenommen, daß sie davor weder sehen noch hören können.

Die allerungereimteste Nachricht von diesen (193) Blut-Saugern giebt der Fähndrich Kottwitz in seinem Schreiben an einen gewissen Doctorem Medicinæ. Denn darinne wird erzehlet, 1.) daß in einem gewissen Dorffe, Nahmens Kuklina, sichs zugetragen habe, daß zwey Brüder von einem Vampyr des Nachts so geplaget worden wären, daß sie zu ihrer Sicherheit wechselsweise hätten wachen müssen; da es denn das eine mahl wie ein Hund die Thüre geöffnet, aber auff Anschreyen so gleich wieder davon gelauffen wäre; ein ander mahl aber, da beyde eingeschlaffen gewesen, habe es in einem Augenblick dem einen unter dem rechten Ohre einen rothen Fleck gesauget, daß er den dritten Tag darauf sterben müssen; 2.) daß ein begrabener Heyducke den folgenden Tag wieder zu seiner Frau gekommen und ihr ehelich beygewohnet, davon sie auch schwanger worden und nach 40. Wochen ein Kind zur Welt gebohren.

Uberhaupt hat man die gantze Erzehlung des Herrn Fähndrichs vor nicht viel besser denn ein Weiber-Mährgen zu halten. Denn er weiß dieselbe auff nichts weiter, denn ein Hören-sagen zu gründen. Wollen wir aber auch gleich diese Nachrichten würcklich vor gegründet annehmen, so sind sie doch beyde vor keine Würckungen derer so genannten Vampyrs zu halten. Denn daß Leute des Nachts durch Gespenster und Polter-Geister beunruhiget werden, ist nichts seltsames; deßwegen aber wird Niemand glauben, daß es Blutsauger seyn solten. Es scheint, (194.) als wenn die Vampyrs die guten Leute in Hungarn so verwirrt gemacht hätten, daß sie alles, was sich unter ihnen ausserordentliches zuträgt, denen Vampyrs zuschreiben. Bißher hat es geheissen, sie erschienen in ihrer ordentlichen Menschen-Gestalt: nun aber sollen sie gar als Hunde kommen und die Leute beissen und ängstigen. Ich möchte aber wohl wissen, was die Hunde in selbigem Lande vor eine Geschicklichkeit besitzen müssen, die Thüren auffzumachen, weil der Herr Fähndrich von Kottwitz schreibet; es habe wie ein Hund die Thüre geöffnet. Hunde können sonst keine zugemachte Thüre eröffnen, sie müste denn nur angelehnet seyn; wenn es aber ja geschicht, so geht es nicht leichtlich natürlich zu. Sollen wir unsere Gedancken von dieser Sache eröffnen, so ist entweder die gantze Begebenheit vor keine Wahrheit zu halten, oder es sind ein paar Leute

gethöret und durch die Erscheinung eines Gespenstes in Hunds-Gestalt so erschrecket worden, daß einer davon nach einigen Tagen gestorben; oder sie haben sonst eine so verderbte Imagination gehabt, daß sie die Nacht mit ängstlichen Träumen und Vorstellungen vieler Schreck-Bilder zugebracht. Der rothe Fleck aber unter dem rechten Ohre kan zehen Ursachen gehabt haben, die alle natürlich gewesen. Die andere Geschichte kömmt noch wunderlicher heraus. Es soll nehmlich ein zur Erden bestatteter Heyducke folgende Nacht darauff zu seinem Weibe gekommen seyn und ihr ordentlich (195) beygewohnet haben; Ob nun wohl der Saame desselben gantz kalt gewesen, sey sie doch davon schwanger worden, auch zur gesetzten Zeit mit einem Knäbgen niedergekommen, das aber kein eintziges Glied gehabt, sondern wie ein pures Stück Fleisch nach dreyen Tagen als eine Wurst sich zusammen geruntzelt und (vermuthlich) gestorben. Wir haben hierbey solche Umstände zu erwegen, die alle sattsam zu erkennen geben, es sey die gantze Erzehlung ein Mährgen. Denn es ist ungereimt, zu glauben, 1.) daß ein verstorbener und begrabener Mann wiederkommen u. einem Weibe ehelich beywohnen solte; 2.) daß ein kalter Saame fruchtbar seyn solte und 3.) daß ein pures Stück Fleisch ein wahres Kind seyn solte.
Daß Geister in Menschen-Gestalt mit Leuten von beyderley Geschlechte Unzucht getrieben, davon hat man viele Erzehlungen,[204] sie sind aber alle so beschaffen, daß man nicht Ursache hat, auff deren Glaubwürdigkeit viel Staat zu machen. Der Teuffel kan ja wohl die Einbildung wollüstiger Leute biß- weilen so bethören, daß, wenn sie im Schlaffe liegen, es ihnen nicht anders deuchtet, als ob sie Fleisches-Lust ausübten; aber daß der Teuffel würcklich fleischliche Wollust treiben solte, ist wider desselben Natur und Eigenschafften. Denn wie hierzu wahrhafftiges Fleisch und Blut erfodert wird, der Teuffel aber, wenn (196) er Menschen-Gestalt an sich nimmt, nur ein

---

[204] Ein sonderbahr Exempel davon erzehlet der Europäische Niemand Part. XI. p. 957. sqq.

Blendwerck macht, also kan er auch unmöglich sich mit einem Menschen fleischlich einlassen. Immittelst haben dergleichen wollüstige Geister einen besondern Nahmen. Sie heissen Succubi und Incubi, a succumbendo, und incumbendo, vom bey- über- und unterliegen. Die alten heydnischen Poeten nennten ihre Faunos und Wald-Götter also, weil sie vorgaben, sie giengen denen Weibern nach und schlieffen bey ihnen.[205] Alleine wie diese Wald-Götter ein Gedichte der Poeten sind, so sind auch die Incubi und Succubi zu unsern Zeiten eine, unter denen Papisten, ausgeheckte Fabel. Es geben zwar einige Physici vor, es könten die bösen Geister in menschlicher Gestalt so wohl die Stelle derer Manns- als auch derer Weibes-Personen vertreten und mit denen Hexen oder Unholden, wie auch mit andern Menschen solcher gestalt fleischliche Unzucht treiben, daß diese davon schwanger würden, indem die bösen Geister den menschlichen Saamen, so bald selbiger einer Manns-Person entwender per pollutionem nocturnam, oder auff andere Weise entgienge, und noch warm und spirituös wäre, aufffingen und selbigen in die Vasa genitalia dererjenigen brächten, mit welchen sie Unzucht treiben wolten, dergestalt, daß ein wahrhafftiger Fœtus daraus gezeugt werden könte. Alleine es ist diese eine blosse (197) Chimere, die keinen Grund hat; zu geschweigen, daß auch der Saamen unmöglich spiritueux und fruchtbar bleiben kan, wenn er an die freye Lufft kömmt und nicht in dem Augenblick, da er ejiciret wird, in den uterum maternum fället.

Und eben dieses ist die Ursache, warum wir es vor ungereimt halten, zu glauben, daß ein kalter Saamen fruchtbar seyn solte. Alle Physici haben dargethan, daß aller männlicher Saame, wenn er fruchtbar seyn solle, einen Spiritum bey sich führen müsse, der, wenn er nicht so gleich ex urethra in uterum immittirt wird, verrauche und verschwinde. Es geschicht daher gleichsam bey ieder Conception auch eine Inspiration. Die Lebens-Geister der Leibes-Frucht, die concipirt werden soll, werden so gleich mit dem Saamen infundirt und ein-

---

[205] CAELIUS RHODIG. L. II. c. 6.

gehauchet. Wenn nun in dem Brieffe aus Hungarn erzehlet wird, es habe der verstorbene Mann seiner noch lebenden Frau beygewohnet und sie mit eißkaltem Saamen besaamet, so kan sie unmöglich davon schwanger worden seyn, weil der Saame nicht seine natürliche Wärme gehabt, und folglich nicht fruchtbar gewesen ist.
Nichts destoweniger wird erzehlt, daß das Weib nach Verlauff 40. Wochen ein Kind zur Welt gebohren. Alleine was soll das vor ein Kind gewesen seyn? Es hat die völlige Proportion eines Knabens und doch kein einiges Glied gehabt. Solcher gestalt ist es ohne Kopff, Hände und Füsse, ja, wie es in der Relation (198) selbst heißt, ein pures Stücke Fleisch gewesen, das nach dreyen Tagen, wie eine Wurst sich zusammen geruntzelt; welches vielleicht so viel heissen soll, als es ist eingetrocknet und verschrumpelt. Wer will hieraus schliessen, daß dieses ein wahres Kind gewesen?
Sollen wir unsere Gedancken auffrichtig von dieser Begebenheit entdecken, so halten wir entweder, wie wir bereits zum öfftern gedacht, die gantze Geschichte vor ein Mährgen, oder, so etwas davon wahr ist, so hat das Weib des jüngst verstorbenen Heyduckens mit einem andern zugehalten und, nachdem sie schwanger worden, aus Boßheit vorgegeben, ihr verstorbener Mann sey als ein Vampyr zu ihr gekommen und habe sie geschwängert. Weil sie nun darauff statt eines Kindes mit einer so genannten Mola niedergekommen, so hat sie ihr boßhafftiges Vorgeben um so vielmehr beschönigen können. Und wie schicket sich auch diese Begebenheit zu der Historie derer Vampyrs, da ja das Blutsaugen und Würgen derselben, der vornehmste Umstand ist, darum ihrer Meldung geschicht. Dieses sind unsere wenigen Gedancken, die uns bey Durchlesung der neuesten Relationen aus Hungarn beygefallen sind. Nun wollen wir anderer gelehrter Leute Gedancken dargegen halten und sehen, wie dieselben damit übereinstimmen. Es sind viel und vielerley Schrifften davon ans Licht gekommen, deren Inhalt wir kürtzlich recensiren wollen. Der gelehrte Herr (199) Verfasser der Theologischen Bibiliotheck hat zwar

bereits unter dem Nahmen EUDOXI[206] von denen Schrifften, so bißher wegen der Vampyren heraus gekommen, einigen Bericht ertheilet, aber es ist solcher nicht vollständig genung. Wir hoffen daher, dem curieusen Leser einen Gefallen zu erweisen, wenn wir sie in folgender Ordnung etwas umständlicher recensiren.

Besondere Nachricht von denen Vampyren oder so genannten Blut-Saugern, wobey zugleich die Frage, ob es möglich, daß verstorbene Menschen wiederkommen, denen Lebendigen durch Aussaugung des Bluts den Tod zuwege bringen und dadurch gantze Dörffer an Menschen und Vieh ruiniren können? gründlich untersucht worden, von PUTONEO. Leipzig 1732. in 8. 3. Bogen.

Dieses ist beynahe die erste Schrifft, die von denen Vampyren ans Licht gestellt worden. Der Verfasser derselben soll Hr. D. Meinig in Leipzig seyn.[207] Man findet darinnen so wohl die Relation des Kayserl. Provisoris, die A. 1725. zum Vorschein gekommen, als auch den neuen Acten-mäßigen Bericht aus Servien, (200) und den Brief an einen gewissen Doctorem Medicinæ zu Leipzig,[208] wobey nichts weiter anzuzumercken ist, als daß der Acten-mäßige Bericht in einigen Redens-Arten anders klingt, als wir ihn sonst gelesen haben. Nach beygebrachter Specie Facti führet der Herr Verfasser einen weitläufftigen Discours von der Vorsichtigkeit, die man bey Beurtheilung wundersamer Dinge brauchen müsse, und behauptet, daß zum öfftern bey denen wunderbarsten Dingen durch die Boßheit der Menschen ein grosser Betrug gespielet werde. Er erzehlet deßwegen ein gantz besonder Exempel von einer Weibes-Person, welche vorge-

---

[206] Siehe den 62ten Theil p. 143. sq. und den 69. Theil p. 870 sq.
[207] Theol. Bibliotheck P. LXII. p. 148.
[208] Vielleicht ist der Herr Verfasser selbst dieser unbekannte Doctor Medicinæ.

geben, daß sie nicht nur behexet, sondern auch von dem Teuffel zu gewissen Zeiten sehr übel geplagt würde; welches alles auff einen Betrug hinaus gelauffen, als man ihre paroxysmos durch eine Königl. Commission genauer untersuchet.[209] Alleine ob wir gleich dieses zugestehen, daß vielmahls mit solchen wunderbahren (201) Dingen ein grosser Betrug vorgehe, so folgt es doch nicht, daß es allezeit geschehe. Immittelst nimmt der Herr Verfasser darauff Gelegenheit die gantze Geschichte von denen Vampyren verdächtig und zweifelhafftig zu machen. Er schreibt unter andern p. 22. sqq. also: „Es ist gleich anfänglich zu mercken daß sich dieses Factum bey denen Rätzen, das ist bey einer solchen Art Menschen zugetragen haben soll, bey welchen nebst der grossen Unwissenheit von natürlichen Dingen, zugleich auch der allergröste Aberglaube herrschet, mithin bey solchen Subjectis, welche sich die närrischten Dinge einzubilden fähig, und ihre Popen ihnen weiß machen können, was sie nur wollen. Nechst diesen ist wohl zu observieren, daß es nach der neuesten Relation meistentheils krancke und sterbende Wieber, welche ausgesagt, daß sie von denen Vampyren wären gewürget worden, gewesen; Daß sich niemahls ein einiger Mensch gefunden, welcher mit Grund der Wahrheit sagen könte, einen solchen Vampyr, welcher von den Lebendigen das Blut ausgesauget und sie dadurch getödtet, gesehen zu haben, und eben daher kan auch nicht bewiesen werden, daß der gehlinge Tod bey dem Vieh von denen Vampyren herrühre; Ferner Daß dieses alte Mährgen, welches insgemein, wenn sich contagieuse Kranckheiten an dasigen Orten hervor zu thun pflegen, wiederum hervor gesucht zu werden pfleget; Daß bey

---

[209] Eine gleiche Begebenheit ereignete sich im Jan. 1730. zu Turin mit einer gewissen Jungfer, die wegen der abscheulichen Verzerrungen ihres Leibes und fürchterlichen Gestalten, die man an ihr wahrnahm, vor eine Besessene gehalten seyn wolte. Alleine es wieß sich nachgehends aus, daß es eitel Betrug damit gewesen. Europ. Fama P. 334. p. 831. sqq. Hieher gehöret auch die sonderbahre Geschichte der Mademoiselle Cadiere, die sich vor einigen Jahren zugetragen und in der Welt mehr als zu bekannt ist.

diesem Facto so wohl der Kayserl. (202) Provisor, als auch die Herren Officiers bey der letzthin angestellten Inquisition nichts mehr, als daß sie unverwesete Cörper, welche bey der Durchstechung des Hertzens Blut von sich gegeben haben, und daß ihnen wieder andere Nägel und Haare gewachsen seyn sollen, aussagen können, mit nichten aber, daß diese Cörper eben die Ursache wären, daß andere Personen verstorben und daß sie solche gar umgebracht hätten; Daß bey diesen verstorbenen Leuten kein erfahrner Medicus gewesen, welcher dieser Personen wahrhaffte Kranckheit untersuchet, und deßwegen ein glaubhafftes Attestatum ausgestellet, woraus man denn von dieser gantzen Sache ein gegründet Urtheil fällen könte, daß der Clerus papalis vielmehr eine scharffe Untersuchung hindere, weil es seinem Interesse, wenn der gemeine Pöbel dieses alte Weiber-Mährgen vor wahr hält, sehr zuträglich. Denn wenn man bey diesem phænomeno die Ursache von einem bösen Geiste, oder von denen Seelen derer Verstorbenen herleiten wolte, würde dieses gewißlich ein stattliches Argument vor die Existentz des Fegefeuers dargeben können; Letztlich hat noch biß diese Stunde kein Mensch würcklich gesehen, daß ein Begrabener wäre aus dem Grabe aufgestanden, herausgewandert und sich nach seinen gehabten Verrichtungen wieder in das Grab gefüget und eingeschlossen hätte. Weil nun dieses alles solche Propositiones, welche den (203) fidem historicam ziemlich verdächtig machen können, so sieht man gantz deutlich, wie delicat und behutsam man in Beurtheilung dieser Zeitung verfahren müsse."

Nachdem er diese Dubia voraus gesetzt, tritt er p. 25. der Sache von denen Vampyren etwas näher. Ich kan aber nicht leugnen, daß nicht seine Gedancken, die er von denen Wunderwercken und der Macht des Teuffels hat, mit dem, was ich hiervon in meiner ersten Dissertation ad §§. 14. sqq. und 18. sqq. selbst beygebracht, gäntzlich einerley seyn solten. Ich will einige Proben hiervon geben und die Leser beurtheilen lassen, ob nicht der Herr Verfasser Ursache gehabt hätte, meine Dissertation zu allegiren?

Ich schreibe z. E. in meinem Tractate de Masticatione Mortuorum Diss. I. p. 28. §. 14. also: Miraculum dicimus effectum illum divinum, qui extra ordinem & supra omnes causas naturales per influxum divinæ omnipotentiæ producitur ad confirmandam divinæ veritatis auctoritatem. Ferner p. 19. §. 15. Masticationes mortuorum si pro miraculis venditare velimus, vel miracula doctrinæ vel miracula providentiæ sint, necesse est. Miracula doctrinæ dudum in eccelsia exspirasse diximus. Spectant enim ad ecclesiam tantummodo plntandam. Miracula providentiæ sunt nil nisi rariora singularis providentiæ divinæ exempla, quæ præter consuetum (204) Naturæ ordinem fieri solent ad conservandam vitam nostram & corporis integritatem. Dieses drücket der Herr Verfasser im Deutschen p. 25. sq. also aus: „Ein göttliches Wunderwerck ist ein Effect durch GOttes Allmacht hervor gebracht, welcher nicht aus natürlichen Ursachen zu demonstriren, sondern lediglich dienet die Auctorität göttlicher Wahrheit ie mehr und mehr zu confirmiren. Unsere Herren Theologi theilen die Miracula divina insgemein in Miracula doctrinæ und providentiæ ein, jene haben schon längst, nachdem wir in Ecclesia plantata leben, aufgehöret, diese aber pflegen sich sehr selten zuzutragen und nur dann zu geschehen, wenn der Höchste auf eine gantz außerordentliche Weise, die wider den ordentlichen Lauff der Natur zu geschehen pfleget, vor unsere Conservation sorget."

Der 21. §. p. 23. lautet in meiner Dissertation also: Diabolo nullum jus vitæ & necis in homines competit. Deus sibi soli hoc ceu regale divinum reservavit. Ad suam enim imaginem cum homines formaverit, nemini jus aliquod in eorum vitam & mortem concessit, nisi magistratui politico vices suas quasi gerenti. Hic solus gladium justitiæ super maleficos stringere debet. Quis vero Diabolo, illi de facie Dei detruso spiritui, qui ad æternas condemnatus est pœnas, tantam in homines per Dei Filium (205) in gratiam redactos assignaret potentiam, eos pro lubitu & enecandi & conservandi? Extra ordinem interdum quidem Deus ad puniendos homines mittit executores judiciorum suorum, sed Diabolum sibi pro sua sanctitate in tali negotio deligere non consuevit. Legimus equidem de Jobo aliisque viris sanctis in sacris literis, eos a Diabolo admodum male tractatos virgisque & colaphis haud levibus cæsos fuisse. Verum licentiam hanc, etsi Diabolus nisi a summo non impetrate potuit Numine, ita tamen accepit limitatam, ut in vitæ discrimen istos vocare prorsus non potuerit. Unde itaque tanta ipsius in mortuorum masticatione potestas? Permittit quidem sæpe Deus malo spiritui, ut apparitionibus suis quibusdam hominibus tantum horrorem incutiat, ut præ alteratione mortem subeant. Sed Diabolus mortis hujus causa tantum occasionalis est, non vero causa efficiens, quæ tamen in masticatione mortuorum esse deberet, si causas hujus Naturæ prodigii in Diabolo quæreremus.

Diese Gedancken eignet sich der Herr Putoneus p. 27. in folgenden terminis zu: „Daß dem Teuffel kein Jus vitæ & necis über die Menschen zustehe, ist eine ausgemachte Sache. GOtt alleine hat sich dieses Regale vorbehalten, welches er auf gewisse masse der weltlichen Obrigkeit, welche an GOttes Statt (206) sitzet, verliehen, wer wolte wohl glauben, daß der Teuffel, welcher von GOttes Angesichte verstossen und mit Ketten der Finsterniß gebunden, denen durch das theure Blut Christi erlöseten Menschen nur eine Haare krümmen, vielweniger ihnen das Leben nehmen könte. Nun lesen wir zwar in der göttlichen Heil. Schrifft, welchergestalt Hiob nebst andern Frommen sehr übel vom Teuffel geplagt worden, wir finden aber nicht, daß er ihnen das Leben hätte genommen, wo solte er denn hier bey diesem Casu eine solche Gewalt bekommen haben? So viel ist wohl gewiß, daß der böse Geist causa mortis occasionalis, nicht aber efficiens seyn könne. Denn wenn er vermögend, durch allerhand Erscheinungen denen Menschen eine Furcht einzujagen, so ist es auch wohl möglich, daß durch eine übermäßige Furcht der Tod zuwege gebracht werden könne. etc."

Auff solche Art hat es dem Herrn Verfasser beliebt, fast alles, was ihm in meinen Dissertationibus merckwürdig geschienen, auszuschreiben, oder doch einen kurtzen Extract davon zu geben, ohne zu melden, woher er es habe und woraus er es

genommen. Jedoch können wir nicht leugnen, daß er nicht auch hin und wieder seine eigene Gedancken einmischen solte. Dieses geschicht sonderlich p. 33. - 37. da er die neuesten Nachrichten aus Servien erleutert. Mit dem alten Weibe, das wegen des gegessenen (207) Schaaff-Fleisches den Anfang zu den Vampyren gemacht haben soll, hält er sich am weitläufftigsten auff. Er schreibet unter andern also: „Die alte Frau hat Schaaff-Fleisch gegessen und soll davon kranck worden seyn, welches gantz wohl möglich. Alleine der Umstand, daß das Schaaff von einem Vampyren wäre getödtet worden, und daß dieses die wahrhaffte Ursache ihrer Kranckheit und Todes, ist gantz unerweißlich. Denn wer hat denn gesehen, daß das Schaaff von einem Vampyren wäre umgebracht worden, und wo ist iemahls ein Vampyr von einem gesunden, wohl aber von denen Krancken, bey welchen die Phantasie, wie wir mit mehren zeigen werden, corrumpirt, ihrem Vorgeben nach gesehen worden. Woraus denn gantz deutlich zu schliessen, daß die Kranckheit dieser Frau zwar wohl durch das Fleisch von dem Schaaffe ihren Ursprung genommen haben kan, die Ursache aber ist nicht, weil es von einem Vampyr getödtet, sondern weil das Fleisch vielleicht etwas contagieuses, gifftiges, oder sonst eine Beschaffenheit an sich mag gehabt haben, welche der Frau ihre Kranckheit, ja gar den Tod verursachet. Meines Erachtens halte ich diesen Umstand mit dem Fleische vor einen von den allernotablesten, weil dadurch besage der Relation die Vampyren den Anfang genommen, da wäre es nun höchst nöthig, daß ein gelehrter, erfahrner und des Landeskundiger Medicus und Physicus (208) eine scharffe und genaue Untersuchung angestellt hätte, ich bin gewiß versichert, es würde sich zu Tage legen, daß das Fleisch aus einer gantz natürlichen Ursache dergleichen malum causiren könne?"
Er hält das gantze Wesen vor eine Art der Kranckheit, dabey insonderheit eine starcke Phantasie concurrire. „Diejenigen Personen," schreibt er p. 36. „von welchen sie gedrückt und gewürget worden, sind eines plötzlichen Todes gestorben, welches ihnen eine sehr starcke Impression gemacht, mithin in

beständigen Andencken stehet, wodurch es ihnen denn vorkömmt, als wenn solche würcklich zu ihnen kämen und sie plagten, zumahl da einmahl bey denen Leuten eine ausgemachte Sache, daß die Verstorbenen wiederkommen und die Menschen umbringen können, woher diese Phantasie mit einer entsetzlichen, ja fast tödtlichen Furcht vergesellschaffet, und deßwegen ist gantz wohl zu glauben, daß solchen in einem dergleichen Zustande sich findenden Leuten die Anwesenheit eines Verstorbenen so groß und wahrhafftig vorkömme, daß sie nichts so gewiß als dieses glauben."
Er vergleicht hierauff diesen Zustand mit dem Alpe. Observant sensibus varia phantasmata, quæ vere se conspicere & a quibus injurias se pati autumant afflicti, sagt Juncker in seinem Conspectu Medicinæ Tab. L. de Incubo, gantz recht. „Ich bin gewiß versichert," (209) schreibt Putoneus ferner, „daß wer von dieser Kranckheit des Alp-Drückens befallen gewesen, wird wissen, mit was vor Angst, Furcht und Schrecken er umgeben, wie lebhafft ihm die Phantasie eine Person, welche sich auff ihn leget, und ihn drücket, darstellet, da solches doch vom Geblüthe und von einer spasmodica musculorum thoracis contractione, welche mit einer anxia & valde laboriosa respiratione verknüpfft, eigentlich seinen Ursprung genommen. Und wenn wir dieses auf unsern vorhabenden Casum appliciren, sehen wir hier eine ziemliche Gleichheit mit dieser Kranckheit. Denn erstlich kömmt unsern Patienten eben das im Schlaffe vor, nehmlich daß sie gedrückt und geplagt werden, was denen, welche der Alp drücken soll, begegnet; Vor das andere finden sich bey dergleichen Leuten auff der Brust und Halse rothe Flecke, wie solches der Herr Fähndrich von Kottwitz in seinem Schreiben mit diesen Worten: Da es denn in einem Augenblick einen rothen Fleck unter dem rechten Ohr gesauget, erwehnet. Eben dieses trägt sich auch bey dem Incubo zu. Remanent, spricht Juncker im gedachten Tractat, aliquamdiu ingens lassitudo, imo non nunquam maculæ rubicundæ, vel lividæ, sive in artubus, sive in pectore conspiciuntur."

Hierauff nimmt der Herr Verfasser Gelegenheit, p. 38. eine Transition auff meine zwey (210) Dissertationes de Masticatione mortuorum zu machen. Da er denn gantz recht vorgiebt, daß ich das Haupt-Werck auff eine Imagination oder besondere Phantasie setze, welche bey dem gantzen Phænomeno würcke und wundersame Effectus producire.
Alleine wenn er weiter unten p. 39. 40. behauptet, daß ich den Ursprung dieses Mali aus der Pest, deren Ursache ich in die Imagination gesetzet, wodurch selbe fortgepflantzet werde, hergeleitet, so giebt er deutlich zu erkennen, daß er mich nicht verstehe. Denn wenn ich Dissert. II. §. 47. schreibe: Sequentem in modum masticantium mortuorum phænomenon originem suam cepisse arbitramur, so soll dieses nicht so viel heissen, als „ich glaube, daß das phænomenon von denen schmatzenden Todten folgende Ursache habe," sondern: ich glaube, daß dieses phænomenon folgender gestalt oder durch folgende Umstände entstanden, oder zuerst bekannt und offenbahr worden. Denn daß die Ursache der Contagion nicht in der Einbildung bestehe, habe ich ja Diss. I. §. 49. p. 48. ausdrücklich widerlegt, ob ich gleich eben nicht leugnen will, daß nicht das Schrecken etwas dabey thun könte.
P. 42. sqq. zeiget Putoneus durch Anführung verschiedener Exempel, daß es nichts wunderbahres sey, wenn Cörper eine Zeitlang im Grabe unverweset bleiben. Es sind aber lauter solche Exempel, die in unserer Dissert. II. vorkommen, (211) worunter dasjenige, so von einem Bergmann in Ehrenfriedersdorff handelt, das vornehmste ist und daher von Wort zu Wort excerpirt worden. Seine Gedancken, die er p. 45. sq. von denen Ursachen der Incorruption und Putrefaction hat, sind ebenfalls ein Extract aus unsern Dissertationibus; gleichwie auch dasjenige, was er p. 47. sq. von dem Bluten der Cörper anführt. Aus allem diesen, was er vorgebracht, macht er den Schluß: Das alles, was von denen ausgegraben Cörpern in Hungarn oder denen so genannten Vampyren erzehlet werde, aus natürlichen Ursachen hergeleitet werden könte.

II.
Visum & Repertum über die so genannten Vampyrs oder Blut-Aussauger, so zu Medvegia in Servien an der Türckischen Granitz den 7. Jan. 1732. geschehen. Nebst einem Anhange von dem Kauen und Schmatzen der Todten in Gräbern. Nürnberg 1732. in 8. 3. Bogen.

Der ungenannte Verfasser hat von denen Vampyrs weiter nichts als die Speciem Facti. Der Anhang aber, so das meiste ausmacht, handelt von dem Kauen und Schmatzen der Todten in Gräbern. Von p. 17. biß 20. behauptet er, daß das ungewöhnliche Gepolter, Gekrache, und andere Getöse und seltsame Schall, so um die Gräber und Beinhäuser vernommen werde, ein Spiel des leidigen Teuffels sey; von p. 20. biß 28. suchet er solches durch verschiedene Exempel, (212) die gröstentheils aus Garmanni Tractat de Miraculis Mortuorum genommen sind, zu erweisen; von p. 28. biß 38. werden diejenigen widerlegt, die solches Gepolter, solches Kauen und Schmatzen der Todten einigen natürlichen Ursachen zuschreiben, und p. 38 - 45. werden die Ursachen angeführt, warum solches Werck dem Teufel zuzuschreiben u. was dabey zu rathen sey.

Er schreibet unter andern p. 38. also: „Man hat in geringsten nicht zu zweiffeln, daß solches Saugen, Schmatzen, Kauen und Fressen des Todten anders nichts als des Teuffels Gauckeley, Gespenst, Betrügerey und Boßheit, welcher unter des Begrabenen Person ein solches Schmatzen, Lecken und Beissen im Grabe verübet. Gleichwie nun dieser boßhafftige Geist fürnehmlich bey Pest-Läufften, da er GOttes Scharff-Richter ist, grosse Gewalt hat; also kan er auch auff Gottes Verhängniß nicht alleine eine Pestilentz, so über den gantzen Erdboden sich ausbreitet, erregen, sondern ist auch als ein rechter Verderber und Würg-Engel bemühet, durch mancherley Schreck-Possen zum Untergange menschlichen Geschlechts, solches Verderben zu erweitern und fortzusetzen."

III.
Acten-mäßige und umständliche Relation von denen Vampiren oder Menschen-Saugern, welche sich in diesem und vorigen Jahren im Königreich Servien hervorgethan. (213) Nebst einem Raisonnement darüber und einem Land-Schreiben eines Officiers des Printz Alexandrischen Regiments aus Medvedia in Servien an einen berühmten Doctorem der Universität Leipzig. Leipzig A. 1732. 8. 3. Bogen.

Der Verfasser[210] setzt gleich als eine gewisse u. unfehlbahre Wahrheit voraus, daß es drey wesentliche Theile des Menschen gäbe. „Die Lehre von denen drey Theilen des Menschen," schreibt er p. 5. „ist von gar alten berühmten und neuen scharffsinnigen Philosophis, denen doch die Welt trüglich gerichtet, vertheidiget und von vielen aus der Schrifft selbsten behauptet worden." Die Stellen, woraus er solches zu behaupten suchet, sind Gen. II. 7. Ps. XVIII. 29. Hiob. X. 12. Hebr. IV. 12. und Luc. I. 46. 47.[211] Alleine es ist die Frage nicht, ob Seele und Geist, wenn sie in der Schrifft beysammen stehen, etwas diverses bedeuten, sondern ob beydes zwey besondere wesentliche Theile des Menschen sind, die nebst dem Leibe den Menschen zu einem dreytheiligten Geschöpffe machen. Das erste wird Niemand leugnen und das letztere kein orthodoxer Theologus bejahen. Denn so wenig eine qualitas animæ die anima selbst ist, und eine qualitas corporis (214) das corpus selbsten, so wenig kan ich auch aus Leib, Seel und Geist drey besondere wesentliche Theile machen, weil Seel und Geist hier nicht dem Leibe als zwey andere wesentliche Theile entgegen gesetzet werden, sondern nur ex singulari emphasi collective den gantzen Menschen mit allen innerlichen und äusserlichen

---

[210] In den Nieder-Sächs. Gel. Zeitungen 1732. N. XXXIV. p. 300. sq. wird er mit Recht ein unverschämter Alchymist genennet.
[211] Es wundert uns, daß er nicht I. Thess. V. 23. hinzu gesetzt hat, welches unserm Bedüncken nach die Haupt-Stelle zum Beweiß der drey Theile des Menschen ist.

Facultatibus animi & corporis andeuten. Es muß der wahre Verstand der Worte Seel und Geist allezeit aus dem Context erkannt werden. Bißweilen heist die Seele so viel als das Leben und der Geist so viel als der Verstand und das Gemüthe. So wenig nun Leib, Leben, Verstand, Gemüthe, Vernunfft, Affecten und dergleichen zusammen vor wesentliche Theile des Menschen zu halten sind, ob sie gleich einander bißweilen an die Seite, bißweilen auch wohl gar entgegen gesetzt werden, so wenig kan man auch aus Leib, Seel und Geist drey besondere wesentliche Theile des Menschen machen. Wie die Vegetantz und Lebhafftigkeit zum Leibe, und die Vernunfft, der Verstand, das Gedächtnüß, das Gemüthe, die Scharffsinnigkeit und dergleichen zur Seele gehören; also kan man alles, was ins besondere von der Seele und dem Geiste gesagt werden kan, gar füglich unter den beyden Theilen Leib und Seele begreiffen. Es heist demnach nichts, was der Herr Verfasser p. 6. weiter spricht: „Wenn sich ein Casus ereignet, welcher ohne dieser hypothesi de tribus partibus sich nicht resolviren lässet, so (215) wissen diese guten Leute nicht, wo sie sich sollen hinwenden." Man kan auff eine viel wahrscheinlichere Weise, oder wenigstens doch eben so bequem dergleichen Casus erörtern, als wenn man die hypothesin de tribus partibus zum Grunde setzet. Wir werden weiter unten hören, wie geschickt unser Autor den Hungarischen Casum nach seinen Principiis zu erleutern vermag. Er theilet die Leute in Ansehen desselben in drey Classen ein und urtheilet von ihnen also: „Die meisten nehmen ihre Zuflucht zum Teuffel. Der ist ein Tausend-Künstler, der richtet solche Wunder an. Andere, die der Philosophie noch Platz geben wollen, sagen ja wohl, es sey eine sympathie; wenn man aber wissen will, was sympathie ist, so können sie nicht leugnen, daß sie obscurum per idem obscurum explicirt. Die dritte Art solcher Leute ist diejenige, welche sich nicht verrathen und zu solchem Ende lieber die gantze Geschichts-Erzehlung in Zweiffel ziehen wollen. Denn, sagen sie, es seyn so viel Historien in der Welt von Hexen, von Gespenstern, von Kobolden und dergleichen, welche letztlich alle falsch und als Betrug erfunden werden: Ergo sind alle Geschichte in rebus metaphysicis dieses Gelichters."

Hierauff erzehlet er die oben beygebrachte speciem Facti von denen Hungarischen Vampyrs, und fängt so denn an, darüber zu philosophiren. Sein Eingangs-Discours lautet also: „Unsere Meinung hierüber zu entdecken, dürffen (216) wir zum Voraus unerinnert nicht lassen, daß Aër, so die Philosophi unter die Elemente rechnen, von denen Hebräern nicht darunter gesetzt werde,[212] indem in der Welt was höhers und geheimeres als die Elemente seyn müsse, welches gleichsam das Mittel und der Leim seyn solle, so die Formas superiores mit denen Materiis inferioribus d. i. den Himmel mit der Erde oder die Seele mit dem Leibe verbinde; und das ist der Welt-Geist, welcher alle Geheimnisse der himmlischen Gegend und deren Influentz als ein Schooß der gantzen Natur in sich begreifft und den übrigen Elementis und elementatis mittheilet, wodurch die Geister der Menschen, welche sehr weit entfernt sind, mit einander conferiren, und geistlicher Weise sprechen können. Denn mit denselben vereinbahren sich die Geister des Menschen gar leichtlich, weil sie daher, als aus einer Quelle entsprungen und ihrer Substantz nach von selbigen nicht anders unterschieden sind, als ein Tropffen Wasser von seiner Massa. Dieses ist der Geist, welcher sich selbst in das menschliche Geblüthe verwandelt, in welcher sichtbahren Gestalt er nichts destoweniger unsichtbahre Dinge, nehmlich die vernünfftige Seele, ja gute und böse Geister begreifft. Denn das letztere lehret uns die heil. Schrifft selbst, und die tägliche Erfahrung z. E. an denen Besessenen. Daß (217) aber die Seele ihren Sitz in diesem contracto spiritu habe, wird aus vielen Schrifft-Stellen erwiesen. Daher sagt GOTT Gen. IX. 4. 5. Esset das Fleisch nicht, das noch lebt in seinem Blut: Denn ich will auch eures Leibes Blut rächen und wills an allen Thieren rächen, an einem ieglichen Menschen, als der sein Bruder ist; und deßwegen heisset beym Job. XXIV. 12. Daß die Seele der Erschlagenen schreye wegen der Violation ihrer Wohnung, die

---

[212] Probetur.

sie im Geblüthe hat. Denn des Leibes Leben ist im Blut Lev. XVII. 10. welches v. 14. nachdencklich wiederhohlet wird. Ja! spricht der geneigte Leser, das geb ich leichtlich zu, daß das Blut im Geist und in diesem Geist die Seele wohne? Quid inde? Ich möchte gerne wissen, wie das möglich sey, daß ein Geist eines lebendigen Menschen Blut aussauge? Dieses zu beantworten, muste obiges præmittirt werden. Wir haben nehmlich gesagt, daß vermittelst des allgemeinen Welt-Geistes die Geister mit einander correspondiren können. Gleichwie aber gütige und boßhafftige sind, also ist auch ihre Conversation, wenn man es nach menschlicher Art so nennen darff, entweder gut oder böse. Das erstere nennet man Sympathiam, das andere Antipathiam. Denn wo die Geister sehr von einander unterschieden seyn, da kan unmöglich eine Ubereinstimmung seyn. Wenn aber ein Reich mit ihm selbst uneins wird, wie will das bestehen? Es reibt eines das andere (218) auff. Wenn nun die Theile des Menschen auffhören, vereinigt zu seyn, das ist, wenn der Mensch stirbt, so geht die Seele zu GOtt, der sie gegeben hat. Der Leib wird zur Erde. Der Geist aber geht nach des Leibes Verwesung in das geistliche Meer, woraus er geflossen ist, zurücke. Mit welcher Impression nun die Seele von den Menschen ausfähret, mit solcher ist ohne Zweiffel sein Vehiculum, der Astral-Geist, imprægnirt, und daher entstehen nach der Separation gute oder böse Operationes. Wir finden in obiger Relation von verschiedenen Vampyren, daß sie bey ihren Lebzeiten schon gesagt, daß sie nach ihrem Tode Menschen-Sauger werden würden, und was ist vor ein Zweiffel, daß sie auch beym letzten Augenblick ihres Lebens eben diese schädliche Gedancken werden gehabt haben, und daß diese Begebenheiten die Effecta davon seyn, welche um so viel eher von iedweden vor possible gehalten werden, wenn er weiß, daß das Geblüthe nicht anders als ein Geist sey. Daß aber ein Geist könne ausgesaugt werden, ist nichts unerhörtes, indem schon Hiob durch GOttes Zulassung von denen Antipathetischen Geistern, so ihm doch an das Leben nicht kommen durfften, also geplagt und erschreckt wurde, daß er c. VI. 4. klaget: Die Pfeile des Allmächtigen stecken in mir, derselben Grimm säufft aus meinen Geist und die Schrecknisse Gottes sind auff mich gerichtet." Schöne Raritäten. Schöne Spielwercke! (219) Hierauff folgen die Reflexions über die Acten-mäßige und umständliche Relation von den Vampyren oder Menschen-Saugern. Es kommt dem Verfasser auf folgende 6. Phænomena an, die er an denen Vampyren einer Untersuchung würdig achtet: 1.) Die Unverweßlichkeit der Cörper, 2.) das Wachsen der Haare und Nägel, 3.) das frische und fliessende Geblüthe, 4.) dieser Cörper Würckungen in die lebendigen Menschen, 5.) die geschehenen Executiones an denen entseelten Cörpern und 6.) das Schreyen eines gewissen Vampyrs, so bey der vollstreckten Execution gehöret worden.

Wenn ich meine Gedancken aufrichtig von dieser Schrifft eröffnen soll, so hat der Verfasser dabey meine Dissertationes zum Grunde gelegt und das, was wir darinnen von dem Principio Vitalitatis gesagt, auff seinen Welt-Geist applicirt, auch sich bemühet, die neuesten Relationes aus Hungarn daraus zu erleutern; wie glücklich er aber darinne gewesen, will ich in etlichen Proben weiter unten zeigen.

Daß der Autor allerdings meine Dissertationes gebraucht haben müsse, geben folgende Stellen zu erkennen. Er schreibet p. 25. also: „Dieser menschliche Geist macht, so lange er in dem Cörper ist, daß er wachsen und zunehmen, schwach und starck werden kan, welches von der unsterblichen Seele nicht gesagt werden kan, als deren Wesen keiner Veränderung unterworffen (220) ist. Inzwischen dependirt das menschliche Leben allerdings von der Seele, dieweil ein Mensch kein Mensch mehr ist, wenn ihm ein wesentlicher Theil desselben abgehet, sondern er bleibt nur ein Leib. Nun fragt es sich, ob ein Leib, der keine unsterbliche Seele mehr in sich hat, dennoch lebhafft seyn könne? Wir tragen nach unserer Hypothesi kein Bedencken, hierauff mit Ja zu antworten. Denn da der Mensch, wie wir bey unserer Relation erinnert, schon, ehe noch die Seele gewesen, geschaffen worden, so hat er, wenn man ihn an sich betrachtet, nicht anders seyn können als lebendig. Qualis enim causa, talis effectus. GOTT kan nichts todtes schaffen, der das Leben selber ist. Also muste in dem Leibe schon was lebendes d. i. ein Geist seyn, sonst wäre derselbe nicht ein Leib, sondern ein Bild, Statue oder dergleichen etwas gewesen. Der menschliche Leib besteht also aus einem Geist, den er mit allen andern Cörpern in der gantzen Natur gemein hat und der mit dem allgemeinen Welt-Geiste zusammen hangt. Wenn nun gleich der Mensch sein eigentlich so genanntes Leben verliehret, so behält er doch seine Vitalität, die er mit andern Cörpern gemein hat."

Dieses ist beynahe von Wort zu Wort aus meiner II. Dissertation §. 15. - 17. p. 65. sqq. übersetzt und abgeschrieben worden. Denn da lautet es im Lateinischen also: Hominis corpus (221) ex materia vivida & vegetante conditum est. Hinc crescere & nutriri, hinc debilitari & corroborari, hinc morbidum fieri & iterum reconvalescere potest. Quæ omnia de anima dici nequeunt, quippe quæ spiritus est, in cujus essentiam ceu simplicissimam nulla unquam cadit mutatio. Interim hominis vita omnino ab anima pendet, quia homo homo effe definit, simul ac aliquas pars constitutiva seu essentialis incipit cessare. Quicunque itaque animam reddidit, jure dicitur mortuus esse, quia residuum corpus corpus quidem, at non homo dici potest. Quæritur nunc, utrum, corpus reddita anima adhuc manere possit vividum & vegetans? Nos secundum principa nostra non negamus. - - Quum corpus jam ante animæ existentiam formatum sit, non potuit non illud per se spectatum fuisse vividum. Deus enim immortalis mortuum aliquod creare nequit. Hinc prima quoque materia vigens fuit atque vegeta. Et cum humanum corpus ex eadem & non ex alia, quæ mortua, conditum sit materia, omnino quoque vigens ac vegetum esse debuit. - - - Quæ si ita se non habuissent, corpus non verum corpus, sed forsitan statua aliqua vel salinea vel lapidaria fuisset; quod tamen dictu absurdum foret. Humanum itaque corpus ex materia constat, quæ per se vivida est ac (222) vegetans, & quæ omnibus corporibus totius naturæ communis. - - Tota enim Natura unum quasi corpus est in omnibus individuis obvium atque præfens. Etsi quoque individuum specificam suam deponat vitalitatem, non tamen universalis vitalitas propterea in eo cessat, utpote quæ omnibus corporibus semper communis est.

Pag. 34. schreibt der Herr Verfasser also: „Wie demnach eine feindseelige Hexe den Strahl ihrer Augen auff ein Kind richtet, mit der festen Intention selbiges zu behexen, und das Kind dadurch gleich behext oder beschrien wird" etc. ingleichen weiter unten: „Wenn ein Geist seine Ideen auff gewisse Menschen richtet vel ad benedicendum vel ad maledicendum aut agendum, fangen selbige gleich an, verborgen in ihnen zu operiren. Gleichwie aber dieses unter den lebendigen Menschen geschiehet: so kan der Geist eines Menschen auch nach dessen Tode seine schädliche Intention und Impression, die er in Articulo mortis gehabt, in eines lebenden Menschen Geist exerciren." Dieses kömmt vollkommen überein mit dem, was ich in meiner andern Dissert. §. 41. 53. und 54. p. 85. und 95. geschrieben, allwo es im Lateinischen also heist: Si itaque odio impleta saga aciem oculorum in infantem direxit, cum firmissima hac intentione, ut eum fascinet, infans statim incantatur, quod vulgo dicimus beschrien etc. It: Quando (223) itaque homo validissima sua imaginatione ideas potentiasque suas ad certos homines vel ad benedicendum vel maledicendum dirigit, istæ statim in ipsos occulte operari incipiunt. - - Hæ vero potentiæ per intensissimam imaginationem excitatæ ne quidem post hominis mortem cessant, sed operantur, quamdiu non in sua operatione turbantur.

Pag. 42. läst sich unser Herr Autor also vernehmen: „Was ist nun vor ein Mittel, dergleichen Würckung zu begegnen? Kein anders, als das die Philosophie selbst vorschreibt: Tollatur causa, tolletur effectus. Man suche des erscheinenden Geistes Ideen zu stören, welches die Leute zu Medwedia nach der Zeugen Aussage probat befunden haben. In Hercule Sax. c. XI. lieset man, daß einsmahls die Pest in gantz Pohlen grassirt etc. Unsere von denen Vampyren angefochtenen Medwedier machen es noch besser, sie schlagen nicht nur denen Cörpern einen Pfahl durchs Hertz, sondern verbrennen sie gar zu

Aschen; wodurch die Wohnung des Geistes auff einmahl zerstöret und der Geist also mit seinen Ideen turbiret wird."
Hiermit harmonirt, was in unserer andern Dissertation §. 56. p. 97. steht: At nunc a re non alienum videtur, si vulneribus hisce quoque medelas præscribere tentemus.
Communissimum in hoc casu consilium in eo consistit, ut masticans cadaver capite truncetur. (224) Hercules Sax. c. XI. de Plica sequentem propterea enarrat auditionem: A. 1572. graffatur pestis in tota Polonia. - - - Plebem in Hungaria haud secus fecisse comperimus. Simulac enim mortis suorum causam se invenisse rata est, palum exacuit, cum quo cadaver transfixit & tanto quidem furore, ut in his non acquieverint, fed istud denique in rogum miserint & ad cineres redegerint.

Aus diesen Proben erkennet man zur Genüge, daß der Verfasser dieser Schrifft bey allen seinen wunderlichen hypothesibus dennoch einen plagiarium abgegeben. Er hat das vornehmste aus meinen Dissertationibus excerpiret und sichs als seine eigenen Gedancken zugeschrieben. Damit wir aber dem Leser auch einige Proben von dessen eigenen Einfällen geben mögen, wollen wir eines und das andere aus dessen Schrifften anführen.

Wenn er p. 26. die Frage auffwirfft: Woher kömmt demnach die Unverweßlichkeit derer Vampyren? So antwortet er p. 27. darauff: „Es kan solche nicht anders deducirt werden als von diesem Geist.[213] Wir haben oben gesagt, daß solcher gegen den allgemeinen Welt-Geist zu consideriren sey, als ein Tropffen Wassers, (225) der von seinem Meer umgeben sey, durch dessen Krafft er vermehret, belebet, beweget und nutriret wird. Dieses Nutriment nun geschiehet, indem er seines gleichen zu sich ziehet und an sich sauget. Wir wollen dieses mit einem raren Experiment, welches Robertus Fludd oder de Fluctibus Lib. II. de Tritici Anatomia beschreibet, erleutern. Es machte

---

[213] nehmlich dem parte tertia essentiali hominis, so der Seelen entgegen gesetzt und Geist genennet wird.

nemlich derselbe einen Spiritum aus Weitzen-Körnern, welcher weiß war und helle, wie ein Crystall, da er ihn aber an das Licht brachte, hat er zwischen beyden eine solche Sympathie wahrgenommen, daß derselbe Geist mit seiner magnetischen Krafft eine formale Tinctur an dem Lichte an sich gezogen, welche dessen crystalline weisse Farbe in eine Rubin-rothe innerhalb wenig Stunden verändert. Woraus denn, wie die Multiplication in Regno vegetabili so wohl als animali zugehe, kan geschlossen werden, darum sagt der angeführte Engelländer l. c. Ideo sequitur, quod spiritus hic sibi & sui generis materiam assugat & quod materia, naturali quodam Appetitu, portionem lucis sibi requisitam ad ejus informationem attrahat. Und an einem andern Orte: Hæc procul dubio est substantia ex qua sangvis animalis creatur. Wie aber dieser Geist seines gleichen an sich ziehe, belehret uns das Exempel des salis Tartari, welches den in der Lufft verborgenen volatilischen Geist mit einer magnetischen Krafft an sich ziehet, (226) biß es wegen der aërischen Substantz, die er an sich gesogen, so crud und flüßig wird, daß es in der Gestalt eines Liqueurs, wie gemein Wasser zu fliessen pflegt. Wenn nun solcher gestalt der Geist auch bey einem entseelten Cörper ist und sein Nutriment haben kan, so ist leichte zu erachten, warum die Vampyren lange nach ihrem Tode eine Unverweßlichkeit und Lebhafftigkeit sehen lassen."

Das Wachsthum der Haare, Nägel und Haut schreibt er p. 29. ebenfalls dem Nutrimente dieses Geistes zu, und beweiset solches durch nachfolgendes Experiment: „Einsmahls ruffte mich mein Laborante, so ein Frantzose von Geburth war, ins Laboratorium und zeigte mir ein dünnes eisernes Blech, welches auff einen irrdenen Topff gedeckt war, worinnen er einen Theil von denen Hefen, woraus nachgehends der Weitzen-Spiritus gemacht wurde, ohngefehr 5. Wochen lang auffgehalten hatte; da ich denn observiret, daß dieser durchdringende Geist aus dem Topff, worinnen er eingeschlossen war, hinauffgestiegen und den eisernen Deckel durchbohret, auch seiner natürlichen Würckung nach so starck operiret, daß

er 10000. Hälmigen, so dem Croco ähnlich waren, wie das auffgehende Getrayde von dem Eisen in die Höhe getrieben und hervorkeimend gemacht, welche alle in der Länge einer kleinen Nadel gewachsen waren." Hieraus soll, seiner (227) Meinung nach, deutlich abzunehmen seyn, daß die thätige Krafft des Geistes, welcher bey denen Vampyren ist, die einige wahrhaffte würckende Ursache sey, daß ihnen neue Nägel, Haare und Haut gewachsen.
Daß das Geblüthe in denen todten Cörpern frisch und fliessend gewesen, ist ihm p. 31. leichte zu begreiffen, wenn man nur wisse, was er oben demonstriret, daß der Geist von dem allgemeinen Welt-Geiste nutrirt werde. Die rothe Farbe des Bluts schreibt er ebenfalls dem Welt-Geiste zu, als in dem solche verborgen läge und durch des menschlichen Geistes magnetische Krafft eingesogen werde.
Den Schrey, den ein gewisser Cörper bey geschehener Durchstechung des Hertzens von sich gegeben haben soll, hält er p. 43. 47. vor wahr. Es sey nehmlich der Geist dieses Vampyrs durch den ergrimmten Geist der Medwedier in der Execution gequälet und zum Schreyen bewogen worden. Es sey dieses gar nichts unerhörtes und könne solches von dem Commercio, welches die menschlichen Geister vermittelst des allgemeinen Welt-Geistes mit einander hätten, gar leichte herrühren.

IV.
Kurtzes Bedencken von denen Acten mäßigen Relationen wegen derer Vampyren oder Menschen- u. Vieh-Aussaugern ingleichen über das davon in Leipzig herausgekommene (228) Raisonnement vom Welt-Geiste, an gute Freunde gesandt von Gottlob Heinrich Vogt, Medic. Pract. Leipzig 1732. in 8. 1. Bogen.

ES ist dieses eine kurtze Widerlegung der vorigen Schrifft, darinnen die ungereimten Dinge, die entweder in derselben würcklich enthalten sind, oder daraus fliessen, kurtz recensirt werden, wobey der Verfasser Gelegenheit nimmt,

seine eigenen Gedancken beyzufügen. Das Schwanger-werden der Ehefrau, deren verstorbener Mann wieder zu ihr gekommen seyn soll, hält er vor gantz natürlich. „Denn der Mann," schreibt er, „ist gleich den andern Tag wieder ausgegraben worden, auch nicht lange kranck gewesen, wie die andern, folglich ist leichte zu schliessen, daß er kurtz vorher noch beym Leben, seine Frau ordentlich hergenommen, welche davon schwanger worden, und weil beyde also von einem Giffte inficirt und die Naturen corrumpirt gewesen, auch eine Mißgeburth habe folgen müssen, und mag dieses noch der Frau ihr Glücke gewesen seyn, daß sie schwanger worden, folglich der Gifft auff die Leibes-Frucht gekommen und sie beym Leben erhalten worden."
Er schreibet überhaupt das gantze Phænomenon von denen Vampyrs und Blut-Saugern einem beygebrachten qualificirten Giffte zu. Daß aber die Leute vorgäben, es käme ein Todter wieder, geschehe aus einer Raserey, die der communicirte (229) Gifft verursache, aus welchem denn auch ein turbirter Schlaff und Träume erfolgten. In übrigen halten wir die gantze Schrifft vor ein unvollkommenes und sehr confuses Schediasma, das aus einer übereilten Feder geflossen.

V.

Curieuse und sehr wunderbahre Relation von denen sich neuer Dingen in Servien erzeigenden Blut-Saugern oder Vampyrs, aus authentischen Nachrichten mitgetheilet und mit Historischen und Philosophischen Reflexionen begleitet von W. S. G. E. A. 1732. in 8. 8. ½. Bogen.

Dieses ist die weitläufftigste, aber gewiß, nicht die geschickteste Schrifft, die wir von denen Vampyrs zu sehen bekommen. Der Autor hat sich zwar nicht getrauet, seinen Nahmen völlig darunter zu setzen, doch läst sichs aus der Schreib-Art leichte schliessen, daß er ein Medicus in Halle sey. Es besteht die gantze Schrifft in so genannten Anmerckungen über die Hungarischen Relationes von denen Vampyren.

Der Autor will das Ansehen haben, daß er nicht nur ein tieffsinniger, sondern auch schertzhaffter Philosophus sey. Er hat vielleicht vermuthet, daß sich über seiner Schrifft die Gelehrten nicht sonderlich die Köpffe zerbrechen würden, daher er allen Fleiß angewendet, nach Art der (230) Marcktschreyer die Liebhaber durch lustige Schwencke herbey zu locken. Er gestehet p. 101. selbsten, daß er bey Abfassung dieser Schrifft von sehr gutem Humeur gewesen. Alleine es ist nur zu beklagen, daß der gute Humeur ihn des Gebrauchs seines Verstandes beraubet, indem er so viele ungereimte Dinge und falsche Schlüsse hier und dar einfliessen lassen, daß man wohl siehet, er sey der Mann noch lange nicht, vor dessen Feder man sich zu fürchten habe, wenn er damit zu Felde ziehen wolle.

Die Herren Medici haben sich zu gratuliren, daß sie an ihm denjenigen gefunden, der sie aus ihrer Noth erretten können. Denn es versichert der Herr Verfasser p. 16. daß bey diesem Wunderzeichen, die Vampyren betreffend, Niemand übler daran gewesen, als die Herren Medici, die der eine da, der andere dort beym Ermel gekriegt und von ihnen wissen wollen das, was sie selbst bekennen, noch nicht genungsam erforscht zu haben. Aber siehe da! hier ist der Mann, der vor den Riß steht! Er ist, seinem Vorgeben nach, gezwungen worden, sein altes Studenten-Sprüchelgen wahr zu machen: Si tacuisses, Philosophus mansisses. Denn man hat ihn hier und da genöthiget, wie er p. 17. klaget, ein Denckmahl seiner Unwissenheit abzulegen. Man hat Mittel gefunden, zu machen, daß er der Marter abzukommen, zusammen geschrieben, was er hin und wieder davon discurirt gehabt. Alleine es soll dieses nicht im (231) Ernst, sondern im blossen Schertz zu verstehen seyn. Der Herr Autor will sich nicht gerne selbst loben, weil er von seinen sinnreichen Gedancken überzeugt ist, daß sie überall Approbation finden würden. Alleine mich deucht immer, es sey hier kein Schertz zu verstehen. Der viele Mischmasch der vorgetragenen Sachen giebt sattsam zu erkennen, daß er alles zusammen geschrieben, was ihm in

seinem Realien-Buche zu Gesichte gekommen, es hat sich hieher schicken mögen, oder nicht.
Alleine was hat denn der Herr Verfasser durch seine geschwängerten Ideen ausgeheckt? Er spricht p. 17. selbsten, ein Kalb; „aber kein güldnes, welches zu seiner Resolution einen so künstlichen Chymicum, als Moses gewesen, bedürffe, sondern ein grob fleischernes, quod pingve quiddam sapit." Alleine es entschuldiget sich derselbe damit, daß es die Leute nicht anders haben wollen. Wenn sonst ein Wirth seine Gäste scharff zum Truncke forciret und es entstehen Kälber daraus, so pflegen sich die Gäste insgemein damit zu entschuldigen: daß, da es die Leute nicht anders haben wolten, so mögen sie es auch haben. Aber daß dergleichen von einigen Scribenten, die sich von ihren Lesern kein geneigtes Urtheil zu versprechen gehabt, geschehen seyn solte, können wir uns nicht erinnern, gehört oder gelesen zu haben.
Denen Herren Geistlichen vermeint er einen rechten Rang abgelauffen zu haben; daß er ihnen mit seiner Schrifft zuvor gekommen, ehe sie ihr (232) Urtheil von denen Vampyrs der Welt bekannt gemacht. Er muß gewiß! mit ihnen viel zu thun gehabt haben und wohl gar einmahl in ihre Kirchen-Censur gefallen seyn, daß er sie mit ihrem Amts-Eyfer so empfindlich durchziehet. Gescheute Leute können es zum wenigsten nicht seyn, oder wenigstens sind sie nicht vor gescheuter zu achten, als der Herr Verfasser, die bey aller Gelegenheit und ohne Ursache die Geistlichen mit ins Spiel mengen und sie mit ihrem Amte, das sie an Gottes Statt führen, auffziehen.

Es wird kein vernünfftiger Geistlicher so gleich eine Sache, die Niemanden ein Aergerniß giebt und ihrer wahren Beschaffenheit nach noch verborgen ist, auff die Cantzel bringen und nach Art der Medicinischen Quacksalber ein Geschrey davon machen. Es darff sich daher unser gelehrter Marcktschreyer über der Contenance derer Geistlichen, die sie in Ansehen derer Vampyrs bewiesen, nicht auffhalten, noch vielweniger sie mit denen waschhafftigen alten Weibern vergleichen, sondern nur zusehen, daß er nicht selbst das Emblema verdiene, das er

durch Abmahlung des zur Saltz-Säule gewordenen Weibes des Ertz-Vaters Loths, mit der Uberschrifft: Mulier tacens; auff die Geistlichen macht und darüber mit einem höllischen Hohn-Gelächter ausrufft; Welch ein Wunder über Wunder! Hier sieht man auch einmahl ein Weib, das schweigen kan!
(233) Er theilet seine Anmerckungen in 4. Abtheilungen ein, und handelt in solchen 1.) von denen unverweseten Cörpern, 2.) von denen schmatzenden Todten, 3.) von denen blutsaugenden Vampyrs und 4.) von denen Mitteln, sich dafür zu bewahren. Alleine er führt seine Sachen so aus, daß er dabey bleiben kan. Entweder er gläubt das und jenes nicht, oder was er gläubt, schreibt er dem Teuffel oder sonst einer übernatürlichen Ursache zu.
Bey Betrachtung der unverweseten Cörper thut er nichts weiter, als daß er Exempel davon anführt und endlich p. 29. sq. den Schluß macht, daß ob gleich bißweilen sich hierinne etwas ausserordentliches in der Natur zutragen könne, so folge doch nicht, daß solches die Ursache der Incorruption, derer in Servien ausgegrabenen Cörper sey. Ich bekenne meine Einfalt, schreibt er p. 31. vor Herren und Frauen, daß ich dabey über die gewöhnliche Gesetze der Natur hinaus dencke.
Das Kauen u. Schmatzen der Todten schreibt er p. 36. sqq. denen vor todt gehaltenen und lebenbendig begrabenen zu, weiß aber denen, die ihm dißfalls allerhand Einwürffe machen, weiter nichts zu antworten, als: Wenn wir nun davon in die Länge und in die Quere ein paar Stündgen raisonirt, so ist der Beschluß: und ein ieder gieng also heim unverrichteter Sachen. Joh. VII. 52. So sein weiß der Herr Verfasser sich der heil. Schrifft zu bedienen!
(234) Die Blut-saugenden Vampyrs hält er p. 46. vor den Haupt-Bengel (wie er in seiner hochdeutschen Mund-Art zu reden gewohnt ist) welchen GOTT denen Gelehrten fürgeworffen, und glaubt, daß wer den nexum causalem hiervon zeigen könte, foret orbi magnus Apollo. Ob nun wohl der ingenieuse Verfasser sich vor einen solchen GOTT der Weißheit nicht ausgeben will, so mag man doch gar füglich behaupten, daß er noch mehr als Apollo seyn wolle. Denn er

will diejenigen censiren, beurtheilen und widerlegen, die er doch selbst vor Apollines hält.

Jedoch raillerie a part! Der Herr Verfasser ist weder ein Apollo noch ein Meister des Apollinis, ja nicht einmahl ein Schüler desselben. Es wird sonsten denen Medicis nachgerühmt, daß sie die besten Physici wären; wie denn auch Niemand in Abrede seyn wird, daß nicht die Erkänntniß der Natur der Grund des gantzen studii Medici seyn solte; und siehe! hier tritt ein Medicus auff, der öffentlich die Operationes corporis in corpus leugnet! Wer will ihn vor etwas anders, denn einen Empiricum und Quacksalber halten? Denn diese machen sich auch breit mit ihrer grossen Kunst; weil sie aber alles auff die Erfahrung gründen und keine Erkäntniß von denen Kräfften der Natur haben, so verachten sie alle hypotheses gelehrter Physicorum und bleiben bey ihrer Marcktschreyerey.

Zu einem Beweise dient der nachdrückliche (235) Discours, den derselbe p. 47. - 50. über meinen Tractat de Masticatione Mortuorum ausgeschüttet. Er hat darinne eine gantz besondere Beredsamkeit sehen lassen, weil er Deutsch und Lateinisch glücklich unter einander zu werffen und die periodos auff eine ungemein geschickte Weise zu verbinden gewust. Jedoch darüber haben wir nicht Ursache uns auffzuhalten. Wir schreiten vielmehr zur Sache selbsten und vernehmen zuförderst, was er von mir, als dem Verfasser dieses Tractats, hält. Er schreibet davon p. 47. also: „Einige wollen diese Wäsche alleine aus der Philosophie auswaschen. Und da war schon, nisi fallor, Anno 1725. oder 1726. vornen draus Herr. M. Michael Ranfftius, V. D. M. welche literæ initiales ohne Zweiffel bedeuten: Verbi Divini Minister. Man würde es aber ohne diesem Zusatz leichte errathen haben, daß der Auctor ein Geistlicher seyn müsse, so bald man seine 2. Dissertationes de Masticatione mortuorum in tumulis gelesen hätte. Nicht zwar, als wenn er so bigotisch mit der Schrifft und Theologischen Waffen stritte; denn diese hält er für zu stumpff gegen seine Philosophie, sondern weil die Arbeit eben sonst so gerathen ist, wie sie gemeiniglich zu gerathen pflegt, so offte Theologi philosophiren wollen."

Wenn man sonst eine Schrifft widerlegen und die Grund-Sätze derselben über den Hauffen werffen will, so pflegt man dieselbe genau anzusehen (236) und zu durchlesen. Dieses kan der Herr Adversarius nicht gethan haben, weil er mit einem nisi fallor, d. i. wo ich nicht irre, mich zu widerlegen anfängt. Jedoch es ist gut, daß er diese Bedingung beygefügt, weil er nun so viel besser sich nunmehro entschuldigen kan, wenn er eines Irrthums überführet wird. Es bestehet aber dieser Irrthum nicht etwan in der unglücklichen Erklärung der Buchstaben V. D. M. Denn da hat er einen glücklichen Oedipum abgegeben, wenn er dafür hält, es bedeute so viel als Verbi Divini Minister. Er muß ohnfehlbar auch wissen, was diese Worte auff Deutsch heissen, weil er darauff versichert, daß man es auch ohne diesem Zusatz würde leicht haben errathen können, daß der Auctor ein Geistlicher seyn müsse, so bald man seine Dissertationes gelesen.

Er muß, nach Herrn D. Rüdigers hypothesi, ein starckes Principium divinationis haben, daß er so glücklich rathen kan, zumahl, da er versichert, er habe in denen Dissertationibus selbsten nichts Theologisches gefunden. Aber ich möchte doch gerne wissen, woraus er es schliessen wolte, daß der Autor dieser Dissertationen ein Geistlicher sey, wenn er es nicht aus der Unterschrifft und daß es sehr Theologisch geschrieben sey, erkennen will? Denn er bezeugt ausdrücklich, daß ich nicht so bigotisch und abergläubisch, wie sonst die Theologi pflegten, mit der Schrifft und denen Theologischen Waffen gestritten, sondern dieselben vielmehr für zu (237) stumpff gegen meine Philosophie gehalten; Nichts desto weniger sey die Arbeit eben so gerathen, wie sie gemeiniglich zu gerathen pflegt, so offte Theologi philosophiren wollen. Aber worinnen bestehet denn der Unterschied des Philosophirens zwischen einem Theologo und einem Politico? Und wodurch habe ich denn die Regeln eines guten Philosophi hindan gesetzt? Es ist nicht genung, daß der Herr Verfasser etwas vorgiebt, er muß es auch beweisen. Unserm Bedüncken nach reimet sich dieses gar übel zusammen, als ein Theologus philosophiren und die Theologischen Waffen für zu stumpff gegen die Philosophie halten.

Jedoch weiter in Text! Er schreibt p. 47. sq. ferner: „Wenn es diesen Herren Niemand sonst vertrauet hätte, als der cordate Thomasius, so solten sie zum Nachdencken gebracht worden seyn. Sed æthiops non dealbatur." Diese Worte brauchen ihrer Geheimnißvollen Bedeutung wegen einen Schlüssel. Denn ich bekenne mit gutem Gewissen, daß, wenn es mein Leben kosten, solte, ich nicht weiß, was der tieffsinnige Auctor damit haben will. Ob er mich vor einen Thomasianer hält, oder vor einen Aethiopier; ob die Rede von allen Theologis überhaupt, oder nur von meiner Wenigkeit insbesondere ist, laß ich an seinen Ort gestellet seyn, so viel ist gewiß, daß ich Thomasium weder gehört noch gelesen, und daß dessen Principia sehr weit von denen Theologischen Grund-Sätzen der Wahrheit entfernt sind. (238) Unser obscurer Herr Verfasser schreibt weiter: „Nun unser Herr M. Ranfft hat sich fürgenommen, alle diese oben beschriebenen wunderlichen Begebenheiten aus der Natur der blossen Materie und Operatione corporis in corpus zu erklären, ohne einen göttlichen, oder menschlichen, oder englischen, oder teufflischen Geist dabey nöthig zu haben. Es gehet alles aus dem heut zu Tage so sehr beliebten Mechanismo und Communicatione motus non nisi per materias possibili. Welchen Künstlern unser Herr D. Alberti in seinem specimine Theologiæ Medicæ einen scharffen Text lieset p. 90. sqq. dessen mich nicht weiter annehme." In diesen Worten verräth der Herr Verfasser seinen Unverstand gar sehr, denn er hält die Operationem corporum in corpora vor einen Mechanismum, und beschreibet solchen als eine Communicationem motus non nisi per materias possibili. Die Operatio corporum in corpora ist das Principium Sympathiæ & Antipathiæ, der Mechanismus aber oder die Hebekunst das Principium dererjenigen Bewegungen, die durch äusserliche Zwangs-Mittel geschehen. Wie nun die Sympathie und Antipathie dem Mechanismo allezeit entgegen gesetzt wird, so sehe ich nicht, wie ich beydes mit einander vermengen könne, ohne einen offenbahren Fehltritt in der Vernunfftlehre zu thun. Es schadet mir also nicht, ob gleich Herr D. Alberti in Halle dergleichen Leuten einen (239) scharffen Text lieset;

denn ich bin kein Mechanicus, und wenn ichs auch wäre, wolte ich mich doch dafür nicht fürchten, noch auf den Hn. Verfasser um seinen Beystand imploriren, ob ich gleich nicht wüste, daß er allen Mechnicis solches versaget, indem er p. 48. versichert, er wolle sich keines weiter annehmen. Bißher hat der gute Mann lauter Lufft-Streiche wider mich gethan; nunmehro aber thut er einen Versuch, mir auch eine würckliche Wunde beyzubringen. Dieses geschicht in folgendem Satze: „Doch supponirt Herr M. Ranft keine materiam inertem & passivam, sondern infinitis potentiis & vitalitatibus foecundam & gravidam. Diese neue Notion der Materie beweiset der Herr Autor daher, weil GOTT materiam primam nicht anders als voller Leben und Actuosität habe erschaffen können, indem er kein todter un müßiger, sondern ein lebendiger und actuoser GOtt in actu creationis gewesen sey. Wohl gezielt, aber schlecht getroffen. So werden wir denn eine ewige, allmächtige, unendliche, allweise, allgütige, geistliche etc. Materie von nun an haben." Er macht in diesen Worten den Schluß: Qualis causa, talis effectus. Atqui causa est Deus, Ergo effectus est Deus; und will solchergestalt mir imputiren, daß ich die Creatur zu GOtt gemacht und ihr eben die Eigenschafften zugeeignet, die GOtt zukommen, weil ich vorgegeben, GOtt, als ein lebendiges und actuöses Wesen, habe nichts todtes schaffen können. (240) Alleine wer erkennet nicht das Sophisma, das der Herr Verfasser begehet? Qualis causa, talis effectus, ist zwar ein bekannter Satz, ob ihn gleich schon längst viele scharffsinnige Philosophi verworffen.[214] Sollen wir ihn gelten lassen, so müssen wir ihn gehörig limitiren,[215] sonst müste allerdings folgen, die Creatur sey selbst göttlich und so könten wir das obige Argument κατ'ἄνθρωπον gebrauchen, wenn anders der Herr Verfasser nicht leugnet, daß GOtt der Schöpffer aller Dinge sey.

---

[214] Z. E. Herr D. RUDIGER in Institutionibus Eruditionis p. 397.
[215] Die Scholastici limitiren ihn also: Qualis cause (univoca, secundum essentiam & esse absolutum) talis effectus.

Wie die Causa von vielerley Art ist, so hat man auch GOTT nicht als eine iedwede Art der Causæ in Ansehen seiner Geschöpffe anzusehen. Ein anders ist Causa efficiens, ein anders causa formalis, ein anders causa materialis. Wenn von der Creatur auf den Schöpffer geschlossen wird, so heist GOtt nicht causa formalis oder materialis Universi hujus, sondern nur causa efficiens, welches eine causa externa ist, die nichts mehr als existentiam und originem rei in sich schließt, nicht aber essentiam & formam. Hierzu wird eine causa formalis & materialis erfodert, die interna ist, und von Gott nicht aus seinem Wesen, sondern (241) durch sein Macht-Wort aus nichts hervorgebracht worden. So wenig ich nun von einer Uhr sagen kan, sie hat die Eigenschafften des Uhrmachers, so wenig kan ich auch sagen, die Welt hat die Eigenschafften des Schöpffers, der sie geschaffen, ob man gleich im Sprichwort zu sagen pflegt: Qualis causa, talis effectus. Denn GOtt und der Uhrmacher sind nur die causæ efficientes externæ der Welt und der Uhr. Aber ein anders ist es, wenn ich sage; Dieses Thier ist ein Hund, dieser Baum trägt Aepffel etc. Denn wenn jenes von einem Hunde geworffen und dieser von einem Apffel-Baume gepflantzet worden, so kan ich schliessen: qualis causa, talis effectus. Denn da ein alter Hund seiner jungen Hunde und ein Apffelbaum seiner Zweige und Sprossen causa formalis und materialis ist, so ist dieser Satz richtig. Aber nun fragt sichs: Warum habe ich denn in meiner Dissertation von dem lebendigen GOtt auf die lebendige Materie geschlossen? Ich antworte, daß, obgleich solches geschehen, so ist es doch nicht Krafft des Satzes geschehen: Qualis causa, talis effectus; sondern vielmehr nach dieser Regel: Cujus causa bona est, illud ipsum bonum est. Denn da alles, was gut ist, eine Krafft sich zu bewegen oder ein Leben in sich haben muß, so würde gewiß der ersten Materie das vornehmste Stück ihrer Güte und Vollkommenheit fehlen, wenn es kein Leben d.i. keine Krafft zu würcken und sich zu bewegen hätte. Da nun die erste Materie einen so vollkommenen Schöpffer und Werckmeister (242) hat, so darff es ihr allerdings auch an keiner solchen Krafft fehlen. Und die Sache selbst erfordert es nicht anders. Solte die erste Materie das principium seyn, woraus alle animalia, vegetabilia und mineralia, die sämmtlich eine Krafft sich zu bewegen, oder ein gewisses Leben in sich haben, gebildet worden, so durffte es auch der ersten Materie selbst nicht daran mangeln, nach dem bekannten Axiomate: Quicquid est in effectu, illud præexistit in causa.

Solchergestalt, hoffe ich, mich sattsam wider den Herrn Verfasser dieser Schrifft vertheidiget zu haben. Das übrige, was derselbige wider mich vorbringt, ist keiner Antwort wehrt. Denn er erzehlet bloß meine hypothesin und setzt p. 49. hinzu: „Wie sich nun der Mann hiemit viel Unerwiesenes heraus nimmt: also muß er sich noch weit mehr zwergen, wenn er seine principia ad hypothesin bringen und auf die fürgelegten phænomena appliciren soll. Es grauet einem vor dem Zwange, wie er sich drehen und hundert Umstände fingiren muß, diese effectus aus seiner, obwohl lebhafftigsten, Materie heraus zu drechßlen." Ob der Verfasser wahr geredet, mögen andere selbst prüfen. Mir ist es kein Zwang gewesen, auff diese hypothesin zu fallen und solche auff gegenwärtigen Casum zu appliciren. Ich glaube auch nicht, daß es an Beweißthümern fehlen soll, die Sache wahrscheinlich zu machen. So viel aber ist freylich wohl gewiß, daß es viel leichter sey, eine (243) ausserordentliche Begebenheit in der Natur dem Teuffel zuzuschreiben, als einer Operationi magicæ corporum Denn zu jenem brauche ich keinen sonderlichen Beweiß, hier aber muß alles aus denen Krafften der Natur dargethan werden. Ist nun solches dem Herrn Verfasser zu begreiffen zu schwer, so muß man dencken: Ne sutor ultra crepidam.

Jedoch wir müssen uns noch weiter von dem tieffsinnigen Philosopho belehren lassen. Er schreibt p. 49. ferner: „Ich sehe also wohl, man muß hie ein principium vitale haben, man mag es nun einen Geist, oder Archeum oder balsamum corporum, oder materiam infinitis potentiis vitalibus refertam, oder anders nennen. Warum eckelt man doch so den Nahmen eines Geistes, und bildet sich lieber tausenderley schwerere Dinge ein, wie es möchte zugehen können, als daß man

συνέργειανspiritus zulassen will? Muß denn auch diß Kennzeichen der ersten Welt an uns eintreffen: die Menschen sind Fleisch!" Es giebt der Herr Verfasser in diesem Worten zu erkennen, daß er davor halte, es sey einerley, einen Welt-Geist oder eine solche Materiam, wie ich in meiner andern Dissertation beschrieben, zu statuiren. Ob ich nun wohl nicht gäntzlich leugnen kan, daß nicht von vielen Philosophis unter dem Welt-Geiste eben das solte verstanden worden seyn, was wir Materiam primam genennt, so haben wir doch um des Mißbrauchs willen lieber von (244) dieser Benennung abstehen wollen, zumahl da viele unter dem Welt-Geist gantz was anders verstehen, als wir unter unserer Materia prima. Selbst unser Herr Verfasser verstehet mehr einen spiritum purum als eine sonderbahre Krafft, die mit einem Geiste verglichen werden könte, da-runter, wenn er mir es vor übel hält, daß ich mir lieber, wie er vorgiebt, tausenderley schwerere Dinge einbilden wollen, als eine συνέργειαν spiritus zuzulassen u. das Wort Geist zugebrauchen. Daß ich aber dadurch das Kennzeichen der ersten bösen Welt an mich genommen, von welcher es heist: sie hätte sich GOttes Geist nicht mehr straffen lassen wollen, weil sie Fleisch oder fleischlich gesinnt gewesen, wird kein vernünfftiger Mensch glauben, sondern vielmehr aus diesen Worten schliessen: Der Herr Verfasser müsse nicht allezeit unter dem Huthe richtig seyn.
Noch eins habe ich von seinen ingenieusen Einfällen wider mich anzuführen. Er bestehet in folgenden sinnreichen Gedancken: „Ich hatte wenige Zeit zuvor in das Engelländers Chambers Lexico Univ. Art & scient. Lond. 1728. gelesen, daß er meint, der Enthusiasmus sey denen Artificibus und Inventoribus, wie Artium also auch Systematum, ja dem gantzen menschl. Geschlechte so eigen, daß der Mensch bißher könne beschrieben werden, er sey ein Animal enthusiasticum, als wie vulgo, ein animal rationale. Das hat sich auffs wenigste an (245) dem Hrn. Auctore verificirt. Gewiß, er muß in einem starcken raptu enthusiastico gewesen seyn, da er ein solches Systema von so lebvoller Materie, von so unerweißlichen suppositionibus, von so Chimerischen Einbildungen, daß der

Haß die Imagination der Verstorbenen dermassen anflamme, daß sie solche Tragoedie unter den Lebenden spielen können, ersonnen hat."
Hiermit macht er mich zum Enthusiasten. Aber was ist denn eigentlich ein Enthusiaste? Eigentlich wird derjenige also genennet, der sich vor entzückt hält, der nicht glaubt, daß er bey sich selbst sey; hernach wird es von allen Fanaticis gebraucht, die auff Träume und Offenbahrungen halten, ingleichen von allen, die etwas aus einem ausserordentlichen Triebe und ohne Empfindung thun, wie vielmahls denen Poeten ein solcher raptus ankömmt. Nun möchte ich wissen, wer mehr ex raptu enthusiastico geschrieben, ob ich oder der Herr Verfasser? Was ich geschrieben habe, ist mit Uberlegung und nicht ohne Beweiß und Vernunfft-Schlüsse geschehen, der Herr Verfasser aber gesteht p. 17. selbsten: man habe ihm ein Denckmahl seiner Unwissenheit abgenöthiget, man habe ihn gezwungen, zusammen zu schreiben, was er hin und her zerstreuet discuriret habe, woraus ein Kalb worden, daß er selbst vor kein güldenes, Exod. XXXII. 24. sondern ein grob fleischernes ausgiebt; p. 56. gestehet er ausdrücklich: „ich weiß nicht, träumt es mir, oder habe ichs wahrhafftig (246) irgendwo gelesen etc." und p. 101. spricht er: „er habe mit seiner Schrifft keinen einigen Menschen beleidiget noch angestochen, ausser was etwan mehr aus guten humeur als bittern Gemüthe über den Herrn Autorem Diss. de Masticatione mortuorum der elenden Feder entfallen seyn möchte." Er ist solchergestalt seiner selbst nicht mächtig gewesen und hat folglich einen stärckern raptum enthusiasticum gehabt, da er diese Schrifft verfasset, als ich bey Abfassung meines Systematis, da nichts aus Ubereilung und ohne Uberlegung, sondern alles aus gutem Bedacht und mit Vernunfft-Schlüssen geschrieben worden. Er mag also so lange ein Animal enthusiasticum bleiben, als ich mit GOtt gedencke, ein Animal rationale zu seyn.
Nachdem der Herr Verfasser, seiner Meinung nach, mich mit meinen Dissertationibus sattsam widerlegt und zu Schanden gemacht, giebt er sich Mühe, in einem weitläufftigen, aber

sehr unvollkommenen, Discurse die gantze hypothesin von der Imagination zu widerlegen und darzuthun, es sey das gantze Werck derer Vampyrs ein Werck des Teuffels. Hierbey setzet er p. 77. diese hypothesin von der Cooperatione, συνεγεία und Mitwürckung des Teuffels feste: Quodcunque principium analysin phænomenorum physico-mathematicam non modo non turbat vel impedit, sed potius confirmat atque illustrat, imo expeditiorem & evolutiorem reddit, illud (247) principium a bono Philosopho qua tali negligi, aut fastidiri non debet. Atqui principium de συνεργεία alicujus spiritus vel boni vel mali analysin & c. Ergo. Wir lassen diesen Canonem gelten, wenn er gehörig limitiret wird. Wenn das Principium veruin & ad phænomena, de quibus sermo est, applicabile ist, darff es allerdings von keinem Philosopho verworffen werden. Alleine das Principium von der Cooperatione des Teuffels oder eines andern Geistes, ist vors erste nicht demonstrativ, und vor das andere nicht überall applicable, daher kan es auch zu keinem gewissen Principio und Grund-Satze in der Philosophie gemacht werden. Denn wenn diese Cooperation als ein allgemeiner Grund-Satz gelten solte, wäre es uns leichte, alles, was wir nicht gleich verstehen, dem Teuffel oder einem andern Geiste zuzuschreiben, ja es könte auch einer die allerwunderlichsten Meinungen und hypotheses aushecken, und wenn er in einem und dem andern mit dem Beweise nicht fortkommen könte, dürffte er nur sprechen: Das hat der Teuffel gehtan: so wäre die Sache richtig. Aber das wäre eine gar einfältige und denen alten Weibern eigene Art zu philosophiren. Wo wir die Klauen des Teuffels nicht deutlich sehen, können wir ihm nichts weiter als etwan causam moralem zuschreiben. Denn ob wir gleich seine Cooperationes nicht leugnen, so können wir doch dieselben nicht determiniren und gewiß (248) anzeigen. Wir thun besser, wir sagen bey wunderbahren Begebenheiten in der Natur: wir wissen nicht, wie es zugeht, als daß wir sie temere GOtt oder dem Teuffel zuschreiben. Denn da wir die wahren Umstände und Endzwecke solcher Dinge nicht einsehen können, würden wir die Wercke GOttes und des Teuffels leichte mit einander vermengen und auff allerhand gefährliche Abwegen der Wahrheit gerathen, die uns in grosse Irthümer und Vorurtheile stürtzten, wenn wir so leichtsinnig in Angebung der übernatürlichen Ursachen seyn wolten. Eine Christlicher Philosophus thut nicht besser, als er forschet so lange nach natürlichen Ursachen, als er kan, und hütet sich, daß er nichts wider die heil. Schrifft und deren geoffenbahrte Wahrheit behaupte. Findet er seine Carceres, darüber er nicht weiter kommen kan, so bekenne er lieber seine Unwissenheit, als daß er es sogleich GOtt oder dem Teuffel zuschreibt. Denn wenn er gleich beyder Cooperationes in Natura nicht leugnen kan, so kan er doch nicht gewiß determiniren: Das ist GOttes und das ist des Teuffels Werck.

Pag. 90. sq. fängt der Herr Verfasser an, von denen Mitteln zu handeln, wodurch man sich denen schädlichen Würckungen derer Vampyrs widersetzen kan. Er muß mit dem Frauenzimmer viel Umgang haben, weil er versichert, daß er es bloß denen ängstlichen Frauen zu Gefallen gethan, die ihn um GOttes willen gebeten, ihnen zu sagen, ob diese entsetzlichen Gäste und (249) grausamen Vampyrs nicht auch allgemach zu uns kommen möchten? Er hält die Zernichtung und Verbrennung derer Cörper und die vor dem Lebens-Ende geschehene brüderliche Versöhnung vor die besten Mittel, denen Würckungen derer sogenannten Vampyrs zu widerstehen.

Pag. 98. agirt er einen Commentatorem der heil. Schrifft, legt aber davon eine so schlechte Probe ab, daß man Ursache hat, GOtt zu bitten, daß er sein heil. Wort vor denen Verdrehungen solcher leichtsinnigen Leute in Gnaden bewahren wolle. Denn wenn Christus Matth. V. 25. spricht: Sey willfährig deinem Widersacher bald etc. überantworte dem Richter und der Richter dem Diener; so versteht er unter dem Diener den Teuffel. Er erklärt sich hierüber also: „Ich sorge, wir haben in der gemeinen Homiletic die volle Krafft dieser Worte noch nicht erreicht. Diese Worte gehen gewißlich in ein geheimes Gerichte der Geister-Welt hinein, und zeigen nicht undeutlich an, daß ein abgeschiedener zorniger Geist noch viel Recht und

Macht über den hinterlassenen ungerecht zürnenden habe, denselben zu binden und dem Gerichte GOttes und durch dasselbe der Hand des Teuffels zu überliefern. Wir sind freylich hospites und Fremdlinge in dem unsichtbahren Reiche der Geister: allem Ansehen aber nach haben die abgeschiedenen Geister mit den unsern manche Communication, sonderlich was auff die Liebe und Persöhnlichkeit ankömmt." (250) Der Schluß seines Discurses ist nicht weniger merckwürdig, als dessen Anfang. Denn er giebt darinnen seine Liebe zu denen Gottesgelehrten sehr deutlich zu erkennen, wenn er schreibt: „Doch ich muß nicht zu viel von dem Teuffel reden, damit ich nicht denen Herren Theologis in ihr Amt greiffe, denen zukömmt, daß sie seyn agminis infernalis exploratores, wie der seel. D. Fecht ihnen diese geistliche Wachtmeisters-Stelle zugeschieden (auf gut Deutsch beschieden) hat."
Auff diesen gründlichen Discurs folgt ein absonderlicher Beschluß und einige supplementa. Der Beschluß besteht in einer captatione benevolentiæ, die so wohl den Leser überhaupt, als mich insonderheit angeht. Den Leser geht es überhaupt an, wenn er ihm dancket, daß er die Gedult gehabt, ihn zu hören und seine Schrifft zu lesen.
Er will vor einen rechten Göckelmann angesehen seyn, wenn er schreibt: „Auff deren Verlangen ich geschrieben habe, die kennen mich freylich wohl. Aber sie haben ein sigillum auf sich, es Niemand zu sagen. Und ausser ihnen wird es sonst Niemand erfahren. Bißweilen habe so geschrieben, daß manche meinen werden, ich hätte mich deutlich entdeckt. Ich versichere aber, wenn sie dencken werden, sie hätten mich in Händen, so werde ich am weitesten entfernt seyn.
Es geht ferner auch den Leser überhaupt an, (251) wenn er bittet, man möchte sich doch nicht Mühe geben, ihn zu widerlegen, er muß gewiß seiner Schrifft wenig Wahrheit, sich selbst aber wenig Geschicklichkeit zutrauen, sonst würde er sichs ein Vergnügen seyn lassen, das, was er geschrieben, zu vertheidigen. Der Verfasser kömmt mir nicht anders für, als ein großsprecherischer Thraso, der so lange, als er einen Rückenhalt hat, alle Leute insultiret; so bald man ihn aber

alleine kriegt und Revenge sucht, zitternd zu Fusse fällt und mit denen niederträchtigsten Geberden um Gnade bittet, auch sich zu aller Satisfaction verstehet. Seine Gründe, die er anführet, den Leser zur Erbarmung zu bewegen, daß er ihn nicht widerlegen solle, bestehen darinne: „Es ist wahr," schreibt er, „was ich Eingangs ohne schema gesagt habe, was hie stehet, seynd zusammen gestoppelte Discurse. Es ist nicht nach der Schärffe der methodischen Gesetze raisonirt; es solte populariter nach dem Gousto gewisser Personen geschriebe werden, die mit subtilen Demonstrationen nicht wollen ermüdet werden; es ist eine schwere und verborgene Materie an sich selbst; hatte noch keinen Fürgänger; habe keinen einigen Menschen beleidiget noch angestochen etc."
Aber was hat denn der gute Autor der beyden Dissertationen de Masticatione mortuorum gethan, daß derselbe nach dem eigenen Geständniß des Verfassers vor andern hat beleidiget und angestochen werden müssen? Ob er ihn (252) vor keinen wahren Menschen, sondern vielleicht nur vor einen Vampyr gehalten, oder ob er ihn sonsten nicht vor voll ansieht und meinet, es verlohne sich nicht der Mühe, denselben in die bekannte Regel einzuschliessen: Neminem lædas; lassen wir als etwas unbekanntes an seinen Ort gestellet seyn. Es will zwar der Herr Adversarius einen Unterschied machen unter denen Beleidigungen, die aus bittern Gemüthe und unter denen, die aus gutem Humeur geschehen. Aber ich möchte wissen, wie er dieses aus denen gesunden principiis des Juris Naturæ erweisen wolle? Wenn die Beleidigungen, die aus gutem Humeur geschehen, vor recht und erlaubt zu halten, so mag einen ein Narre vexiren u. affrontiren, wie er will, so wird er mit der Entschuldigung: ich thue es aus gutem humeur, auskommen können. Hat der Herr Verfasser erkannt, daß ich es vor eine Beleidigung auffnehmen würde, was er wider mich geschrieben, so hätte er es unterlassen sollen, es hätte mögen aus gutem humeur oder aus bitterm Gemüthe geschehen. Immittelst habe ich mir seine Distinction gefallen lassen und mehr aus gutem humeur als bitterm Gemüthe dem Herrn Verfasser geantwortet, was ihm zu antworten gewesen ist, ob er

gleich p. 101. versichert, es werde an ihm wenig Ehre auffzuheben seyn. Jedoch warum solte man nicht Ehre von ihm haben, da er in seiner Schrifft mehr als einmahl zu erkennen giebt, er sey ein ausländischer Gelehrter, (253) der viel Meilen weit von hier wohne. Alleine ich dencke immer, er wird nicht weit her seyn. Vielleicht ist es Herrn D. Alberti in Halle Famulus, weil er denen Principiis dieses, sonst gelehrten, Mannes mit solchem Eyfer zugethan ist. Jedoch er mag seyn, wer er will, so fürchten wir uns doch nicht vor ihm, wenn er gleich schreibt: „Doch will ich auch nicht allzu niederträchtig um schön Wetter bitten, sondern getrost erwarten, was da kommen möchte, versichernd, daß ich nicht alle Charten ausgeworffen, sondern noch eine zum Stich-Blat übrig in der Hand behalten habe."

Die Supplementa enthalten einige Zusätze zu denen vorher beygebrachten Anmerckungen.

VI.

Philosophischer Versuch, ob nicht die merckwürdige Begebenheit derer Blutsauger in Nieder-Ungern, A. 1732. geschehen, aus denen principiis naturæ, ins besondere aus der sympathia rerum naturalium und denen tribus facultatibus hominis könne erleutert werden etc. von CHRISTOPH. FRID. DEMELIO, Vinariensi. A. 1732. in 8. 1. Bogen.

DEr Herr Verfasser, der eines Predigers Sohn aus Oldisleben seyn und sich bey einer gewissen Herrschafft als Informator auffhalten (254) soll,[216] behauptet, daß solche Blutsaugerey geschehe per sympathiam, oder Vim unitivam corporum naturalium speciaIiori vinculo naturæ conjunctorum. Hierüber erklärt er sich also: „Das Universum rerum oder die gantze Welt stehet mit einander in der allergenauesten Connexion, und der allweise Schöpffer hat diejenigen Dinge,

---

[216] Siehe Theologische Bibliotheck Part. LXII. p. 149.

so gleicher Natur und Beschaffenheit sind, naturali quodam vinculo so mit einander verbunden, daß sie nicht allein die stärckste Neigung zu einander haben, sondern wohl gar bißweilen dasjenige einander rauben, woran eins vor dem andern Mangel leidet und solche eingepflantzte Neigung oder Trieb der Natur kan weder durch die Distantz der Oerter, noch durch corpora intermedia verhindert und auffgehalten werden, welches man an der Würckung des Mangnets oder an zweyen Lichtern, deren Flammen, wenn sie nahe zusammen kommen, nach einander zueilen, augenscheinlich wahrnimmt. Und dieser Trieb der Natur wird um so viel mehr befördert, ie mehr als gantze Universum harmoniret, und keine Materie sich solcher eingepflantzten Neigung widersetzet, sondern vielmehr darzu beförderlich seyn muß." Dieses applicirt er auff die Vampyrs, iedoch so, daß ich nicht anders als dem Urtheile des gelehrten (255) Hn. Verfassers der Theologischen Bibliotheck beystimmen kan: wenn er also[217] schreibt: „Ich zweifele gar nicht, daß es der Hr. Verfasser bey diesem seinem Philosophischen Versuche gut gemeint; ob ers aber auch gut getroffen, davon wird man theils in dem Sympathetischen, theils in dem Aristotelischen Reiche der Welt-Weißheit urtheilen müssen."

Eine Probe davon zu geben, läst er sich von denen Vampyrs also vernehmen: „Sie sind zwar todt anzusehen ratione animæ rationalis, weil derselben Würckung an ihnen gäntzlich cessiret, auch sind sie nicht mehr am Leben ratione animæ sensitivæ, weil ihre corpora keine sinnliche Empfindung mehr haben; sie leben aber noch ratione animæ vegetativæ, weil wir an ihnen wahrnehmen, daß sie nicht allein von aller Corruption frey, sondern noch darzu das frische Blut in sich haben. Dieses Corpus vegetabile nun suchet zu seinem Nutriment erstlich dasjenige, was ihm am nächsten ist, daher es öffters kommen, daß die Todten im Grabe ihre Sterbe-Kleider verzehret, welche man ihnen daher biß dato nicht gerne am Mund bringet, oder wohl gar sich Hände und Füsse abge-

---

[217] Part. LXII. p. 149.

fressen und darüber im Grabe zum öfftern ein recht erstaunlich Schmatzen getrieben, daher man in diesen Landen ihnen, wenn sie ietzo (256) sollen eingesencket werden, nochmahls den Mund mit Erde beschüttet, dieses Organon durch eine schleunige Verwesung zu solchen erstaunlichen Operationibus ungeschickt zu machen."
Wenn er einige Scribenten anführt, die von dem Schmatzen der Todten im Grabe geschrieben, begeht er unstreitig einen Fehler, wenn er einen, Nahmens M. Rumpf, darunter zehlet, der davon eine Dissertation gehalten. Denn ob ich wohl einen Nahmens M. Rumpf in Leipzig gekannt, so weiß ich doch gewiß, daß er hiervon nichts geschrieben. Es soll also entweder M. Ranfft oder M. Rohr heissen.

VII.

Eines Weimarischen Medici muthmaßliche Gedancken von denen Vampyren oder so genannten Blut-Saugern, welchen zuletzt das Gutachten der Königl. Preußischen Societät derer Wissenschafften von gedachten Vampyren mit beygefüget ist[218] Leipzig 1732. in 8. 5. Bogen.

DEr Anfang dieser Schrifft geschicht mit Erzehlungen von solchen Leuten, die nach dem (257) Tode wieder auffgestanden und die Leute geplagt, gewürget und getödtet haben sollen. Wobey merckwürdig ist, was der Herr Verfasser aus des Mr. de la Croix Etat present des Nations & Eglises Grecque, Armenienne & Maronite Lib. I. cap. 25. folgender gestalt erzehlet: „Die Griechische Kirche glaubet, daß der Teuffel die Cörper dererjenigen besässe, welche im Bann sterben, und daß er durch dieselben denen Lebendigen vielen Schaden zufügte. Die Griechen nennen solche Leiber Bulcolaccas, Burcolaccas,

---

[218] Der Autor soll Herr D. Johann Christian Fritsche seyn, welcher auch seit einiger Zeit seltsame jedoch wahrhaftige Geschichte aus der Alten und Neuen Zeit heraus gegeben, und wovon gegenwärtig drey Theile in denen Buchläden zu sehen. Siehe Theol. Bibl. Part. LXIX. p. 872.

Burculaccas und Buthrolaccas, welche Benennungen nach des Herrn de la Croix Ubersetzung reissende Wölffe heissen sollen. Denn die Griechen, schreibt er, sagen, daß sie des Nachts auff denen Gassen herum lieffen, heuleten, an die Thüren schlügen und die Leute bey ihrem Nahmen rufften; Diejenigen nun, welche ihnen antworteten, müsten, wie sie glauben, so gleich sterben; Und dieses wäre eben die Ursache, daß die Griechen demjenigen, welcher sie zur Nacht-Zeit ruffte, auff den ersten Ruff keine Antwort gäben. Sie sollen auch, wenn etwan ein Sterben, oder eine Hungers-Noth entstehet, alles diesen in dem Bann verstorbenen Cörpern zuschreiben, deßwegen die Gräber umwühlen, und wenn sie darinnen noch das geringste von solchen Leibern finden, ein groß Feuer machen und ein Todten-Opffer anstellen, bey dessen Ende aber den Bann auffheben und die Leiber verbrennen." (258) Unser Herr Verfasser urtheilet, daß alles, was, Mr. de la Croix von denen Burculaccis vorbringe, aus dem Tournefort;[219] dieser es aber aus Leonis Allatii Epistola de quorundam Græcorum opinationibus entlehnet habe, welches wir ihn verantworten lassen. Immittelst ist die Beschreibung, die Allatius von denen Burculaccis giebt, wehrt, gelesen zu werden. Man kan hierüber auch die Lettres serieuses & badines Tom V. Part. I. p. 213-233. nachschlagen. Pag. 13. gedencket auch der Herr Autor, daß Herr Prof. Geelsausen im verwichenen Monath April an Herr D. Götzen in Nürnberg einen Brieff geschrieben und darinnen gemeldet, daß ein Dorff Hozeploz genannt, in Schlesien wäre, woselbst die Menschen, wie gesagt würde, nach ihrem Tode zu den Ihrigen sehr offte pflegten zurücke zu kommen, mit ihnen zu essen und zu trincken, ja gar mit ihren hinterlassenen Weibern sich fleischlich zu vermischen. Und wenn reisende Leute zu der Stunde des Nachts, da sie aus ihren Gräbern heraus giengen, durch das Dorff marchirten, lieffen sie ihnen nach und hockten ihnen auff. vid. Commerc. Litter. Hebdom. XVIII. a. c.

---

[219] Voyage du Levant. Tom. I. p. 52. sq. edit. Amsterd. 1718.

Alleine was hält denn unser Herr Verfasser von allen solchen Geschichten? Er spricht p. 14. Welcher vernünfftiger Christ wird diesen (259) und andern dergleichen Erzehlungen Glauben zustellen können? Er hält demnach das gantze Wesen derer Vampyrs vor eine Art der Kranckheit und widerlegt daher umständlich alle diejenigen, die es einem andern Principio zuschreiben. Von p. 16 biß 19. hat er mit mir einerley Gedancken und vielmahls auch einerley Worte. Pag. 21. sqq. hat er mit denen zu thun, die dieses phæhomenon einem Astral-Geiste zuschreiben und daher drey wesentliche Theile des Menschen statuiren. Er widerlegt auch p. 25. die drey Seelen des Menschen, die Aristoteles zuerst auff das Tapet gebracht. Pag. 26. gedencket er einiger, die die Vampyren vor gewisse Insecta oder vor eine Gattung der Eidexen und Tarantulen gehalten; sie kriegen aber von ihm ebenfalls ihre Abfertigung. Das Kommen derer Vampyren hält er vor ein Mährgen, weil Niemand dieselben noch gesehen hat. Die eigentliche Kranckheit hält er in der Relation des Kayserl. Provisoris vor epidemisch, und in dem Acten-mäßigen Berichte schreibt er sie dem gegessenen unreinen Schaff-Fleische zu, dadurch nachgehends mehr Leute angesteckt worden, wobey die Furcht und falsche Einbildung, die sie von denen Vampyrs sich gemacht, viel beygetragen. Daß es kein blosser Alp und Incubus gewesen, daran die Leute gestorben, wie Herr D. Stock in seiner Diss. de corporibus sanguisugis vorgiebt, erweiset er dadurch, weil derselbe dem Menschen niemahls tödtlich sey. (260) Endlich zeigt er umständlich, wie die phænomena, die man an denen ausgegrabenen Cörpern wahrgenommen, allesamt natürlich gewesen. Zum Beschluß ist das Gutachten der Königl. Preußischen Societät der Wissenschafften von denen Vampyren oder Blut-Aussaugern beygefügt, welchen wir zum Beschluß einen Platz in unserm Tractate verstatten wollen.

VIII.
Auserlesene Theologische Bibliotheck, oder gründliche Nachrichten von denen neusten und besten Theologischen Büchern und Schrifften. Zwey und Sechzigster Theil. Leipzig 1732. in 8. 6½. Bogen. Ingleichen neun und sechzigster Theil. 1732. 7½. Bogen.

Dieses beliebte und gelehrte Journal führen wir zu dem Ende hier an, weil sich so wohl von p. 143. biß 152. als auch von p. 870. biß 881. ein Bericht von einigen Schrifften, so bißhero wegen der Vampyren herausgekommen, befindet, der einem so genannten EUDOXO zugeschrieben wird. Diese Schrifften sind 1.) le Glaneur Historique, Moral, Literaire & c. A. 1732. 2.) Besondere Nachricht von denen Vampyren oder Blutsaugern etc. von Putoneo. 3.) Philosophischer Versuch etc. vorgenommen von C. F. Demelio 4.) Schreiben eines guten Freundes an einen andern guten (261) Freund etc. 5.) Diss. Physica de Cadaveribus sangvisugis etc. Præside J. C. Stock, Philos. & Med. Doct. 6) Acten-mäßige Relation von denen Vampyren etc. 7.) Otto, Graffens zum Stein unverlohrnes Licht und Recht derer Todten unter den Lebendigen etc. etc. Ingleichen 8.) Vogts kurtzes Bedencken von der Actenmäßigen Relation, 9.) eines Weimarischen Medici muthmaßliche Gedancken von den Vampyren, 10.) Commercium literarium etc. 11.) Courtes Reflexions Physiques sur le Vampyrisme, 12.) Zopffü Dissertatio de Vampyris Serviensibus, 13.) Harenbergs vernünfftige und Christliche Gedancken etc. 14.) W. S. G. E. curieuse u. sehr wunderbahre Relation etc. 15) Pohlii Diss. de hominibus post mottem sangvisugis etc. Weil wir von diesen Schrifften theils gehandelt, theils noch handeln werden, so wollen wir hier nur die eigenen Gedancken des Herrn Eudoxi anführen, die er seinem Berichte beyfüget. Es kommt nach seinem Erachten alles, theils auff die Wahrheit dieser Geschichte, theils auff die Beschaffenheit der erzehlten Sache selbst an.

An jener, spricht er, zweifele ich nicht. Zum wenigsten habe ich Bedencken, eine blosse Fabel daraus zu machen. Was die

Sache selbst betrifft, meint er, sie gehöre mehr, oder doch eher, vor die Herren Physicos und Medicos, als vor die Theologos. Die Wunderwercke, setzt er hinzu, sind viel zu ein heiliges und göttl. (262) Siegel, als daß man sie bey einer solchen Sache gleich mit gebrauchen, und darauff sich beruffen solte, die allem Ansehen nach nichts zur Verherrlichung GOttes oder zur Bestätigung der wahren Religion beyträgt. Dem Teuffel muß man auch nicht ohne Ursache so bald eine Macht und Gewalt über die Todten und Lebendigen einräumen. Es ist also wohl nöthig, daß man vorhero die Naturkündiger ihr Heil hierbey versuchen lasse. Ich wolte ihnen einen leichten Weg weisen, fährt er fort, wie sie sich bald aus der Sache helffen könten. Sie müssen nur zu den Philosophischen Geheimnissen des Herrn D. Walchs ihre Zuflucht nehmen. Und in der That hat auch derselbe den Zustand der Seele nach dem Tode, die so genannten Ahndungen und besonders das Bluten der entseelten Cörper darunter gezehlet.[220] Doch haben sie hierbey dieses zu mercken: Die Abhandelung von den Philosophischen Geheimnissen macht den letzten Theil in dieses gelehrten Mannes seiner Einleitung in die Philosophie aus, und steht daher gantz zu Ende des Buchs. Daher müssen sie billig auch nicht eher ihre Zuflucht dahin nehmen, biß es mit ihrer übrigen Untersuchung am Ende ist. Ich will sie, sagt er, darüber forschen, studieren und grübeln lassen. Bringen sie was gutes hervor, so will ich mich darüber mit andern freuen, (263) und so denn auch als ein Theologus meine Meinung sagen. Zum Beschluß des gantzen Theils p. 208. sq. wird noch als ein Anhang zu dem Articel von den Schrifften wegen der Vampyren, eine Begebenheit aus des Tournefort Voyage du Levant beygebracht, die mit der Nachricht von denen Hungarischen Blutsaugern eine Verwandschafft hat. Wir haben derselben schon oben bey Gelegenheit Erwehnung gethan.

---

[220] D. Walchs Einleitung in die Philosophie, Lib. III. p. 742. sqq.

IX.
Le Glaneur Historique, Moral, Litteraire etc. A. 1732.

IN diesen wöchentlichen Blättern, die insgemein mit den Frantzösischen Zeitungen ausgegeben werden, stehen zwey besondere Nachrichten, die hieher gehören, als: N. XVIII. QUESTION Physique sur une espéce de Prodige duëment attesté; Und N. XXII. Appendice au Vampyrisme. Dieser artige und geschickte Nachleser hat nichts vergessen, was hierbey nöthig gewesen zu erzehlen. Er hat aber auch sonst gantz bedächtig sich bezeiget. Er trauet den Kayserl. Herren Officiers und Commißarien so viel zu, daß sie die Sache unpartheyisch werden untersucht haben und auffzeichnen lassen. Er warnet aber auch, daß man bey der Beurtheilung dieser Sache weder zu viel, noch zu wenig thun möge. Einige, sagt er, werden lachen und nichts glauben wollen, andere aber (264) werden gar einen Glaubens-Artickel daraus machen.[221]

X.
Schreiben eines guten Freundes an einen andern guten Freund, die Vampyren betreffend, de dato 26. Mart. 1732. sammt einer Beylage fernern Gutachtens sub signo O. 2. Bogen in Fol.

DEr Verfasser hat sich nicht genannt; man siehet aber wohl, daß es ein Medicus sey. Er giebt seine Meinung nicht einmahl vor eine Vermuthung, sondern vor noch was geringers, nehmlich vor einen blossen Argwohn aus. Er hält die Sache indessen vor eine Seuche, dabey durch Krafft der Imagination und andere Umstände viel natürliches vorkomme. Er glaubt nicht unbillig, es werde diese Sache künfftig noch zu manchen Untersuchungen Gelegenheit geben.

---

[221] Weil wir diese Piece nicht zu Gesichte bekommen, so haben wir uns der Recension des Hrn. Eudoxi in der Theol. Bibliotheck bedient, wie dergleichen auch bey einigen folgenden geschehen.

XI.

Dissertatio Physica de Cadaveribus sangvisugis i. e. von denen so genannten Vampyren oder Menschen-Saugern. Præside J. C. STOCK, Philos. & Med. Doct. habita Resp. J. W. NOEBLING, Leutenberga-Schwartzburgico. Jenæ d. 13. Maj. 1732. 2. Bogen.

(265)

Der Herr Autor sucht gleichfalls die gantze Sache aus natürlichen Ursachen zu erklären, und ist vor andern bemüht, darzuthun, daß ein so genannter Incubus epidemicus, eine Art eines Alps, der in selbigen Gegenden gewöhnlich, die Ursache dieser wunderbahren phænomenorum sey. Er schreibt p. 13. §. 10. also: De læsione multorum eorumque internecione, quæ a Vampyris facta suspicabantur terrarum illarum incolæ, ita censemus, ut phænomena in afflictis illis observanda ad incubi signa reducentes, simulque perpendentes, malum illud in Hungariæ, inprimis Serviæ terris multos jugulasse opinemur, homines illos ab incubo epidemico esse consumtos. Zu Ende der Dissertation verspricht der Herr Verfasser hiervon künfftig ein mehrers zu gedencken.

XII.

Otto, Grafens zum Stein unverlohrnes Licht und Recht derer Todten unter den Lebendigen, oder gründlicher Beweiß der Erscheinung der Todten unter den Lebendigen, und was jene vor ein Recht in der obern Welt über diese noch haben können, untersucht in Ereignung der vorfallenden Vampyren, oder so genannten Blut-Saugern im Königreich Servien und andern Orten in diesen und vorigen Zeiten. Berlin und Leipzig in 8.

(266)

Hiervon habe ich nur den Titel gesehen. Denn das Werck selbst ist noch nicht in der obern Welt zum Vorschein gekommen. Der Herr Autor nennet sich Vice-Präsidenten der Königlichen Berlinischen Academie der Wissenschafften. Ich wünsche ihm zu seinem Vorhaben ein wahres Licht und Recht und desto weniger Erscheinungen der Geister, damit er nicht etwan selbst ein geistlicher Vampyr werden und andere anstecken möge.[222]

XIII.
Remarquable curieuse Brieffe, oder deutliche Beschreibung Alter und Neuer merckwürdiger Begebenheiten, die sich hin und wieder, guten Theils im Churfürstenthum Sachsen und incorporirten Landen zugetragen etc. CXXXVII. Couvert. Leipzig, 1732. in 8. 1. Bogen.

ES thut der Autor weiter nichts, als daß er einen Extract von der Acten-mäßigen und umständlichen Relation von denen Vampyren, davon wir N. III. gehandelt, giebt, und dessen Paracelsische Meinung von dem Astral-Geiste, dem er das gantze Phænomenon zuschreibt, kurtz zusammen zieht und auf den gegenwärtigen Casum applicirt. Diesem (267) fügt er die abentheurliche Geschichte von dem Geiste des verstorbenen Caspareck, so sich in der Grafschafft Liptau in Ober-Hungarn, zugetragen haben soll, bey, so wie sie in dem Europäischen Niemand P. XI. p. 957. sq. erzehlt wird, dabey wir uns aber nicht aufhalten wollen.

XIV.
Neueröffnetes Welt- und Staats-Theatrum, welches die in allen Theilen der Welt, sonderlich aber in Europa vorfallenden Begebenheiten in einem deutlichen Auszuge vorstellet. A. 1732. vierdte Eröffnung in 8. 4. Bogen.

DEr Verfasser erzehlet erstlich speciem facti, hernach fällt er p. 233. folgendergestalt sein Urtheil davon: Es ist dieses

---

[222] Es sind diß die eigenen Worte des Herrn Eudoxi in der Theol. Bibliotheck P. LXII. p. 251. sq.

nichts anders als gleichsam ein neuer Actus der schon in Hungarn und Pohlen von dergleichen Materie vorlängst gespielten Tragödie, mithin derer Sclavonier ihre Vampyren, derer Pohlacken ihre Upierz u. derer Deutschen ihre schmatzenden Todten allesamt einerley, nemlich eine von leeren Einbildungen, menschlichen Schwachheiten und thörichten Aberglauben zusammengesetzte Fabel, so zwar der einfältige gemeine Pöbel vor eine Sonnenklare Wahrheit ansieht, dadurch aber immer zu grössern Irthümern und sündlichen Aberglauben verleitet, folglich solchergestalt die Macht des Satans nur noch mehr vermehret und gestärcket (268) wird, welches man unter andern auch daher abnehmen kan, weil die alten Sclavonier sich nachhero bemühet haben, ein Mittel auszufinden, wodurch die noch in den Gräbern verborgenen Vampyren aufs kürtzeste entdeckt und verrathen werden könten, da sie denn endlich darauf gefallen sind, daß sie ein gantz schwartzes Pferd auf die Kirch-Höfe haben lauffen lassen und Achtung gegeben, bey welchen Gräbern dasselbe stille gestanden. etc.

XV.
Dissertatio de Hominibus post mortem sanguisugis, vulgo sic dictis Vampyren Præside M. JO. CHRISTOPHORO POHLIO, Lignic. Sil. & Resp. JO. GOTTLOB HERTELIO, Philos. & Med. stud. in Academia Lipsiensi d. XXX. Aug. 1732. habita. Lips. in 4.
3. Bogen.

ES sucht der Herr Auctor die Geschichte von denen Vampyren in kurtzen Sätzen theils verdächtig zu machen, theils etwas zu erleutern. Die Besichtigung mit denen todten Cörpern hält er vor unrichtig und unvollkommen, weil sie ohne Zuziehung eines verständigen Medici geschehen, und die speciem facti, so davon bekannt gemacht worden, beschuldiget er vieler Contradictionen. Er verwirfft die so genannten Vampyren gantz und gar, und behauptet mit dem Weimarischen Medico in seinen muthmaßlichen Gedancken (269) von

Vampyren, daß die Leute an einem gewissen febre maligna und contagiosa gestorben. Die Unverweßlichkeit der gefundenen Cörper, das Bluten derselben und den bey gewaltsamer Durchstechung eines gewissen Cörpers vernommenen Laut und Seuffzer hält er vor natürlich; Daß aber an den Fingern neue Nägel wachsen solten, kan er nicht glauben. Er ist vielmehr der Meinung, daß die Nägel durch das Eintrocknen des Fleisches nur den Schein bekommen, als wenn sie grösser wären.

XVI.
Commercium literarium ad rei Medicæ & scientiæ naturalis incrementum institutum, quo, quicquid novissime observatum, agitatum, scriptum vel peractum est, exponitur. A. 1731. & 1732.

IN diesem nützlichen und schönen Wercke kommen hin und wieder feine Anmerckungen von den Vampyren und was dahin gehöret, vor.[223]

XVII.
Courtes Reflexions Physiques sur le Vampyrisme. Aus dem Glaneur Historique, Critique etc. Supplement N. IX. 1733.

(270)

DEr Auctor findet nichts übernatürliches in der gantzen Vampyren-Sache. Er hält sie vor eine ansteckende Seuche, dabey das Gehirne der Leute in Unordnung gebracht sey. Er meint, es gehe damit eben so zu, wie mit dem gifftigen Bisse eines tollen Hundes. Er führet dieses alles nach seiner Art sehr lebhafftig und artig aus.

---

[223] Die Nachricht von dieser und der folgenden Schrifft haben wir aus der Theol. Bibliotheck P. LXIX. p. 878. genommen.

XVIII.

Vernünfftige und Christliche Gedancken über die Vampirs oder blutsaugende Todten, so unter den Türcken und auf den Grentzen des Servien-Landes den lebenden Menschen und Viehe das Blut aussaugen sollen, begleitet mit allerley theologischen, philosophischen und historischen aus dem Reiche der Geister hergehohlten Anmerckungen und entworffen von Johann Christoph Harenberg, Rect der Stiffts-Schule zu Gandersheim. Wolffenbüttel 1733. in 8. 9. Bogen.

WEr es dem Herrn Verfasser verübeln will, daß er sich die Geschichte von denen Hungarischen Vampyrs zu untersuchen unterstanden, ohne vorher seine Kräffte, die er hierzu besitzet, genungsam geprüffet zu haben, der muß wissen, daß er hierzu einen ausserordentlichen Beruff gehabt, wovon er selbst sich p. 131. also (271) vernehmen läst: „Ich habe einen Beruff zu diesem Auffsatze gehabt, nicht alleine, weil meine mir anvertraute Zuhörer zum Theil sich mit leeren Wörtern und Regeln der Sprachen nicht wollen abspeisen lassen, sondern über die in den Zeitungen gelesene Sachen, so etwas mehr bedeuten, meine Erklärung begehren; sondern auch vornehmlich weil eine hohe Person, von deren Gnade und Befehlen ich abhange, mir ausdrücklich aufferleget, meine Gedancken von den Vampirs zu Pappiere zu bringen. Ferner bin ich in meinem Gewissen zur Bekäntniß der Wahrheit, so ferne dieselbe von mir durch meine Ober-Herren vermittelst Endes vor 12. Jahren gefordert worden, biß ins Grab verbunden."

Eine so strenge Beobachtung der auff sich habenden Amts- und Gewissens-Pflicht ist die würckende Ursache dieser vor uns habenden Schrifft gewesen. Aber was ist denn der Inhalt derselben? Der Herr Autor will erörtern, was es mit denen so genanten Vampyrs und Blutsaugern vor eine Beschaffenheit habe, und weil er nicht kürtzer davon kommen kan, als wenn er die gantze Sache vor eine Frucht einer verderbten Phantasie hält, so giebt er sich Mühe, alles, was dieser Meinung entgegen stehet, aus dem Wege zu räumen, und dieselbe dargegen mit Anführung vieler weitläufftigen und theils gar nicht hieher gehörigen Dinge, die, nach iedermanns, (272) Zeugniß, aus einer unrichtigen Einbildungs-Krafft entstehen, wahrscheinlich zu machen.

Den Anfang macht er mit einer weitläufftigen Vorrede, die schon den 24. Sept. 1732. unterschrieben worden, darinnen er den Inhalt seiner gantzen Schrifft gleichsam in nuce vorstellt. Er hält es mit Recht vor eine gemächliche und leichte Art zu philosophiren, wenn man die verborgenen Dinge in der Natur denen Geistern zuschreibet, und glaubt richtig, es sey allzu freygebig geschlossen, wenn man aus den Exempeln der heil. Schrifft, in welchen den Engeln u. Geistern gewisse Würckungen in der Natur zugeschrieben werden, einen allgemeinen Satz auff alle Zeiten und Fälle machen wolle.

Alleine wenn er die Etymologie des Worts Vampir aus der Griechischen und Deutschen Sprache herleiten will und behauptet, Vam sey so viel als αἷμα, das Blut und piren so viel, als begierig seyn, so kommt mirs eben so für, als wenn ich mit einigen heutigen Wortforschern das Wort Europa, Εὐρωπὴ aus dem Frantzösischen œuf rompu, ein zerbrochenes Ey, herleiten wolte, weil die Alten die Welt-Kugel vor ein Ey gehalten, das durch die Sündfluth zerbrochen worden; da nun die Ober-Fläche der Erd-Kugel gleichsam von einander gerissen worden, habe man gesagt, es habe das Ey Ritze oder Risse bekommen, weßwegen auch im Hebraischen die Erde Erez heisse.[224]

(273) Er führet in der Vorrede diejenigen Schrifften an, die er von dieser Materie zu Gesichte bekommen; worunter die Curieuse und sehr wunderbahre Relation von denen Vampyrs mit denen beygefügten historischen und philosophischen Reflexionen des W. S. G. E. die wir oben sehr genau beleuchtet,

---

[224] Siehe die Gelehrten Zeitungen A. 1733. p. 364.

den ersten Rang hat. Ohngeachtet er nun der Hypothesi, die der Verfasser derselben von denen Vampyrs heget, gäntzlich entgegen ist, so hat er sich doch in dieselbe dergestalt verliebt, daß er nicht umhin kan, so wohl in der Vorrede p. 13. von dem Verfasser zu urtheilen: „er sey ein gelehrter und wohlbelesener Mann, der in der Welt-Weißheit, Artzney-Wissenschafft und Gottesgelahrheit sich nicht unerfahren bezeuge; die Schreib-Art desselben sey munter und mit vielen Historien ausgeschmückt;" als auch in der Abhandlung selbst p. 51. zu schreiben: „Ich muß gestehen, daß der Herr Scribent in seiner Schreib-Art munter und angenehm, wie auch in seinen Gedancken deutlich und auffgekläret sey." Wie glücklich er es aber mit seinem Urtheil getroffen, mögen andere untersuchen. Die Abhandlung selbst besteht aus 45. paragraphis. Der §. 1. stellt den gemeinen Wahn von dem Schmacken-Fressen (wie er es nennt) und Blut-Aussaugungen der Verstorbenen vor; §. 2. wird die Nachricht aus Servien eingerückt und mit einigen, nicht viel auff sich habenden, Anmerckungen begleitet; §. 3. kömmt ein parallel-Casus (274) aus dem Hertzogthum Crain vor, der in Valvasoris Ehre des Hertzogthums Crain Tom. III. Lib. XI. fol. 317. sq. befindlich ist, wobey die Lat. Acta Erudit. A. 1722. p. 17. und A. 1732. p. 330. allegiret werden, worinnen so wohl ein Casus aus Pohlen, als einer aus Deutschland angeführet wird; § 4. kömmt eine Parallel-Historie aus der Insel Chio für; §. 5. wird von der Unverweßlichkeit derer bey den Griechen im Bann verstorbenen Cörper gehandelt und dabey von den Scribenten Nachricht gegeben, so davon geschrieben haben; §. 6. kommen die Meinungen der Alten von dem Blutdurste der Geister und abgeschiedenen Seelen für, woraus er glaubt, daß die Necromantia oder schwartze Kunst entstanden, weil man dadurch auff die Gedancken gekommen, daß man die abgeschiedenen Seelen aus dem Grabe wieder hervor bringen könne; §. 7. 8. und 9. wird die Hypothesis derer, die das Blut-Saugen dem Teuffel oder andern Geistern zuschreiben, untersuchet und als lächerlich verworffen; §. 10. und 11. wird die Frage auffgeworffen, ob man solches nicht entweder der Seele des Verstorbenen selbst, oder wohl gar einer unmittelbahren Würckung GOttes zuschreiben könne? welches aber als ungereimt verworffen wird. Hierbey nimmt der Verfasser §. 12. und 13. Gelegenheit von denen heutigen so genannten Merveilleurs, dergleichen der bekannte Gichtel und der P. Girard gewesen seyn sollen, weitläufftige Anmerckungen (275) zu machen; welche sich aber gantz und gar nicht hieher schicken. Im §. 14. untersucht er, ob es nicht glaublich sey, daß die Leiber, so vampirt haben sollen, lebendig begraben worden; §. 15. - 18. wird weitläufftig von dem Welt-Astral und Lufft-Geiste, den auch Thomasius und Rüdiger statuirt haben sollen, gehandelt und die Meinung derer, die daraus des Wesen derer Vampirs hergeleitet, lächerlich gemacht; wobey aber viel abgeschmackte und theils ungegründete Dinge vorkommen; §. 19. fängt er an, etwas näher zu seinem Zwecke zukommen, da er denn von einem Vampyr sich p. 80. keinen andern Begriff macht, als daß es ein abgestorbener Leib sey, dessen Blut im Grabe auff einige Zeit flüßig und frisch bleibe; alles übrige aber, was von denen Vampyrs vorgegeben wird, sonderlich derselben Erwürgung und Blutsaugung, hält er vor Würckungen einer unrichtigen und verderbten Phantasie; §. 22. wird von der Stärcke der Phantasie und Einbildungs-Krafft gehandelt und dabey gezeigt, woraus das Verderbniß derselben entstehe, nehmlich aus der unrichtigen Erkäntnüß und Empfindung der Sachen, die wir uns im Gemüthe vorstellen und einbilden. Die Sache hat gewisser massen ihre Richtigkeit; Alleine weil alle Imagination und Einbildung im Gemüthe eine Empfindung voraus setzet, so kan ich ja von eines andern Imagination niemahls gewiß urtheilen, ob sie würcklich verderbt und unrichtig sey oder nicht? Denn so lange der (276) Mensch gesund ist, den Gebrauch seiner Sinne hat und durch keine Affecten, als Furcht, Freude, Schrecken, etc. übereilet und überwältiget wird, kan ich ihm keine verderbte Phantasie zuschreiben, wenn er gleich bezeugt, etwas Ausserordentliches gesehen und gehört zu haben. Da nun hiervon eben die Frage ist, ob nehmlich nicht die Leute in Servien durch eine verderbte Phantasie getäuscht worden, so kan ich solche Betrach-

tung nicht völlig auff sie appliciren noch dadurch das gantze phænomenon über den Hauffen werffen, wenn ich nicht noch andere Ursachen, dadurch ihre Phantasie verderbt worden, zu Hülffe nehme.
Es scheint dieses der Herr Autor selbst zu erkennen, wenn er §. 24. anfängt, von der Kunst und den natürlichen Handgriffen zu handeln, wodurch die Imagination verderbt werden könne, als da sind die Kräuter-Salbe der Hexen, das Opium, die Datura, die philtra, der Maßlach, das Quäcker-Pulver etc. Jedoch hätte er hierbey anmercken sollen, daß das Vertrauen, so man darauff setzet, insgemein das beste dabey thue. §. 28. giebt er zu, daß der Satan hierbey mit im Spiele seyn könne, welches er sonderlich mit einer Stelle aus des gelehrten Herrn D. Hoffmanns Diss. de potentia Diaboli in corpora erleutert; §. 29. sucht er zu erweisen, daß die verdorbene Phantasie eine ansteckende Seuche sey, die in dem Gehirne der Zuschauenden gleiche Eindrückungen mache, welches aber nicht sowohl (277) von der Anwesenheit des Zuschauers und einer gifftigen Ausdünstung herrühret, als weil es Gelegenheit giebt, daß man durch die Betrachtung einer solchen Sache seine Imagination mit gleichen Bildern und Ideen anfüllt.
§. 30. erklärt er das Phænomenon derer Vampyrs nach seiner hypothesi folgender gestalt: „Wenn die Würgung und Absaugung des Bluts bey den Serviern lediglich in der Phantasey bestehet, so lernen wir aus beygebrachten Exempeln leichtlich, daß eine Verdickung u. Erstarrung der Leibes-Säffte die Einbildungs-Krafft in eine grosse Unordnung gebracht habe. Die Servier sind eine geraume Zeit unter den Türcken gestanden und haben von denselben den häuffigen Gebrauch des Opii angenommen. Daher sind ihre Cörper schon zu dergleichen Verdickung der Lebens-Geister geschickt gemacht. Uberdem ist es eine alte und unter dem gemeinen Manne gebräuchliche Erzehlung, daß die begrabenen Cörper, oder die Seelen derselben bey entstehenden Seuchen zurücke kehren und andern durch Absaugung des Bluts das Leben nehmen. So bald nun eine gleiche Seuche zum Vorschein kommt, daran die Leute geschwinde sterben und ersticken, so

erinnern sich die Leute der alten Legende von den Vampyrs. Die Seuche wird fortgepflantzet theils durch Bestreichung mit dem Blute eines dergleichen angesteckten Cörpers, theils durch die Nutzung des angesteckten (278) Viehes, theils durch die Besuchung der Krancken und unreiner Dünste, welche in der Lufft sind und die Lunge allzu sehr austrocknen und das ihrige zu der Verdickung des Bluts beytragen."
§. 31. behauptet er, daß die Kranckheit selbst in einer Art der Angina oder Stickung bestehe; §. 32. spottet er über die Verbrennung derer Vampyrs und die Einschlagung des Pfahls durchs Hertze; §. 33. untersuchet er, warum in den Vampyrs das Blut frisch geblieben und neue Nägel gewachsen sind, und §. 34. warum unter denen Vampyrs einige Cörper in die Verwesung gegangen? §. 35. wünschet er, daß man eine genauere Untersuchung der Umstände, die sich bey denen Vampyren ereignet, angestellet haben möchte; §. 36. Rechtfertiget er sich wegen der durch seine hypothesin verworffenen Würckungen des Teuffels und §. 37. behauptet er, daß viel fabelhafftes sich bey der Hungarischen Relation befinde; §. 38. will er zeigen, wie die Vorurtheile der Vorfahren auszurotten wären, und §. 39. sqq. vertheidiget er sich gegen den Vorwurff, den man ihm wegen der Erfahrung, die das Gegentheil bezeuge, machen könne, wobey er der Erfahrung gewisse Regeln setzet und behauptet, daß dieselbe 1.) nichts widersprechendes in sich, noch auch 2.) ein Wunderwerck zum Grunde haben dürffe, 3.) dieselbe den rechten Gebrauch aller zur Empfindung gehörigen Sinne zum Grunde haben müsse und 4.) (279) den deutlichen Wahrheiten nicht entgegen stehen dürffe, wenn sie als ein Beweißthum angenommen werden solle. §. 44. hält er die Leute-Schinder und die Placker der Unterthanen vor die ärgsten Vampirs, wobey er zugleich der Flöhe Meldung thut, die gleichfalls das Ansehen der Vampirs hätten; endlich beschließt er §. 45. seine gantze Abhandlung und nennet solchen Schluß in der Rubric conclusionem galeatam. Zu Ende sind noch einige addenda & emendanda, nebst einem kurtzen Register beygefüget, dabey wir uns aber nicht auffzuhalten haben.

Das ist der Inhalt dieser, dem Titel nach, sehr curieusen Schrifft. Ob der Verfasser der Sache ein Genügen gethan habe, wie er sich in der Vorrede p. 13. stattirt, lassen wir an seinen Ort gestellt seyn. Er hat indessen gethan, so viel er gekont hat. Jedoch hätte er manches gar leichte können besser machen,[225] wenn er hätte Fleiß anwenden wollen. Denn zu geschweigen, daß er sich nicht der reinesten Schreib-Art bedienet, finden sich viele Ausschweiffungen und unnöthige Wiederhohlungen darinnen. Bißweilen kommen seine Raisonnements allzu Cantzelmäsig heraus; bißweilen hat er auch durch ungleich angebrachte Schrifft-Stellen die heil. Schrifft gar sehr gemißbrauchet, wie p. 30. 52. 69. 81. 99. 126. 131. zu sehen ist.

(280)
XIX.
Dissertatio de Vampyris Serviensibus, quam Præside M. JO. HENRICO ZOPFIO, Gymnasiii Assindiensis Directore publice defendit Respondens CHRISTIANUS FRIDERICUS VAN DALEN, Emmericensis.
Duisburgi ad Rhenum 1733. in 4. 3½. Bogen.

NAchdem der Herr Auctor §. 1. kürtzlich gezeiget, was er durch die Vampyros Servienses verstehe, macht er §. 2. von seiner gantzen Abhandlung diesen Abriß, daß er erstlich die Historischen Umstände anführen, (welches §. 3. und 4. geschicht) hernach aber zeigen will, was vor würckenden Ursachen man diese sonderbahre Sache zuschreiben könne. Ehe er dieses letztere zu thun vornimmt, setzt er §. 6. folgende Sätze voraus: 1) Es gäbe viele natürliche und ausserordentliche (præternaturales) Würckungen, davon man ausser der Existentz nichts gewisses erkennen könne; 2) Man dürffe nichts gleich in Zweiffeln ziehen, was man mit seiner Vernunfft nicht

---

[225] Der Herr Autor der Theol. Bibliotheck P. 69 zeigt ihm p. 879. sq. verschiedene Irrthümer, die er in der Historie u. deren Zeit-Rechnung begangen.

begreiffen könne; 3) Diejenige Hypothesis sey nicht gleich die beste und richtigste, aus welcher man alle, oder doch die meisten phænomena einer sonderbahren Sache erklären könne, sonderlich, wenn dergleichen Hypothesis sehr dunckel und der heil. Schrifft zuwider wäre; und 4.) daß es einem rechtschaffenen Philosopho und noch viel weniger einem Theologo unanständig sey, ausserordentliche Würckungen in der Natur den Geistern (281) zuzuschreiben, wenn die natürlichen Ursachen zu derselben Erklärung nicht zureichen wollen.

Bey Abhandelung der Sache selbst zeigt der Herr Autor erstlich κατ'ἄρσιν, daß das Phænomenon von denen Vampyren weder seine Ursache haben könne 1) aus des verstorbenen Menschens Cörper, noch 2) von dem so genannten Alp oder andern hitzigen und idealischen Kranckheiten, noch 3.) von dem Gespenste der abgeschiedenen menschlichen Seele; hernach aber behauptet er καταθέσιν, daß es von Niemand anders als dem leidigen Teuffel herrühre.

Wenn er §. 8. diejenigen widerlegt, die die Ursache des Blutsaugens derer Vampyren in denen Cörpern derer Verstorbenen suchen, so gedencket er meiner vor allen andern. Die Hypothesin, die ich in meinen beyden Dissertationibus behauptet, hat er gantz wohl begriffen, auch solche richtig, ob wohl gantz kurtz angeführet. Ob er aber deßwegen befugt gewesen, 1) mich mit CARDANO de subtilitate Lib. 18. JUL. CAESARE VANINO in Dialogo de admirandis naturæ reginæ deæque mortalium, arcanis p. 370. und JACOBO GAFFARELLO in Curiosit. inaud. c. V. §. 20. in eine Classe zu setzen und zu schreiben, quod eadem cum iis de spectris somniem; ingleichen 2) aus meiner hypothesi den Schluß zu machen: habebimus ergo materiam omnipotentem, æternam, infinitam, intelligentem & spiritualem; Das (282) lasse ich andern, die besser davon urtheilen können, zur Überlegung.

Daß ich etwas weniges zu meiner Verantwortung hier beyfüge, so bitte einen ieden unpartheyischen Leser meiner Schrifft, mir auffrichtig zu bekennen, ob er gefunden, daß ich nach meiner Hypothesi die Gespenster geleugnet, oder daß ich in Zweiffel gezogen, daß nicht bey allen verborgenen

Würckungen in der Natur der Teuffel im Spiele seyn könne? Wie kan nun der Herr Verfasser so unverschämt seyn und mich zu einem Träumer wunderlicher Meinungen von denen Gespenstern machen, er müste denn hieherrechnen, was ich beyläuffig Dissert I. §. 19. von denen spectris behauptet, da ich vorgegeben, daß sie in nichts anders als einem Gauckel-Wercke des Teuffels bestünden, da man meine, man sehe und höre etwas, so doch nichts sey. Alleine welcher vernünfftiger Mensch wird die Gespenster anders beschreiben können? und wenn es der Herr Autor thut, muß er gewiß viel handgreifflichere Erscheinungen von denenselben gehabt haben, als es die Begriffe der Gelehrten, die sie sich davon iederzeit gemacht, verstatten.

Auff den andern Punct, mit welchem ich wegen meiner hypothesi belästiget worden bin, halte nicht nöthig viel zu antworten, weil er in einem unrichtigen Schlusse besteht, den ein ieder leichte einsehen kan. Denn so wenig es folgt: Der Teuffel ist die würckende Ursache derer Vampyren, wie der Herr Verfasser §. 18. und (283) 37. behauptet; E. ist er allmächtig; also folgt es auch aus der hypothesi; Die Materie hat ein Leben und würckende Krafft, E. ist sie allmächtig, ewig, unendlich, vernünfftig und geistlich.

Im 10. §. widerlegt er die Meinung vom Alp, und hat dieserwegen sonderlich mit Herr D. Stocken in Jena zu thun, der solches in seiner Dissertation de Cadaveribus sangvisugis behauptet; §. 11. und 12. bestreitet er diejenigen, die die Ursache einer gewissen Kranckheit zuschreiben, wie solches sonderlich der Weimarische Medicus in seinen muthmaßlichen Gedancken von denen Vampyren gethan hat; §. 13. sqq. handelt er die Frage ab, ob dieses sonderbahre Phænomenon denen abgeschiedenen Seelen zuzuschreiben sey, wobey er aber nichts besonders vorbringt. Er kömmt bey dieser Gelegenheit auff den Astral-Geist zu reden, den der Autor der Geistlichen Fama P. VIII. zur Ursache der Vampyren macht, welchen er deßwegen §. 21. sqq. widerleget.

§. 28. fängt er endlich an von seiner eigenen hypothesi zu handeln und das gantze Werck dem Teuffel zuzuschreiben, wobey er §. 34. behauptet, daß die Beschaffenheit des Landes Servien und dessen Einwohner hierzu viel beytrügen, weil es mit lauter unwissenden und sehr abergläubischen Leuten angefüllt wäre. In folgendem 35. §. begegnet er dem Einwurffe, der ihm gemacht werden könte; warum nicht in andern (284) Ländern, darinnen eben so viel in geistlicher Blindheit und Aberglauben steckende Menschen wohneten, ein gleiches geschehe? Wenn er Pohlen, Mähren und Böhmen anführt, allwo man ein gleiches von denen schmatzenden und kauenden Todten vernehme.

Alleine warum vernimmt man denn dergleichen nicht aus Portugall, Spanien, Rußland, Lappland, Asien und andern dergleichen Ländern, allwo die Unerkäntniß und der Aberglaube so groß und noch viel grösser als in den erst gedachten Ländern ist, wenn die Schuld mehr an den Leuten, als an der natürlichen Beschaffenheit des Erdbodens und Climatis liegen soll?

§. 38. scheinet der Hr. Autor gleichsam alles wieder über den Hauffen zu werffen, was er vorher statuirt, und nimmt zum Theil wieder an, was er an andern verworffen hat, wenn er p. 26. also schreibt: ut paucis mentem declaremus, non veri specie nobis abhorrere videtur, universam Vampyrorum pestem quæ Servienses aliquo usque infestavit, consistere in CONTAGIO quodam MAGICO, justo Dei judicio illius tractus incolis immisso. Contagium dicimus, quoniam luis instar pestilentis, latius altiusq; serpit, suoque afflatu non singulos modo homines, sed integras quoque familias inficit atque evertit: Magicum vero adpellamus, quod Diabolus naturæ viribus suas imiscet operationes, (285) adeoque præternaturales quosdam edit effectus.

Es trifft demnach an dem Herrn Verfasser mit Recht ein, was man sonst zu sagen pflegt in magnis voluisse sat est.

XX.
Geistliche Fama, mitbringend verschiedene Nachrichten und Begebenheiten von göttlichen Erweckungen, Wegen und Gerichten. Achtes Stück. in 8. 1733.

IN diesem Journale, dessen Verfasser durch den Einfluß der Astral-Geister gar sehr inficirt zu seyn scheinen, werden allerhand pia & pietistica desideria gesammlet, die auff die Hoffnung besserer Zeiten in dieser und in jener Welt gerichtet sind. In diesem 8ten Theile haben sie unter andern die Hungarischen Vampyrs vor sich gekriegt und ihnen nach ihrer Phantasie, den Planeten gestellt. Sie leiten sie aus der Astral-Welt her und setzen hierbey die principia des Verfassers der Gespräche im Reiche der Geister zum Grunde. Wir haben nicht Ursache, uns mit diesen Geistern in ein Gefechte einzulassen, weil ihnen Hr. M. Zopff in der vorgedachten Dissertation schon sattsam die Spitze gewiesen hat.

Wir beschliessen hiermit unsere Arbeit und Gedancken, die wir von denen Vampyrs so wohl aus unserm als anderer ihrem Gehirne gesammlet (286) und fügen denenselben nichts weiter als das Gutachten bey, welches die Königl. Preußische Societät der Wissenschafften zu Berlin von dieser Materie von sich gestellet hat.

Gutachten

Der Königl. Preußischen Societät derer Wissenschafften von denen Vampyren oder Blut-Aussaugern.

Allerdurchlauchtigster, Großmächtigster König,

Allergnädigster König und Herr,

Ew. Königl. Maj. ist es allergnädigst gefällig gewesen, durch den Vice-Præsidenten, Graffen von Stein, das in Original hierbey kommende Protocoll, die so genannten Vampyrs oder Blut-Aussauger zu Medwedia in Servien betreffend, uns communiciren zu lassen, mit allergnädigsten Befehl, hierüber an Dieselbe unser unvorgreiffliches allerunterthänigstes Gutachten zu erstatten. Sothanen allergnädigsten Befehl zu allergehorsamster Folge haben wir uns den 7ten dieses hierüber zusammen gethan, das Factum verlesen, die darinnen angeführten Umstände reifflich erwogen und uns darauff nachstehenden Gutachtens verglichen. Was nun anfänglich das Protocoll an und vor sich selbst (287) betrifft, enthält selbiges allerhand, theils solche Facta, welche denen Commissarien nur von andern berichtet worden, theils aber auch soclhe, die von ihnen selbst untersuchet, und was sie bey Ausgrabung und Inspection der Cörper würcklich befunden haben; dahero denn unsers, wiewohl unmaßgeblichen Ermessens nach Anleitung des Protocolli ein Unterschied zu machen 1.) unter denjenigen Factis, so denen Commissarien von andern Leuten referiret, und 2.) in Ansehen der übrigen von ihnen angeführten Factorum, welche gedachte Commissarien abgehöret, ingleichen was sie gesehen, examinirt und mit allen Umständen niedergeschrieben haben. Bey dem erstern Articzel und demjenigen, so Zeugen von dem Heyducken Arnold Paole und wider selbigen angeführt, ist derselben Aussage general und summarisch, ohne Specificirung der Zeit und des Orts, und auff was Weise, auch gegen wen Arnold Paole deponirter massen sich heraus gelassen. Es lässet sich auch aus der Ausgrabung und denen an dieses Paole Cörper befundenen Blute, Nägeln an Händen und Füssen, auch dem bey Durchschlagung des Pfahls durchs Hertz angemerckten Geröchzer oder Laute, auff die Vampyrschafft kein bündiger Schluß machen, massen denn die die erstern Phænomena ihre natürlichen Ursachen haben, das Geröchzer und der Laut aber wegen der in der Cavität des Hertzens annoch befindlichen ausgebrochenen Lufft geschehen seyn kan. Ubrigens ist gewiß, (288) daß die Erscheinung dieser Blutsauger, auch worinne selbige bestanden, mit nichts dargethan und wir keine Spuren davon in der Historie, und in den hiesigen so wenig als andern Evangelischen Landen iemahls gefunden, ausser daß in den vorigen Zeiten hin und wieder von Einschluckung der Grabe-Tücher und Schmatzen in den Gräbern Erzehlungen geschehen, solches aber bey der Untersuchung unrichtig befunden, und als ein schädlicher Irrthum und Aberglaube verworffen worden. Bey dem zweyten Punct lassen wir zwar die Untersuchung der Commissarien in ihrem Werthe beruhen, wir können aber dabey nicht unangezeigt lassen, daß so viel die von ihnen so genannte Stana betrifft, selbige laut Protocolli im 20. Jahr ihres Alters, und allererst vor zwey Monathen von Zeit der Inquisition an zu rechnen, NB nach dreytägiger Kranckheit ihrer Niederkunfft gestorben, bey welchen Umständen denn ietztgedachte Stana, bevorab, da selbige zu Anfang des Winters allererst begraben, zu der angegebenen Zeit unverweset seyn können, ohne daß man nöthig habe, ihre Aussage wegen der Vampyrschafft statt finden zu lassen, wie denn auch nichts ungewöhnliches, daß die Sehnen und Blut-Adern nebst der Hertz-Cammer bey denen natürlich Verstorbenen mit keinem geronnenen Geblüthe angefüllet; ingleichen daß bey andern dergleichen Verstorbenen Lunge, Leber, Magen, Miltz und das übrige Eingeweide nicht sonderlich angegangen, und vermuthlich, (289) wie bey obigen so genannten Vampyrs gefunden, obgleich selbige keine Vampyrs gewesen, noch iemahls etwas verdächtiges von ihnen ausgesagt worden; Ebenermassen hat das Wachsen der Nägel und Haare, so denen Vampyrs als eine besondere Eigenschafft beygeleget wird, in so weit seine natürliche Ursachen, daß, wenn andere Umstände dabey concurriren und in genaue Erwegung gezogen werden, nichts miraculeuses dabey verhanden seyn werde, wovon man Exempel anführen könte, iedennoch aber Kürtze halber solches aussetzen wollen. Was weiter von einer Frauens-Person, Nahmens Militza, angeführet wird, daß selbige vieles liquides Geblüthe und gesundes Eingeweide gehabt, unter andern auch an statt ihrer magern Leibes-Complexion fett und vollkommen gewesen, so ist bereits in Ansehung des ersten geantwortet; was aber die Veränderung des Cörpers anbelangt, kan dergleichen anscheinende Fettigkeit aus einer faulenden Jährung geschehen seyn, wie denn auch, was bey denen folgenden Numeris von denen unverweseten Cörpern angezeiget wird, solches seine natürlichen Ursachen haben kan, indem nach Art und Beschaffenheit der Kranckheit und des Cörpers, der Jahrs-Zeit, des Alters etc. ein Cörper vor dem andern der Fäulniß eher oder später unterworffen; und ist übrigens am meisten zu desideriren, daß bey dieser Untersuchung in Ansehung der Leute, welchen das Blut ausgesogen seyn soll, kein lebendig Exempel, noch weniger aber die Art, wie selbige geschehen? ingleichen ratione der Erscheinungen keine Spuren gezeigt werden, massen denn das Exempel von der Frauenes-Person Stanoicka und dessen, was ihrem Angeben nach mit dem verstorbenen Millove ihr begegnet, um so viel weniger zu attendiren, als dergleichen Weiber, wenn sie von melancholischer Complexion, zu nächtlicher Zeit in Träumen und sonsten sich allerhand fürchterliche Gesichter vorstellen können. Aus diesem eintzigen Exempel aber auff die Würcklichkeit dieser Erscheinung und die Aussaugung an und vor sich selbst kein Schluß zu machen ist. Letzlich ist insonderheit hierbey anzumercken, daß die bißherige Blame der Vampyrschafft nur auf lauter arme Leute gebracht, und man ohne vorgängiger umständlichen, wenigstens aber uns nicht communicirten Untersuch- und Erörterung die Todten in den Gräbern geschimpfft und als Maleficanten tractirt worden. Bey welcher der Sachen Bewandtniß denn wir davor halten, daß man bey dieser Quæstion behutsam zu verfahren, und noch zur Zeit nicht glauben kan, daß dergleichen Aussaugung von den todten Cörpern geschehe, auch selbige ihre Qualität durch die Aussaugung oder den Gebrauch ihres Bluts, und der Erde von den Gräbern, worinnen sie liegen, nicht fortpflantzen können, noch weniger aber, daß (291) man sich der darwider adhibirten Mittel der Exequirung dieser Todten mit Effect gebrauchen könne. Welches Ew. Königl. Maj. wir unserer allerunterthänigsten Obliegenheit nach zu referiren nicht ermangel sollen. Die wir in unterthänigster Devotion beharren

Ew. Königl. Maj.

Berlin, den 11. Mart. 1732.
allerunterthängist-treugehorsamste

Zur Königl. Societät der Wissenschafften verordnete Vice-Præsident, Doctores und Mit-Glieder.

Verzeichniß
Der Schrifften, die in diesem Tractat kurtz recensiret werden.

ANonymi Acten-mäßige und umständliche Relation. p. 212. seq.
= = Auserlesene Theologische Bibliothek. p. 260. seq.
= = Commercium Literarium. p. 269.
= = Courtes Reflexions Physiques. p. 269. seq.
= = Geistliche Fama. p. 285.
= = le Glaneur Historique. p. 263. seq.
= = Neu-eröffnetes Welt- und Staats-Theatrum. p. 267. seq.
= = Remarquable curieuse Brieffe. p. 266. seq.
= = Schreiben eines guten Freundes. p. 264.
= = Visum &Repertum. p. 211. seq.
Demelii Philosophischer Versuch. p. 253. seq.
Harenberg vernünfftige und Christliche Gedancken. p. 270. seq.
Medici eines Weimarischen, muthmaßliche Gedancken. p. 256. seq.
Pohle, Diss. de Hominibus post mortem sanguisugis. p. 268. sq.
Putonei besondere Nachricht von den Vampyren. p. 200. seq.
Stein, Graf, unverlohrnes Licht und Recht. p. 265. sq.
Stock, Diss. de Cadaveribus sanguisugis. p. 264. seq.
Vogt, kurtzes Bedencken etc. p. 227. sq.
W. S. G. E. curieuse und sehr wunderbahre Relation. p. 229. sqq.
Zopff, Diss. de Vampyris Serviensibus. p. 280. seq.

Register
Derer merckwürdigsten Sachen.

A

Alp, was es vor eine Kranckheit. 146. wird vor einen Geist gehalten. ib. soll mit den Vampyren eine Gleichheit haben. 208. seq. 265.
Antipathie, deren Grund in der Natur. 17. seq. 217.
Archæus mundi siehe Welt-Geist.
Asuitus, dessen Geist. 58. sq.
Atmosphäre, was sie ist. 135.
Ausdünstungen derer Cörper, worinnen sie bestehen. 135. sq.
Azazel, was die Jüden davon gedichtet. 53. sq.

B

Baier, Prof. in Altorff, soll auff Kayserl. Befehl sein Gutachten von den Vampyren von sich stellen. 167. sq. 179.
Bann, was derselbe nach dem Tode vor eine Krafft haben soll. 257.
Bart, warum er an den Todten wächst. 122. sq.
Beschreyen, wie es an den Kindern geschicht. 136. 142.
Bezauberung, was sie ist. 141. sq. it. 136.
Blut, wie lange es in einem verstorbenen Cörper fliessend bleiben könne. 126. sq.
Bluten der Cörper, woher es kömmt. 125. sq. 184. sq. 190. sq.
Blut-Sauger siehe Vampyren.

C

Cörper, deren verborgene Würckungen in andere Cörper 17. sq. 154. sq. sind zusammen verbunden. 102. sq. wie sie durch den Tod zernichtet werden. 110. sq. warum sie nach dem Tode bißweilen frisch bleiben. 115. sq. 124. sq. warum sie nach dem Tode bißweilen bluten. 125. sq. deren universelle Berührung. 135. sq. können sich im Grabe verjüngen. 190. sq.

Corybantismus was es vor eine Kranckheit. 147.

D

Dæmones siehe Geister.

E

Einbildung siehe Imagination.
Elemente, deren Natur und Eigenschafften. 103. sq.
Engel des Todes bey den Jüden, 54. sq. bey den Türcken. 56. sq.
Erfahrung, was darzu erfodert wird. 278.
Erscheinungen des Teuffels, was davon zu halten. 34. sq.
Europa, woher es seinen Nahmen haben soll. 272.
Eurynomus, was das vor ein Geist gewesen. 58. sq.
Eyer, welche niemahls faul werden. 97.

F

Fressen der Todten in Gräbern, was davon zu halten. 52. sq. 67. sq. was die Jüden davon gedichtet. 53. sq. it. die Türcken. 56. sq. it. die alten Heyden. 57. sq.
Furcht vor einem bevorstehenden Tode, was sie im menschlichen Leibe würcket. 130. sq.

G

Geister, wie vielerley. 217. ob es Mittel-Geister gebe. 39. sq. was von ihnen zu halten. ib.
Gespenster, was sie eigentlich sind. 34. sq. 165. sq. 282.
Gestanck todter Cörper gefährlich. 79. sq.
Gifft, ob er die todten Cörper unverweßlich erhalte. 117. sq.
GOtt, wie ferne ihm das Verborgene in der Natur zuzuschreiben sey. 13. sq.
Gräber, warum sie erfunden worden. 80. warum bißweilen etwas darinnen gehöret wird. 47. sq.

H.

Haare, warum sie an den Todten wachsen. 122. sq.
Haut, deren Beschaffenheit. 124. warum sie sich an den Todten bißweilen schälet. 125.
Heiligen, ob sie aus der Unverweßlichkeit der Cörper zu erkennen. 88. sq.
Hexerey, wer am besten darzu geschickt. 137. warum dabey allerley Kräuter und abergläubische Umstände gebraucht werden. 140. sq. was sie sey. 141. sq.
Hungarn hat ein balsamisch Erdreich. 116. sq.
Hyæna, was das vor ein Thier. 60.

I

Imagination, wodurch sie erwecket wird. 138. sq. Deren Stärcke. 139. sq. 146. sq. was sie bey der Magia Nat. vermöge. 140. sq. 152. sq. deren sonderbahre Würckungen. 153. sq. 187. was sie bey den Vampyrs vermöge. 182. sq.
Jüden, was sie von dem Engel des Todes dichten. 53. sq. was sie von der Verwesung der Leiber glauben. 90. warum sie denen Verstorbenen den Mund verstopffen. 159.

K

Kauen der Todten siehe Fressen.

L

Leben der ersten Materie 100. sq. des Menschen Leben von dem Leben des Leibes unterschieden. 87. sq. 104. sq.
Leib des Menschen, wie er beschaffen. 104. sq. 108. wie ihn GOtt geschaffen. 106. sq. steht mit der gantzen Natur in einer Gemeinschafft. 108. sq.

—212—

M

Magie, der natürlichen principium. 134. derselben Unterschied. 136. sq. siehe Zauberkunst.

Männliche Glied, warum es bey den Todten bißweilen steiff gefunden wird. 128. sq. dessen Structur. 131.

Materie, die erste. 98. sq. deren Eigenschafften. 99. sq.

Mauß der Jüden, die die Todten beist. 55. sq.

Mäuse fressen das Fleisch der Todten. 68.

Melancholisch Temperament. 137. sq.

Mensch, dessen Leib stirbt nicht allezeit, wenn gleich der Mensch stirbt. 87. sq. 104. sq. dessen Leben. 104. sq. ob er aus 3. Theilen bestehe. 213. sq.

Menstruum, was es ist. 108.

N

Nägel, warum sie an den Todten wachsen. 122. sq.

Nase, warum sie sich an den todten Cörpern zuerst verliehret. 121. sq.

Natur, ist voller verborgener Kräffte. 12. sq. es würcket darinnen alles in einander. 17. sq. 102. sq. warum man die verborgene Würckungen derselben bißher ununtersucht gelassen. 20. sq. deren Anfangs-Gründe. 98. sq. 133. ist voller Empfindungen. 133. 152.

P

Pest, ob sie durch die schmatzenden Todten erregt werde. 74. sq. 210. ob sie durch Schrecken fortgepflantzet werde. 75. sq. 77. sq. 148. ist an sich selbst ansteckend. 78. ob sie durch den Gestanck todter Cörper erregt werden könne. 79. sq. Pochen in Gräbern, woher es entstehe. 49. sq. Preußische Societät der Wissenschafften, derselben Gutachten von den Vampyren. 286. sq.

S

Schall unter der Erden, desselben vielfältige Ursache. 43. sqq.

Schlangen, wo sie gerne wohnen. 64. fressen Fleisch. 64. sq. sollen die Cörper in Gräbern fressen. 69. sq. Schmatzen der Todten, wie es zuerst bekannt worden. 143. sq. siehe Todte und Vampyrs. Schrecken, ob dadurch die Pest fortgepflantzt werde. 75. 77. sq. Schwartze Kunst, woher sie entstanden. 274. Seelen sollen nach dem Tode sausen und klirren. 44. sq. Sinne können betrogen werden. 49. sq. Striges, was das vor Vögel. 62. sq. Sympathie, deren Grund in der Natur 17. sq. 217. 225. 254. sq.

T

Teuffel, wie ferne ihm das verborgene in der Natur zuzuschreiben. 13. sq. 19. 33. sq. 246. sq. wie ferne er bey der Magie concurrire. 141. was von dessen Erscheinungen zu halten. 34. ob ihm eine Gewalt über der Menschen Leben zukomme. 36. sq. hat gerne sein Spiel mit den Todten. 43. ob er Ursache des Schmatzens der Todten. 212.
Tod des Menschen von dem Tode des Leibes unterschieden. 87. sq. dessen Ursache. 110. sq. dessen Beschaffenheit. ib.
Todten, Exempel von solchen, die im Grabe geschmatzet. 23. sq. was davon zu halten. 42. sq. ob das Schmatzen der Anverwandten Tod nach sich ziehet. 81. sq. ob sie ihre Kleider fressen können. 52. sq. was die Jüden von ihrem Fressen gedichtet. 53. seq. it. die Türcken. 56. seq. it. die alten Heyden. 57. seq. ob sie sich bißweilen selbst fressen. 66. sq. wer in Gräbern ihr Fleisch frisset. 68. sq. ob nur weibliche Cörper kauen und schmatzen. 71. wie sie in die Lebendigen würcken können. 154. seq. wie denen schmatzenden zu begegnen. 155. seq. warum Erde unter ihr Kinn gelegt wird. 157. sq. woher dieser Gebrauch. 159. was die ersten Christen ihnen in Mund gegeben. 160. sollen nach der Griechen Meinung wiederkommen. 273. seq.
Türcken, was sie von dem Zustande des Menschen nach dem Tode glauben. 56. sq.

V.

Vampyren, sonderbahre Nachrichten von ihnen. 25. seqq. 167. sqq. 176. sqq. warum ihre Leiber nicht verwesen. 108. 112. 115. sqq. wie sie die Leute umbringen. 154. sq. wie man ihre schädliche Würckungen hemmen könne. 155. sq. wie man sich vor ihnen zu verwahren. 161. was von ihnen zu halten. 181. sq. 208. sq. 218. sq. 255. sq. 259. sq. 275. 277. werden mit dem Alp verglichen. 208. sq. woher sie den Nahmen. 272. was die Königl. Preußische Societät von ihnen hält. 286. sq. welches die wahrhafftigen. 279.
Verfaulung wie sie geschicht. 111. sq.
Versöhnung mit den Sterbenden, derselben Nutzen. 161.
Verwesung der Leiber, ob sie allgemein. 87. sq. warum sie so unterschiedlich. 112. sq. 114. sq.
Unverweßlichkeit der Cörper, Exempel davon. 87. sq. 91. sq. ob es ein Zeichen der Heiligkeit. 88. sq. derselben vermeinte Ursachen. 97. sq. 113. seq. wahre Ursachen. 108. seq. 225. sq.

W.

Weibliche Cörper, ob sie mehr, denn die männlichen im Grabe schmatzen. 71. sq.
Welt-Geist, wird behauptet. 216. sqq.
Wunderwercke, was sie sind. 29. wie vielerley. 30. sq.

Z.

Zauberey, wer am besten darzu geschickt. 137. warum derselben durch natürliche Mittel zu widerstehen. 141.
Zauber-Kunst, die natürliche, warum sie bißher geleugnet worden. 20. sq. wie ferne der Teuffel dabey concurriret. 141. siehe Magie.

Die eingeschlichenen Druck-Fehler wolle der geneigte Leser wegen Abwesenheit des Verfassers gütigst übersehen.

Zu diesem Buch:

Das vorliegende Werk ist ein inhaltlich unveränderter Textnachdruck der Ausgabe Teubner, 1734.
Die Originalpaginierung der Seiten wurde im Text in ( ) angegeben
Im Original befindliche Druckfehler wurden übernommen.